# RÉPERTOIRE ALPHABÉTIQUE

DES

## Circulaires du Ministère des Finances

CONCERNANT LE

## SERVICE DES PAYEURS

PAR



LE B^{on} A. P.

TARBES
IMPRIMERIE ET LITHOGRAPHIE DE J.-P. LARRIEU

1863

# RÉPERTOIRE ALPHABÉTIQUE

DES

# CIRCULAIRES DU MINISTÈRE DES FINANCES

CONCERNANT LE

# SERVICE DES PAYEURS

PAR



**LE B$^{on}$ A. P.**



TARBES

IMPRIMERIE ET LITHOGRAPHIE DE J.-P. LARRIEU

—

1863

# NOTE DE L'AUTEUR

Nous avons commencé ce Répertoire pour notre propre instruction ; plus tard, nous avons voulu qu'il servît à celle des employés attachés au service de trésorerie, dont la direction nous est confiée, et nous l'avons fait imprimer à quatorze exemplaires; ce nombre paraît suffire à son importance.

Des lacunes qu'il nous a été impossible de remplir existent dans notre travail, pour le Secrétariat général, les directions du Personnel et du Contentieux ; il présente aussi quelques répétitions ; elles ont pour objet de rendre les recherches plus faciles.

Diverses circulaires, émanées du Secrétariat général et relatives au service des Rentes et des Pensions, ont été comprises dans le Répertoire de la direction de la Dette inscrite, comme traitant des mêmes points de services.

Les paragraphes des circulaires qui modifient les nomenclatures des pièces à produire aux payeurs ne figurent pas sur le présent travail, les annotations sont portées sur les règlements.

Les circulaires comprises dans ce Répertoire s'arrêtent,

Savoir :

Secrétariat général et direction du Personnel, à la date du 14 janvier 1860.

Direction générale de la Comptabilité publique, à la date du 27 septembre 1863.

Direction du Mouvement général des fonds, à la date du 25 juillet 1854.

Direction de la Dette inscrite, à la date du 20 septembre 1862.

Direction du Contentieux, à la date du 3 décembre 1859.

# RÉPERTOIRE ALPHABÉTIQUE

DES

# CIRCULAIRES DU MINISTÈRE DES FINANCES

CONCERNANT LE

# SERVICE DES PAYEURS

## *SECRÉTARIAT GÉNÉRAL ET DIRECTION DU PERSONNEL*

| DATES. | | SOMMAIRES. | NOTES. |
|---|---|---|---|
| | | **ACC, ACT, CON, HON.** | |
| 1818 | 13 mai. | ACCRÉDITATION. — Formalités nécessaires pour accréditer les fondés de pouvoirs des receveurs généraux et des payeurs du trésor royal. (Secrétariat général. — Circul. nos 25-12.) | |
| 1860 | 14 janv. | ACTES DE L'ÉTAT CIVIL. — Exécution de la loi du 28 mai 1858. — Modification de l'art. 259 du code pénal. (Personnel. — Circul. nos 44-518.) | |
| 1850 | 18 oct. | CONGÉS ET GESTION PERSONNELLE. — Les congés ne doivent être demandés que dans les cas de nécessité absolue. (Personnel. — Circul. nos 27-442.) | |
| 1850 | 20 déc. | CONGÉS. — Aux termes de l'art. 7 de l'arrêté du 10 avril 1829, toute demande de congé devra énoncer, *sous peine de rejet*, les motifs de l'absence et le lieu où le réclamant a l'intention de se rendre. (Personnel. — Circul. nos 28-443.) | |
| 1854 | 26 avril. | CONGÉS. — Arrêté de S. Exc. le ministre des finances relatif aux congés. (Personnel. — Circul. nos 476-35.) | |
| An XII<br>1804 | 26 mes.<br>13 juill. | HONNEURS ET PRÉSÉANCES. — Indication des rangs que les autorités militaires et civiles doivent occuper dans les cérémonies publiques.<br>RANGS INDIVIDUELS.<br>Le *maréchal commandant* en chef le 6e corps d'armée (11e, 12e, 13e et 14e divisions). | |

| DATES. | SOMMAIRES. | NOTES. |
| --- | --- | --- |
| | **HON.** | |
| | Le *général de division* (suivi de ses aides-de-camp).<br>Le *premier président* de la cour impériale.<br>L'*archevêque*.<br>Le *préfet*.<br>Le *général* commandant la subdivision.<br>Le *président* du tribunal de première instance.<br>Le *président* du tribunal de commerce.<br>Le *maire*.<br>Le *commandant de la place* (le titulaire).<br>Le *président* du consistoire. | |
| | RANGS PAR CORPS. | |
| | La *cour impériale*.<br>L'*état-major* de la division ainsi composé :<br>Les *généraux de division* ou *de brigade* employés et les *généraux en disponibilité* ou *dans le cadre de réserve*.<br>L'*intendant* de la division et autres en disponibilité ou en réserve.<br>Les *officiers* d'état-major de la division.<br>Le *colonel* chef de légion de gendarmerie.<br>Le *colonel* directeur de l'artillerie.<br>Le *lieutenant-colonel* chef d'état-major de l'artillerie.<br>L'*inspecteur* des forges du midi.<br>Le *directeur* de la fonderie.<br>Le *colonel* directeur du génie.<br>Le *chef du génie* de la place.<br>Les *parquets militaires* (MM. les greffiers).<br>Le *conseil de préfecture*. | |
| | L'*état-major* de la subdivision ainsi composé :<br>Les *sous-intendants militaires* et les adjoints.<br>Le *chef d'escadron* de gendarmerie commandant la compagnie.<br>Les *officiers* du dépôt de recrutement.<br>Le *tribunal* de première instance.<br>Le *corps municipal*.<br>Le *corps académique* composé du recteur, des inspecteurs du conseil académique et des facultés ayant le doyen à leur tête. | |
| | L'*état-major* de la place ainsi composé : | |
| | PREMIÈRE TROUPE. | |
| | *Les fonctionnaires compris dans le décret de messidor.*<br>Les *capitaines* et les *lieutenants* de gendarmerie commandant l'arrondissement.<br>Les *officiers* des établissements militaires d'artillerie.<br>Les *officiers* du génie de la place et de la chefferie de Toulouse.<br>Les *officiers* de santé des hôpitaux militaires et les vétérinaires. | |

| DATES. | | SOMMAIRES. | NOTES. |
|---|---|---|---|
| | | **HON, PER, REL.** | |
| | | Les *officiers* du régiment d'artillerie et de la compagnie d'ouvriers.<br>Les *officiers* d'infanterie de ligne.<br>Les *officiers* des bataillons de chasseurs.<br>Les *officiers* de cavalerie.<br>Les *officiers* en retraite du grade inférieur à celui de général de brigade.<br>Les *officiers d'administration*, y compris les greffiers des conseils de guerre.<br>Le *tribunal de commerce*.<br>Les *juges de paix*.<br>Les *commissaires de police*. | |
| | | DEUXIÈME TROUPE. | |
| | | L'*inspecteur des finances*.<br>Le *receveur général*.<br>Le *payeur*.<br>Les *contributions directes*.<br>Les *douanes*.<br>Les *contributions indirectes*.<br>L'*enregistrement et domaines*.<br>Les *forêts*.<br>Les *postes*.<br>Les *ponts-et-chaussées*.<br>Les *mines*.<br>Le *télégraphe*.<br>L'*école vétérinaire*. | |
| | | TROISIÈME TROUPE. | |
| | | Les *sociétés savantes*.<br>Les *sociétés de St-Martin*, etc., etc. | |
| 1845 | 18 déc. | PERSONNEL DES PERCEPTEURS. — Notification de l'ordonnance du 9 décembre 1845, qui admet les employés des payeurs du trésor public au bénéfice de l'art. 8 de l'ordonnance royale du 31 octobre 1839.<br>(Personnel. — Circul. n^os 8-366.) | |
| 1846 | 11 mai. | PERSONNEL DES EMPLOYÉS DES PAYEURS DU TRÉSOR. — Circulaire prescrivant la remise à MM. les préfets de renseignements périodiques en ce qui concerne ce personnel.<br>(Cabinet du ministre.) | |
| 1850 | 8 mai. | RELATIONS entre l'inspection générale des finances et les agents soumis à son contrôle.<br>(Personnel. — Circul. n^os 25-430.) | |

| DATES. | | SOMMAIRES. | NOTES. |
|---|---|---|---|
| | | **UNI.** | |
| 1852<br>1852 | 17 nov.<br>30 nov. | **UNIFORME DES PAYEURS** réglé par décret impérial du 17 novembre 1852. (Voir le *Bulletin des lois*.<br>(Personnel.) | |
| 1852 | 30 nov. | **UNIFORME DES PAYEURS** rendu obligatoire dans le plus court délai possible. Sont exemptés toutefois, ceux d'entr'eux qui sont pourvus de l'ancien uniforme et qui pourront le conserver provisoirement.<br>(Personnel. — Suppl. à la circ. du 30 novembre.) | |

# RÉPERTOIRE ALPHABÉTIQUE

DES

# IRCULAIRES DU MINISTÈRE DES FINANCES

CONCERNANT LE

# SERVICE DES PAYEURS

## RECTION DES DÉPENSES; DIRECTION DE LA COMPTABILITÉ GÉNÉRALE ET DIRECTION GÉNÉRALE DE LA COMPTABILITÉ PUBLIQUE.

| DATES. | | SOMMAIRES. | NOTES. |
|---|---|---|---|
| | | **ABR, ACC, ACQ.** | |
| 854 | 27 mars. | ABROGATION de l'arrêté du 15 floréal, an XI, portant déchéance à l'égard des héritiers des pensionnaires dont le décès n'a pas été notifié dans le délai de six mois; ces créanciers n'ont plus d'autre déchéance à encourir que celle qui résulte de la prescription triennale applicable aux pensionnaires eux-mêmes. (§ 4, circul. n° 205.) | |
| 837 | 20 déc. | ACCRÉDITATION. — Signature des pièces de comptabilité par le payeur; interdiction de se servir d'une griffe. — Le visa des payeurs ne doit être apposé que sur les pièces de dépense payables dans les arrondissements, avec mention, sur ces pièces, du lieu du paiement. (§ 4, n° 3, circul. n° 105.) | |
| 1842 | 20 sept. | ACCRÉDITATION. — Dispositions relatives aux formalités pour accréditer, auprès des payeurs, la signature des ordonnateurs secondaires de la guerre. (§ 2, circul. n° 123.) | |
| 1837 | 18 janv. | ACCUSÉS DE CRÉDITS. — Transmission des accusés de crédits dans le mois de l'envoi des pièces, après que la reconnaissance en aura été effectuée. — Le bordereau de réception devra être réclamé par les comptables qui ne le recevraient pas dans le délai fixé. (§ 4, circul. n° 100.) | |
| 1824 | 15 mai. | ACQUITS. — Renvoi des pièces ou d'acquits à régulariser. — Ecritures à passer. (§ 6, circul. n° 36.) | |

| DATES. | | SOMMAIRES. | NOTES. |
|---|---|---|---|
| | | **ACQ.** | |
| 1854 | 30 déc. | ACQUITS A RÉGULARISER. — Explication sur l'emploi du C/ acquits à régulariser. (§ 16, circul. n° 210.) | |
| 1830 | 25 oct. | ACQUITS. — Nouveaux modèles de bordereaux de détail des acquits, à partir de 1831. (§ 1er, circul. n° 64. | |
| 1833 | 6 déc. | ACQUITS. — Bordereaux de détail des acquits pour le service de la dette viagère. (§ 3, circul. n° 81.) | |
| 1836 | 18 juill. | ACQUITS. — Rappel des dispositions concernant le classement mensuel des acquits dans les bordereaux de détail. (§ 2, circul. n° 95.) | |
| 1841 | 20 nov. | ACQUITS. — Classement des acquits et établissement des bordereaux de détail concernant le service des dépenses départementales. (§ 10, circul. n° 120.) | |
| 1844 | 30 mars. | ACQUITS. — Invitation d'indiquer le nombre et le montant des acquits, tant sur les feuilles d'enveloppe *(modèle D)*, que sur les fiches *(modèle D bis)*. (§ 5, circul. n° 140 ) | |
| 1847 | 30 sept. | ACQUITS. — Les acquits et les bordereaux des pensions, des employés réformés et ceux du service des intérêts de cautionnements, concernant les exercices clos et périmés, doivent être classés dans le même ordre que les bordereaux et acquits du service de la dette viagère et de la dette consolidée.) (§ 10, circul. n° 161.) | |
| 1837 | 18 janv. | ACQUITS. — Mesures prescrites pour que la date à donner aux acquits soit du jour même du paiement; ces prescriptions sont également obligatoires pour les receveurs des finances ou autres comptables qui auraient à effectuer des paiements pour le compte des payeurs et sur leur visa. (§ 1er, circul. n° 100.) | |
| 1853 | 15 juill. | ACQUITS. — DATES. — Rappel des dispositions des circulaires nos 87 et 100, § 1er, qui obligent les payeurs à faire dater et signer les quittances par les | |

| DATES. | | SOMMAIRES. | NOTES. |
|---|---|---|---|
| | | **ACQ.** | |
| | | parties prenantes elles-mêmes — Observations sur le danger de l'intervention des employés des payeurs dans les paiements aux créanciers illettrés. (§ 4, circul. n° 202.) | |
| 1853 | 15 oct. | ACQUITS. — DATES. — Explication sur l'interprétation à donner aux dispositions du § 4 de la circulaire n° 202, du 15 juillet 1853, relatives à la date des acquits. (§ 4, circul. n° 203.) | |
| 1841 | 20 nov. | ACQUITS — Changement d'imputation de dépenses de chapitre à chapitre et rectifications dans le classement des acquits. (§ 9, circul. n° 120.) | |
| 1848 | 14 août. | ACQUITS ET JUSTIFICATIONS DE PAIEMENTS. — L'envoi des éléments de comptabilité doit parvenir à la direction de la comptabilité générale des finances, au plus tard, le 10 de chaque mois, pour la dépense du mois précédent. (§ 5, circul. n° 166.) | |
| 1854 | 20 janv. | ACQUITS. — ENVOI MENSUEL. — Recommandation d'accompagner toujours d'une lettre les pièces ou documents de comptabilité adressés à la comptabilité générale. (§ 4, circul. n° 204.) | |
| 1854 | 17 août. | ACQUITS.—LETTRE D'ENVOI DES ACQUITS. — Nomenclature des documents (*modèle n° 1*). (Circul. n° 208.) | |
| 1855 | 28 sept. | ACQUITS. — LETTRE D'ENVOI. — Explication au sujet de la note des documents transmis, placée à la suite du nouveau modèle de lettre d'avis du départ des acquits. (§ 13, circul. n° 212) | |
| 1861 | 16 juill. | ACQUITS INCOMPLETS. — Obligation de mentionner, s'il y a lieu, sur la lettre d'avis, l'état incomplet de l'envoi des acquits au trésor. (§ 3, circul. n° 225.) | |

| DATES. | | SOMMAIRES. | NOTES. |
|---|---|---|---|
| | | **ACQ, ACT.** | |
| 1862 | 31 déc. | ACQUITS. — LETTRE D'ENVOI MENSUEL DES ACQUITS. — La formule actuelle de la lettre d'avis du départ des acquits pourra momentanément être utilisée moyennant l'addition, en marge du recto, de deux colonnes destinées, avec la dernière placée à la droite du cadre, à recevoir le nombre des acquits de l'exercice 1863 afférents à chacun des budgets. (§ 1er, circul. n° 230.) | |
| 1849 | 5 mai. | ACQUITS FALSIFIÉS OU ALTÉRÉS. — Paiement sur faux acquits ou sur mandats appuyés de pièces altérées ou falsifiées. — Responsabilité des payeurs. (§ 6, circu n° 173.) | |
| | | ACQUISITION D'IMMEUBLES. — (Voir *Cession de terrain.*) | |
| | | ACQUISITION D'IMMEUBLES.—(Voir *Dotalité.*) | |
| | | ACQUISITIONS POUR CAUSE D'UTILITÉ PUBLIQUE. — (Voir *Expropriations.*) | |
| 1823 | 1er sept. | ACTES D'HÉRÉDITÉ (les) produits pour obtenir le remboursement des cautionnements doivent être admis par les payeurs lorsque les certificats sont conformes aux modèles annexés au décret du 18 septembre 1806. (Bull. 1990, p. 561) (Direction des dépenses. — Circul. n° 56.) | |
| 1824 | 25 sept. | ACTES D'HÉRÉDITÉ pour paiement d'arrérages de pensions et rentes viagères dus après décès. — Les payeurs, selon le cas, devront se conformer aux modèles annexés au décret du 18 septembre 1806. (§ 8, n° 4, circul. n° 38.) | |
| 1830 | 25 oct. | ACTES D'HÉRÉDITÉ. — Instruction du ministre de l'intérieur pour les pièces à produire aux payeurs par les héritiers de titulaires de créances sur l'Etat. (§ 3, circul. n° 64.) | |
| 1834 | 17 déc. | ACTES D'HÉRÉDITÉ. — Explications sur les certificats de propriété délivrés par des notaires ou des juges de paix.<br>1° *Notaires.* — Le certificat délivré par un notaire doit être revêtu du cachet ou du sceau qui lui est | |

particulier; si le notaire réside dans un autre département, la formalité de légalisation de sa signature est indispensable. Le certificat de propriété délivré à des femmes mariées n'est pas nul s'il ne mentionne pas l'*autorisation* du mari; on supplée à cette omission par la *signature du mari* donnée sur la quittance du paiement avec *mention de l'autorisation*. — Le certificat de propriété délivré à une veuve ne comporte pas la *production du contrat de mariage*, puisque les droits des conjoints sont réglés par les dispositions du code Napoléon, art. 1400.

2° *Juges de paix*. — La mention d'un contrat ne vicie pas le droit de compétence d'un juge de paix. — Si les certificats de propriété font ressortir dans l'acte de décès des erreurs portant généralement sur l'orthographe du nom, sans cependant le dénaturer de manière à laisser des doutes sur l'identité de la personne défunte, il paraît suffisant, dans de telles conditions, de régulariser l'erreur faite dans l'acte de décès, au moyen d'un acte de notoriété reçu par un notaire, ainsi que cela est prescrit pour les erreurs portant sur les prénoms dans le même acte. (Voir la circulaire n° 210, § 9.)

(§ 7, circul. n° 87, p. 11 et 12.)

—

37 | 20 déc. — ACTES D'HÉRÉDITÉ. — Etat de paiements effectués aux héritiers de créanciers de l'Etat à remettre, tous les mois, aux directeurs de l'enregistrement et des domaines.

(§ 3, circul. n° 105.)

—

42 | 16 déc. — ACTES D'HÉRÉDITÉ. — Notification d'une décision de S. Exc. le ministre des finances, en date du 29 octobre 1842, relative à l'exemption de la formalité de l'enregistrement pour les certificats de propriété, produits par les héritiers des pensionnaires de l'Etat. (Voir la circulaire n° 166, § 3.)

(§ 5, circul. n° 125.)

—

848 | 14 août. — ACTES D'HÉRÉDITÉ. — L'exemption de la formalité de l'enregistrement acquise aux certificats de propriété, par la circulaire n° 125, § 5, en date du 16 décembre 1842, est restreinte à ceux de ces certificats qui sont produits pour le paiement des sommes dues par l'Etat à titre de *pensions*, *rénumérâtions* ou *secours*.

(§ 3, circul. n° 166.)

—

2

| DATES. | | SOMMAIRES. | NOTES. |
|---|---|---|---|
| | | **ACT.** | |
| 1846 | 13 oct. | ACTES D'HÉRÉDITÉ. — Les héritiers des condamnés doivent justifier de leurs droits dans les formes légales ordinaires, établies par les officiers compétents. (§ 7, circul. nº 159.) | |
| 1847 | 30 sept. | ACTES D'HÉRÉDITÉ. — Les encouragements accordés aux instituteurs sont payables à leurs héritiers, dans le cas où cette concession est faite avant décès. — Application de l'art. 33 du règlement de l'instruction publique. (§ 7, circul. nº 161.) | |
| 1851 | 4 juill. | ACTES D'HÉRÉDITÉ. — Il n'y a pas lieu d'exiger que les certificats de propriété délivrés par des notaires fassent mention de l'enregistrement des *actes relatés* dans ces *certificats*. (§ 2, circul. nº 189.) | |
| 1853 | 18 fév. | ACTES D'HÉRÉDITÉ. — Les pièces à produire par les héritiers des titulaires des rentes viagères de la vieillesse sont exemptes des droits de timbre et de l'enregistrement. (Art. 11 de la loi du 18 juin 1850.) (§ 5, circul. nº 200.) | |
| 1854 | 30 déc. | ACTES D'HÉRÉDITÉ. — Explications au sujet d'une note concernant les parts d'héritiers absents, contenues dans la circulaire du 17 décembre 1834, nº 87, page 12. — Cas où les payeurs peuvent se libérer à la caisse des dépôts et consignations. (§ 9, circul. nº 210.) | |
| 1857 | 30 janv. | ACTES D'HÉRÉDITÉ. — CANTONNIERS DÉCÉDÉS. — Dispense du timbre pour l'acte de décès produit à l'appui d'un décompte de salaire de cantonnier, s'élevant à 50 *fr.* et au-dessous, lorsque cet acte est appuyé d'un certificat de propriété délivré par un juge de paix. (§ 2, circul. nº 219.) | |
| | | ACTE DE NOTORIÉTÉ.—Lorsqu'un immeuble est exproprié pour cause d'utilité publique, ou qu'il y a cession amiable et qu'il est possédé par *indivis* par divers héritiers, le payeur doit *demander* la production de l'extrait de l'intitulé de l'inventaire qui a dû être fait après décès, constatant les *noms, prénoms, nombre* et *qualité des héritiers, inventaire* qui est prescrit par divers | |

| DATES | | SOMMAIRES. | NOTES. |
|---|---|---|---|
| | | **ADJ, ADM, ALG.** | |
| | | articles de loi, suivant les circonstances dans laquelle la succession sera ouverte, notamment, en cas de minorité des héritiers, par l'art. 451 du code Napoléon; dans le cas d'existence de communauté en survivance de la femme commune, par les art. 1456 et suivants du code Napoléon, etc., etc.<br>Pour le cas où il n'y aurait pas d'inventaire, l'usage et la *jurisprudence* ont admis la production d'un *acte de notoriété fait devant notaire établissant l'absence d'inventaire* et constatant toutes les *énonciations* que cet inventaire aurait contenu lui-même pour établir *les noms* et prénoms, *le nombre et la qualité des héritiers*, l'existence du testament, etc.<br>Cet acte de notoriété doit être fait par le notaire détenteur du testament, s'il en existe.<br>(Note de l'auteur.) | |
| 850 | 12 fév. | ADJUDICATIONS. — MARINE. — Les marchés et adjudications concernant la fourniture des objets nécessaires au service de la *marine* peuvent être établis sur papier *non timbré*, sauf visa pour timbre et enregistrement après approbation par le ministre.<br>(§ 4, circul. nº 176.) | |
| 852 | 5 oct. | ADJUDICATIONS DE FOURNITURES. — MAISONS CENTRALES OU DE DÉTENTION. — Envoi d'un arrêté du ministre de l'intérieur relatif aux adjudications de fournitures pour le service des maisons centrales ou de détention.<br>(§ 2, circul. nº 197.) | |
| 852 | 15 déc. | ADJUDICATIONS ET FOURNITURES. — MAISONS CENTRALES ET DE DÉTENTION. — Envoi d'une circulaire du ministre de l'intérieur, suivie d'un arrêté sur les *adjudications* au *rabais* des fournitures des maisons centrales et de détention.<br>(§ 6, circul. nº 198.) | |
| 1844 | 10 juin. | ADMINISTRATION ET COMPTABILITÉ DES CORPS DE TROUPES. — Envoi de l'ordonnance royale du 10 mai 1844, sur l'administration des corps de troupes, avec une collection des modèles annexés à cette ordonnance.<br>(§ 3, circul. nº 143.) | |
| 1846 | 26 mars. | ALGÉRIE. — Notification de l'ordonnance royale du 2 juillet 1846, sur l'administration et la compta- | |

| DATES. | | SOMMAIRES. | NOTES. |
|---|---|---|---|
| | | **ANN, APE, APP, ARR, ART, AVA.** | |
| | | bilité des finances en Algérie, et dispositions concernant les paiements à effectuer par les payeurs de l'intérieur, pour les dépenses locales et municipales. — Comptes à ouvrir s'il y a lieu. (§ 5, circul. n° 157.) | |
| 1855 | 28 sept. | ANNOTATION DES PAIEMENTS par leur date sur les *bordereaux d'émission* de mandats. (§ 12, circul. n° 212.) | |
| 1851 | 7 mars | APERÇU DES BESOINS. — MM. les ingénieurs en chef ont été invités à remettre en temps utile aux payeurs un aperçu des besoins de leur service et les bordereaux d'émission de leurs mandats. (§ 3, circul. n° 186.) | |
| 1850 | 12 fév. | APPROBATION de diverses dépenses énumérées à l'art. 8 du règlement des travaux publics, en date du 28 septembre 1849. — Dispositions de comptabilité résultant du règlement sus-visé. (§ 1er, circul. n° 176.) | |
| | | ARRÉRAGES DE RENTES. — Voir *Dette viagère, pensions, rentes et décompte d'arrérages* | |
| 1861 | 16 juill. | ARRÊTE DES PAIEMENTS DE LA JOURNÉE SUR CHAQUE LIVRE DE DÉTAIL. — Création d'un livre de contrôle développé par ministère. (§ 1er, circul. n° 225.) | |
| 1852 | 15 janv. | ARTILLERIE. — Les copies des états de dépenses du service de l'artillerie, destinées à l'administration de la guerre, doivent être établies sur papier de couleur à l'instar de ce qui a lieu déjà pour les déclarations de quittances fournies pour le service de la solde. (§ 7, circul. n° 191.) | |
| 1849 | 5 fév. | AVANCES, ENCOURAGEMENTS ET PRÊT. — Modification au § 5 de la circulaire n° 167, en date du 18 octobre 1848, dans la forme d'une des pièces justificatives à produire à l'appui des mandats de prêt aux associations ouvrières. (§ 4, circul. n° 171.) | |

| DATES. | | SOMMAIRES. | NOTES. |
|---|---|---|---|
| | | **AVA.** | |
| 1850 | 12 fév. | AVANCES. — Disposition de comptabilité résultant de l'exécution du règlement du 28 septembre 1849, art. 12, sur la comptabilité administrative du ministère des travaux publics. — Prescription d'un livret de caisse. (§ 1er, circul. n° 176.) | |

| DATES. | | SOMMAIRES. | NOTES. |
|---|---|---|---|

| DATES. | | SOMMAIRES. | NOTES. |
|---|---|---|---|
| | | **BAL.** | |
| 50 | 10 oct. | **BALANCE.** — Réunions en un seul compte, sur la balance, des comptes spéciaux des mandats de paiement des divers ordonnateurs secondaires du ministère des finances. (§ 3, circul. n° 183.) | |
| 18 | 17 déc. | **BALANCE. — COMPTES DES CONTRE-PARTIES.** — Les articles sous le titre de contre-parties sont passés par suite de modifications ou annulations, se rapportant, en tout ou en partie, à une ordonnance ministérielle. — Toute somme étant portée à deux comptes, on doit, pour rectifier une erreur, balancer cette erreur dans l'un et l'autre compte. (Circul. n° 56.) | |
| 34 | 17 déc. | **BALANCE.** — A partir du mois de janvier 1835, les payeurs transmettront avec la balance de chaque mois, un développement des paiements du chapitre spécial *des dépenses des exercices clos* qui seront faits pendant l'année courante (*modèle C*), qui réunira tous les ministères. Lorsque, dans le cours d'un mois, il n'y aura pas eu de paiements effectués sur le chapitre spécial, *Exercices clos* d'un ministère, on l'indiquera dans le développement, au cadre du ministère, par le mot *néant*, et on reportera les paiements antérieurs à ce mois qui auraient pu avoir lieu depuis le commencement de la gestion. (§ 3, circul. n° 87.) | |
| 50 | 24 déc. | **BALANCE.** — Réunion à la balance sous un seul article de toutes les retenues exercées au profit de la caisse des invalides de la marine. (§ 3, circul. n° 185.) | |
| 52 | 15 janv. | **BALANCE.** — La balance des opérations mensuelles doit être adressée régulièrement, par les payeurs, à la comptabilité générale des finances, le 2 ou le 3 de chaque mois au plus tard. (§ 6, circul. n° 191.) | |
| 855 | 28 sept. | **BALANCE.** — Le § 6 de la circulaire n° 191, en date du 15 janvier 1852, avait fixé le 2 ou le 3 de chaque mois comme l'époque d'envoi de la balance ; cette prescription est maintenue. Si des travaux extraordinaires s'opposent accidentellement à ce que l'envoi en soit fait à l'époque déterminée, en aucun cas il ne doit être différé au-delà du 3 ou du 4. (§ 13, circul. n° 212.) | |

| DATES. | | SOMMAIRES. | NOTES. |
|---|---|---|---|
| | | **BOR.** | |
| 1854 | 10 juin. | BALANCE D'ENTRÉE. — Report, d'une gestion à l'autre, du produit des retenues pour pensions civiles, porté par exercice dans les contributions et revenus publics. (§ 4, circul. n° 207.) | |
| 1858 | 15 mai. | BALANCE D'ENTRÉE. — BALANCE DE SORTIE. — 1° La balance d'entrée doit figurer au commencement de chaque gestion, sur le livre-journal de la 3me dizaine, le dernier jour du mois. A cette date aussi, les payeurs formeront et adresseront à la comptabilité générale, en même temps que leur balance de janvier, une balance générale de la gestion expirée, comprenant les opérations passées au journal supplémentaire de cette gestion depuis l'établissement de la balance du mois de décembre.<br>2° Quant aux articles de la balance de sortie, dont les résultats ne doivent jamais être compris dans les balances générales, ils ne seront rédigés qu'après réception de l'avis de la remise à la cour des comptes, de la 2me partie du compte final, et après que la minute dudit compte, ainsi que les écritures, auront subi les derniers changements reconnus nécessaires. (§ 16, circul. n° 220.) | |
| 1862 | 31 déc. | BALANCE. — Les retenues de 2 % au profit du trésor, ainsi que les retenues sur traitement pour pensions civiles, qui forment la catégorie des *recettes* sur *contributions* et *revenus publics*, ont figuré jusqu'à ce jour aux *résumés* des *balances*, non-seulement dans la colonne des recettes, où elles doivent être présentées, mais encore dans celle des dépenses, bien que le débit donné en fin de mois aux comptes de ces retenues ne constitue qu'une opération d'ordre destinée à les balancer. — A l'avenir, ces débits cesseront d'être portés en dépense ; mais il sera nécessaire alors de retrancher des recettes les crédits donnés au C/ TRESOR, son compte de fonds, pour le transport fait à ce compte des retenues dont il s'agit. Cette nouvelle marche devra être suivie à partir du mois de janvier prochain. (§ 2, circul. n° 230.) | |
| 1831 | 18 nov. | BORDEREAUX DE DEVELOPPEMENTS. — Modifications à apporter aux bordereaux de développement, à partir du 1er janvier 1832. — Ne comprendre sur ces bordereaux, dans la colonne des paiements effectués *antérieurement*, que les paiements de l'année courante antérieurs au mois. — Au mois de janvier, | |

| DATES. | | SOMMAIRES. | NOTES. |
|---|---|---|---|
| | | **BOR.** | |
| | | ne faire figurer, dans les colonnes de l'antérieur aux ordonnances et mandats de paiement délivrés, que le montant des soldes créditeurs, des comptes, *ordonnances et mandats de paiements* au 31 décembre. (§ 2, circul. n° 68.) | |
| 833 | 1er nov. | BORDEREAUX SOMMAIRES. — MARINE. — Invitation de porter sur les bordereaux sommaires mensuels remis aux ordonnateurs de la marine, les paiements effectués sur ordonnances directes de ce ministère. (§ 2, circul. n° 79.) | |
| 835 | 22 janv. | BORDEREAUX DE DÉVELOPPEMENT ET BORDEREAUX SOMMAIRES. — Observations sur la rédaction des bordereaux de développement et des bordereaux sommaires à remettre aux ordonnateurs, lors même que les payeurs n'auraient pas effectué de paiements pour un ministère sur l'un des crédits ouverts. (§ 2, circul. n° 88.) | |
| 837 | 24 oct. | BORDEREAUX SOMMAIRES DE PAIEMENT. — Transmission d'une circulaire du ministre de la guerre, relative à la rédaction des bordereaux sommaires de paiement, à remettre chaque mois aux ordonnateurs secondaires de ce ministère.— Ces bordereaux devront : 1° énoncer nominativement les sommes payées par suite d'ordonnances directes ; 2° être totalisés par chapitres, en ce qui concerne seulement les paiements effectués sur mandats des membres de l'intendance militaire. (§ 4, circul. n° 104.) | |
| 843 | 18 janv. | BORDEREAUX SOMMAIRES. — GUERRE — Formalités relatives à la récapitulation par département, des bordereaux sommaires remis aux divers ordonnateurs secondaires de la guerre. (Voir le modèle y annexé.) (§ 1er, circul. n° 127.) | |
| 1844 | 10 juin. | BORDEREAUX SOMMAIRES DES PAIEMENTS EFFECTUÉS SUR ORDONNANCES DIRECTES. — MARINE. — Invitation d'adresser directement à l'administration centrale les bordereaux sommaires des paiements effectués sur ordonnances *directes* de la *marine*, qui, jusqu'ici, devaient être remis aux officiers de l'intendance militaire, dans les départe- | |

| DATES. | | SOMMAIRES. | NOTES. |
|---|---|---|---|
| | | **BOR.** | |
| | | ments où il n'existe pas d'ordonnateur secondaire de la marine. (Voir le § 7, circul. n° 181.) (§ 2, circul. n° 143.) | |
| 1862 | 31 mai. | BORDEREAUX SOMMAIRES des paiements effectués dans le mois précédent, à remettre, dans les dix premiers jours du mois qui suit, aux différents ordonnateurs secondaires, par exercice, ministère et chapitre. (Art. 297. — Décret impérial.) | |
| 1850 | 10 oct. | BORDEREAUX SOMMAIRES DE PAIEMENTS EFFECTUÉS. — Suppression (art. 33 du règlement du 28 septembre 1849) sur divers documents de comptabilité du détail des opérations résultant des mandats émis par les ingénieurs en chef du service des ponts et chaussées, pour les ministères de l'intérieur et des travaux publics. (Voir la circulaire n° 176, § 1er, du 7 mars 1850.) (§ 2, circul. n° 183.) | |
| 1852 | 6 août. | BORDEREAUX SOMMAIRES. — Les ordonnances directes du ministère de l'instruction publique doivent être présentées avec détail de numéro d'ordonnances et des noms des parties prenantes, sur les bordereaux sommaires. (§ 5, circul. n° 196.) | |
| 1852 | 15 déc. | BORDEREAUX SOMMAIRES REMIS AUX ORDONNATEURS. — Développement par créance et exercice des paiements d'exercices clos, à comprendre aux bordereaux sommaires remis aux ordonnateurs. (§ 8, circul. n° 198.) | |
| 1855 | 28 sept. | BORDEREAUX SOMMAIRES. — MINISTÈRE D'ÉTAT. — Les paiements sur ordonnances directes du ministère d'Etat devront dorénavant être compris dans les bordereaux sommaires de paiements effectués pour son compte, comme ceux faits sur mandats des ordonnateurs secondaires. (§ 11, circul. n° 212.) | |
| 1862 | 31 déc. | BORDEREAUX MENSUELS DE DÉVELOPPEMENT. — Loi du 2 juillet 1862. — Les bordereaux | |

| DATES. | | SOMMAIRES. | NOTES. |
|---|---|---|---|
| | | **BOR.** | |
| | | mensuels de développements, destinés à la comptabilité générale des finances, devront être dressés par budgets, ainsi que les bordereaux sommaires à remettre aux ordonnateurs secondaires. La couleur des bordereaux d'émission variera selon le budget :<br>1° Dépenses ordinaires, papier blanc ;<br>2° Dépenses spéciales, papier rose ;<br>3° Dépenses extraordinaires, papier chamois.<br>(§ 1er, circul. n° 230.) | |
| 1841 | 20 nov. | **BORDEREAUX DE DÉTAIL** concernant le service des dépenses départementales, leur établissement, classement des acquits et division, sur le carnet, de la première section par articles. Le 7e alinéa de la circulaire n° 109, en date du 22 août 1838, est rapporté.<br>(§ 10, circul. n° 120.) | |
| 1847 | 30 sept. | **BORDEREAUX** (les) et les acquits des pensions des employés réformés et ceux du service des intérêts de cautionnements, concernant les exercices clos et périmés, doivent être classés dans le même ordre que les bordereaux et acquits de la dette viagère et de la dette consolidée.<br>(§ 10, circul. n° 161.) | |
| 1840 | 31 juill. | **BORDEREAUX DES DÉPENSES DES EXERCICES CLOS.** — Modifications demandées par la cour des comptes, dans les éléments de contrôle qui lui sont adressés, pour les créances des exercices clos à l'appui des comptes de gestion. Ces bordereaux doivent être produits en clôture de gestion. — Bordereaux nominatifs de paiements pour dépenses des exercices périmés, à joindre tant en fin de gestion que d'exercice.<br>(§ 2, circul. n° 116.) | |
| 1863 | 20 juin. | **BORDEREAUX DES DEPENSES DES EXERCICES CLOS.** — Nouvelles recommandations et rappel des prescriptions des circulaires nos 108 et 116, §§ 2 et 2.<br>(§ 4, circul. n° 231.) | |
| 1848 | 20 janv. | **BORDEREAUX DE PAIEMENTS DES CRÉANCES SUR EXERCICES CLOS.** — Mesures et recommandations concernant la rédaction des bordereaux de paiements des créances sur exercices clos.<br>(§ 7, circul. n° 162.) | |

| DATES. | | SOMMAIRES. | NOTES. |
|---|---|---|---|
| | | **BUD.** | |
| 1840 | 25 sept. | **BORDEREAUX** à établir par les receveurs généraux et particuliers, pour les pièces de dépenses acquittées et remises aux *payeurs*, conformément à l'art. 591 de l'instruction générale du 17 juin 1840. (§ 3, circul. n° 117.) | |
| 1827 | 15 nov. | **BORDEREAUX D'ÉMISSION DE MANDATS.**— Si le bordereau d'émission n'a pas été remis par l'ordonnateur secondaire, le payeur est autorisé à refuser à la partie qui se présente à sa caisse le paiement de la somme mandatée à son profit. (Circulaire. — Secrétariat général.) | |
| 1842 | 14 déc. | **BORDEREAUX D'ÉMISSION.** — Formalités supplémentaires auxquelles donneront lieu, à partir du 1er janvier 1843, l'émission des mandats et la remise aux ordonnateurs secondaires des mandats visés. (Circul. n° 124.) | |
| 1855 | 28 sept. | **BORDEREAUX D'ÉMISSION.** — Annotation des paiements, par leur date, sur les bordereaux d'émission de mandats. (§ 12, circul n° 212.) | |
| 1861 | 16 juill. | **BORDEREAUX D'ÉMISSION.** — Autorisation de ne passer écriture sur le livre-journal qu'en un seul article à la fin de chaque dizaine, des bordereaux d'émission de mandats des ordonnateurs secondaires. (§ 8, circul. n° 225.) | |
| 1854 | 17 août. | **BORDEREAUX** (les) et les divers éléments des comptes mensuels produits à la cour des comptes sont supprimés par décret impérial du 12 août 1854. (Circul. n° 208.) | |
| 1854 | 30 déc. | **BORDEREAUX** à joindre aux comptes finaux pour le service des contributions et revenus publics et celui des opérations de trésorerie. (Modèles 1 à 7.) (§ 10, circul. n° 210.) | |
| 1834 | 3 nov. | **BUDGET DÉPARTEMENTAL.** — A partir de l'exercice 1835, MM. les préfets ont été invités à transmettre aux payeurs trois exemplaires du budget départemental dès qu'il aura été imprimé. — Le premier devra être immédiatement adressé par ces comptables à la direction de la comptabilité générale des | |

| DATES. | SOMMAIRES. | NOTES. |
|---|---|---|

## BUD.

finances; ils devront conserver le second entre leurs mains, afin de pouvoir le consulter pour l'établissement de leurs carnets dans le cours de leurs paiements; quant au troisième exemplaire, ils devront l'annexer, en fin d'année, à leur C/ de gestion, pour être produit à la cour des comptes.

(§ 2, circul. n° 86.)

—

35 22 janv. **BUDGET DÉPARTEMENTAL.** — Explications et rappel de la circulaire n° 86, § 2. — MM. les préfets doivent remettre aux payeurs trois exemplaires du budget départemental, dès qu'il aura été imprimé, afin qu'aussitôt après la délivrance des mandats imputables sur l'exercice, ces comptables puissent en vérifier la concordance avec les allocations affectées aux divers sous-chapitres et articles.

(§ 3, circul. n° 88.)

—

35 20 août. **BUDGET DÉPARTEMENTAL.** — Rappel des §§ 2 et 3 des circulaires n$^{os}$ 86 et 88. — Obligations des payeurs en ce qui concerne l'exécution des budgets départementaux. — Les dépenses ne doivent être acquittées que dans la limite des crédits ouverts par sous-chapitres. Vérifier la concordance des mandats de paiement avec les allocations spéciales affectées aux divers *sous-chapitres*. — Lorsque des mandats seront délivrés en dehors des allocations fixées par les budgets départementaux, les payeurs auront à réclamer de l'ordonnateur secondaire, à l'appui desdits mandats, une copie *certifiée de la décision ministérielle* autorisant la dépense en excédant des crédits.

(§ 2, circul. n° 90.)

—

835 23 déc. **BUDGET DÉPARTEMENTAL.** — Communication d'instructions adressées à MM. les préfets par le ministère de l'intérieur, sur la formation et l'impression des comptes et budgets départementaux. — A partir de 1836, ces budgets devront être imprimés en deux cahiers séparés. — Le premier renfermera les budgets primitifs, et le deuxième les comptes des budgets de report. Les payeurs devront adresser un exemplaire de chacun de ces cahiers au directeur de la comptabilité générale, au fur et à mesure que la remise leur en sera faite, en indiquant dans la lettre d'envoi la date précise du jour où cette remise aura été effectuée.

(§ 3, circul. n° 92.)

—

| DATES. | | SOMMAIRES. | NOTES. |
|---|---|---|---|
| | | **BUD** | |
| 1836. | 22 déc. | **BUDGET DÉPARTEMENTAL.** — Modèle d'un état comparatif des paiements effectués sur les budgets départementaux à transmettre à la fin de chaque gestion. — A partir de 1836, les comptes finaux des payeurs devront être accompagnés d'un état de comparaison pour l'exercice clos dans l'année. — Pour l'exercice courant, d'un état semblable présentant la situation des crédits au 31 décembre de la première année dudit exercice. (§ 1er, circul. n° 98.) | |
| 1837 | 18 janv. | **BUDGETS ET COMPTES DÉPARTEMENTAUX,** en ce qui concerne le cadastre. — Envoi de circulaires adressées aux préfets et directeurs des contributions directes, pour la publicité des budgets et comptes départementaux, en ce qui concerne le cadastre. (Voir les §§ 2 et 1er des circulaires des 3 novembre et 22 décembre 1834 et 1836, nos 86 et 98.) (§ 7, circul. n° 100.) | |
| 1838 | 26 déc. | **BUDGETS DÉPARTEMENTAUX.** — Instruction du ministère de l'intérieur relative au règlement des budgets départementaux. — Prescriptions relatives à la division des dépenses et de l'ordre de la comptabilité. — Dispositions des carnets. (§ 3, circul. n° 111.) | |
| 1849 | 5 fév. | **BUDGETS DÉPARTEMENTAUX.** — Diverses dépenses départementales afférentes à l'exercice 1849, qui seront mandatées sur les 2me, 3me et 4me sections, avant le règlement des budgets départementaux de cet exercice, donneront lieu, lors de l'émission des mandats, *à la production*, par MM. les préfets au payeur de leur département, *d'un extrait certifié* conforme au *vote exprimé* par le conseil général au sujet du *crédit* budgétaire sur lequel les mandats seront imputés. (§ 1er, circul. n° 171.) | |
| 1849 | 5 mai. | **BUDGETS DÉPARTEMENTAUX.** — Les dépenses de la 1re section du budget départemental seront comprises comme celles des 2me, 3me et 4me sections, dans les dispositions qui en permettent le mandatement avant le règlement des budgets départementaux, | |

| DATES. | | SOMMAIRES. | NOTES. |
|---|---|---|---|
| | | **BUD.** | |
| | | en se conformant aux prescriptions contenues dans le § 1er de la circulaire n° 171. (§ 1er, circul. n° 173.) | |
| 1839 | 24 janv. | **BUDGET EXTRAORDINAIRE DU MINISTÈRE DES TRAVAUX PUBLICS.** — Le régime des exercices clos sera appliqué aux dépenses du budget extraordinaire de ce ministère. (§ 3, circul. n° 112.) | |

| DATES. | | SOMMAIRES. | NOTES. |
| --- | --- | --- | --- |
| | | | |

| DATES. | | SOMMAIRES. | NOTES. |
|---|---|---|---|
| | | **CAC, CAI, CAN.** | |
| | | CACHET. — Voir *Timbre*. | |
| 821 | 26 sept. | CAISSE. — Obligation spéciale de n'avoir qu'une seule caisse. — Rappel des règlements concernant les caisses publiques. (Circul. n° 56.) | |
| 836 | 26 déc. | CAISSE. — Modèle de l'état sommaire de situation de caisse à transmettre tous les dix jours à la direction du mouvement général des fonds. (Circul. n° 99.) | |
| 860 | 15 janv. | CAISSE DES RETRAITES DÉPARTEMENTALES. — Marche à suivre pour la centralisation à la caisse des dépôts et consignations, du produit des retenues faites aux agents qui participent aux charges et aux bénéfices des caisses de retraites départementales. Les mandats spéciaux ordonnancés par les préfets, sur la caisse du payeur au nom des receveurs généraux, qui joindront au mandat une déclaration de versement. (§ 8, circul. n° 222.) | |
| 861 | 16 juill. | CAISSE. — L'ouverture de la caisse des payeurs pourra désormais n'avoir lieu qu'*une heure après* celle des receveurs généraux. — Le 1er de chaque mois, surtout pour le premier mois du trimestre, les receveurs généraux sont invités à délivrer les fonds dès huit heures du matin, et plus tôt, si cela est nécessaire, sur une demande spéciale que les payeurs devront faire la veille. (§ 9, circul. n° 225.) | |
| | | CAISSE DES DÉPOTS ET CONSIGNATIONS. — Voyez *Consignations*. | |
| 1840 | 25 sept. | CANTONNIERS. — Paiement des salaires des cantonniers employés sur les routes, sur mandats collectifs. — Versement des coupons aux payeurs dans le délai de leur date. — Annulation des mandats non payés dans les délais. — Avis à donner pour le réordonnancement dans le cas de réclamation. (Instruction générale du 17 mai 1840; art. 584 à 588. *N.-B.* Les prescriptions contenues dans les articles de l'instruction générale sont tombées en désuétude. | |

| DATES. | | SOMMAIRES. | NOTES. |
|---|---|---|---|
| | | **CAR, CAU.** | |
| | | Les ordonnateurs se conforment à la règle établie par la circulaire n° 80, du 13 novembre 1833. (§ 2, circul. n° 117.) | |
| 1843 | 20 déc. | **CANTONNIERS DES CHEMINS VICINAUX** de grande communication. — Notification d'une décision du ministre des finances qui déclare sujettes au timbre les quittances de traitement de ces cantonniers. (§ 4, circul. n° 136.) | |
| 1850 | 16 avril. | **CANTONNIERS ET OUVRIERS AUXILIAIRES.** — Travaux publics. — Le paiement des salaires des cantonniers et des ouvriers auxiliaires doit continuer d'être effectué selon le mode indiqué au règlement du 16 septembre 1843. (§ 1er, circul. n° 179.) | |
| 1850 | 31 juill. | **CANTONNIERS.** — Gratifications. — Notification des dispositions d'un règlement du 10 février 1835, d'après lesquelles il peut être accordé des *gratifications* aux cantonniers embrigadés employés sur les routes. (§ 2, circul. n° 181.) | |
| 1857 | 30 janv. | **CANTONNIERS DÉCÉDÉS.** — Dispense du timbre pour l'acte de décès produit à l'appui du paiement d'un décompte de salaire de cantonnier, s'élevant à 50 fr. et au-dessous, lorsque cet *acte* est appuyé d'un certificat de propriété délivré par le juge de paix. (§ 2, circul. n° 219.) | |
| 1862 | 31 déc. | **CARNETS.** — Exécution de la loi du 2 juillet 1862. — Les dépenses de chaque budget feront, par ministère, l'objet de carnets distincts; un même cahier ou registre pourra servir pour deux et trois budgets d'un *ministère*, à la condition que chaque budget y figurera dans une section séparée. (§ 1er, circul. n° 230.) | |
| 1835 | 20 août. | **CAUTIONNEMENTS.** — Bulletin des lois, n° 369. — Notification de l'ordonnance du roi du 25 juin 1835, relative aux cautionnements des préposés des administrations financières. — Les titulaires qui auraient changé de résidence ou dont les cautionnements ont éprouvé quelques modifications et qui, dans ces circonstances, ont envoyé à Paris leurs cer- | |

| DATES. | | SOMMAIRES. | NOTES. |
|---|---|---|---|
| | |  | |
| | | tificats d'inscription, seront payés sur le vu d'un certificat délivré par le chef de service dont dépend le titulaire et attestant la situation exceptionnelle dans laquelle se trouvent ces derniers. (§ 4, circul. n° 90.) | |
| 40 | 25 sept. | **CAUTIONNEMENTS** des receveurs généraux, des receveurs particuliers des finances et des payeurs. — Mode de réalisation de ces cautionnements. (Art. 690 et 691 de l'instruction générale du 17 juin 1840.) (§ 2, circul. n° 117.) | |
| 44 | 4 mai. | **CAUTIONNEMENTS.** — *Guerre.* — Les entrepreneurs des travaux pour le ministère de la guerre sont dispensés quelquefois de fournir *un cautionnement, mais le cas est très-rare*; dans les autres services, cette *faveur* n'est pas d'*usage*. — Les ordonnateurs *ne sont jamais autorisés à dispenser du cautionnement* les adjudicataires des travaux dépendant des ponts et chaussées. (§ 1er, circul. n° 141.) | |
| 51 | 21 juill. | **CAUTIONNEMENTS.** — Renseignements à fournir en *clôture d'exercice* et en *fin de gestion* sur les opérations relatives aux *intérêts de cautionnements* affectant différents *exercices*. (§ 1er, circul. n° 190.) | |
| 51 | 21 juill. | **CAUTIONNEMENTS DES PAYEURS.** — Les demandes tendant au remboursement ou au paiement des *intérêts* de cautionnement doivent être formées sur papier timbré. (§ 4, circul. n° 190.) | |
| 52 | 30 juill. | **CAUTIONNEMENTS.** — Ministère de l'intérieur. — Entrepreneurs. — 1° Déclaration constatant la réalisation du cautionnement à remettre par les ordonnateurs du paiement du premier à-compte fait aux entrepreneurs; si l'entrepreneur n'a pas été obligé par son marché à le fournir, dans ce cas la déclaration devra être négative; 2° les expéditions du marché et du cahier des charges, demeurées entre les mains des entrepreneurs, doivent être fournies à l'appui du paiement de solde. (§ 7, circul. n° 195.) | |

| DATES. | | SOMMAIRES. | NOTES. |
|---|---|---|---|
| | | **CER.** | |
| 1852 | 15 déc. | CAUTIONNEMENTS. — Paiement des intérêts. — Rappel des dispositions des circulaires des 17 et 30 décembre 1834 et 1845, §§ 1er et 1er, nos 87 et 151, prescrivant de ne payer aux titulaires de cautionnements les intérêts qui leur sont dus que sur la présentation du certificat d'inscription ; elles obligent les agents qui effectuent ce paiement, d'abord à le mentionner en marge dudit certificat, puis à reproduire le numéro de cette pièce sur la quittance du paiement. (§ 5, circul. n° 198.) | |
| 1858 | 15 mai. | CAUTIONNEMENTS. — Intérêts. — Paiement simultané. — Classement à observer pour les justifications. (§ 7, circul. n° 220.) | |
| 1818 | 5 nov. | CERTIFICATS DE VIE. — Les formules timbrées de ces certificats seront, à partir du semestre échéant le 22 décembre prochain, délivrées aux notaires certificateurs par les receveurs de l'enregistrement et des domaines. (Direction des dépenses.) | |
| 1822 | 30 juill. | CERTIFICATS (les) DE VIE des veuves de militaires sont exempts du droit de timbre, par décision du ministre des finances, en date du 17 juillet 1822. (Direction des dépenses.) | |
| 1828 | 24 déc. | CERTIFICATS DE VIE. — Légalisation. — Envoi d'une circulaire de la direction de la dette inscrite concernant la *légalisation* de ces certificats. (§ 2, circul. n° 57.) | |
| 1849 | 5 déc. | CERTIFICATS DE RÉIMPUTATION. — Rappel de la circulaire n° 128 du 24 mars 1843. — Renseignements à inscrire par les payeurs en marge des certificats de réimputation des ordonnateurs des dépenses. (§ 3, circul. n° 175.) | |
| 1843 | 31 août. | CERTIFICATS DE RÉIMPUTATION. — Simplifications et explications relatives à la circulaire n° 128 du 24 mars 1843, laquelle a établi le mode de rectification des erreurs concernant l'imputation et le classement des acquits de paiement. (Circul. n° 133.) | |

| DATES. | | SOMMAIRES. | NOTES. |
|---|---|---|---|
| | | **CER** | |
| 52 | 30 déc. | CERTIFICATS (les) DE VIE délivrés aux titulaires de rentes viagères pour la vieillesse sont exemptés du timbre par l'art. 11 de la loi du 18 juin 1850. (§ 1er, circul. n° 199.) | |
| 53 | 15 juill. | CERTIFICATS (les) DE VIE délivrés par les notaires aux employés de la dernière liste civile sont assujettis à la formalité du timbre. Les parties prenantes, en outre du certificat de vie, remettront la lettre d'avis qu'elles auront reçue de l'administration et sur laquelle elles apposeront leur acquit. — Chaque titulaire devra faire la déclaration de non-cumul; elle devra exprimer nettement qu'il ne reçoit aucun traitement d'activité sur les fonds de l'Etat, des départements ou des communes. (§ 1er, circul. n° 202.) | |
| 53 | 15 oct. | CERTIFICATS (les) DE VIE à produire pour le paiement des rentes viagères de la vieillesse, qui ont été exemptés de la formalité du timbre par l'art. 11 de la loi du 18 juin 1850, peuvent être délivrés, soit par les notaires, soit par le maire de la résidence du rentier. (§ 2, circul. n° 203.) | |
| 54 | 27 mars | CERTIFICATS DE VIE des pensionnaires de la *caisse* de la *vieillesse*. — Formules imprimées à l'usage des maires, pour leur délivrance. (§ 6, circul. n° 205.) | |
| 856 | 30 juin. | CERTIFICATS pour paiement d'à-compte ou pour solde des entrepreneurs des chemins vicinaux et de gande communication. — Mode d'exécution de la décision ministérielle (voir le § 4 de la circul. n° 210, du 30 décembre 1854) qui a déclaré sujets au timbre les certificats pour paiement de travaux des entrepreneurs des chemins vicinaux et de grande communication. — La quittance donnée sur le certificat précité dispense le mandat de la formalité du timbre et l'acquit est donné pour ordre. (§ 1er, circul. n° 214.) | |
| 856 | 30 juin. | CERTIFICATS DE VIE. — Changement dans la qualité des pensionnaires; recommandations à ce sujet lorsqu'ils sont révélés par les certificats de vie. — Les payeurs, dans ce cas, doivent surseoir au paiement jusqu'à ce que les registres permanents et | |

| DATES. | | SOMMAIRES. | NOTES. |
|---|---|---|---|
| | | **CES, CHA.** | |
| | | le certificat d'inscription aient été modifiés ; et, à cet effet, il invite les pensionnaires à se pourvoir auprès de la direction de la dette inscrite. (Voir le règlement du ministère des finances, page 220 de la nomenclature du 26 janvier 1846.) (§ 3, circul. n° 214.) | |
| 1858 | 15 mai. | CERTIFICAT de perte d'un mandat. — Dispositions à suivre dans le cas de perte. — Formalités à remplir par les parties intéressées et par le comptable. (§ 2, circul. n° 220.) | |
| | | CERTIFICAT de propriété. — (Voir *Actes d'hérédité.*) | |
| 1853 | 18 fév. | CESSION DE TERRAINS. — Les formalités prescrites par la loi du 3 mai 1841 sur l'expropriation doivent être accomplies dans l'ordre déterminé par cette loi. — Dans le cas où la transcription n'aurait pas eu lieu à son ordre, les payeurs ne devraient pas hésiter à exiger une transcription nouvelle et un nouveau certificat du conservateur des hypothèques, et que le point de départ certain soit du délai de quinzaine. (§ 2, circul. n° 200.) | |
| 1854 | 30 déc. | CESSION DE TERRAIN. — La déclaration à faire par l'administration, conformément au § 2 de l'art. 19 de la loi du 3 mai 1841, qu'elle entend se dispenser des formalités de *publication* et de *transcription* à l'égard des acquisitions *amiables* dont le prix n'excède pas 500 fr., sera dorénavant inscrite dans l'acte de vente lui-même. (§ 2, circul. n° 210.) | |
| 1817 | 30 déc. | CHANGEMENTS de dispositions. — Les payeurs se conformeront à ce qui est indiqué au § 7 de la présente circulaire pour les envois des extraits d'ordonnances, lorsqu'il s'agira des changements de dispositions sur des ordonnances du ministère de la guerre ou de la marine, c'est-à-dire lorsque ces ordonnances seront payables dans d'autres départements. (Direction des dépenses. — § 8, circul. n° 4.) | |
| 1819 | 10 nov. | CHANGEMENTS de dispositions et d'annulations d'ordonnances. — Les payeurs doivent produire men- | |

| DATES. | | SOMMAIRES. | NOTES. |
|---|---|---|---|
| | | **CHA.** | |
| | | **suellement un état qui, dans sa première partie, constate les ordonnances ou extraits d'ordonnances reçus dans le mois de sa date; dans la deuxième, ils font connaître les ordonnances ou extraits d'ordonnances par eux transmis, et la troisième est destinée à représenter toutes les annulations d'ordonnances opérées par les payeurs pendant le cours d'un mois. (Voir la circulaire du 10 juin 1833, mouvement général des fonds.)** (Direction des dépenses.) | |
| 821 | 10 mars. | **CHANGEMENTS** (les) **de dispositions sur ordonnances *directes* ne doivent être opérés par les payeurs qu'en vertu d'une autorisation préalable. (1819, 1er semestre, *Journal militaire*, page 432.)** (Direction des dépenses. — § 3.) | |
| 833 | 1er nov. | **CHANGEMENTS** d'imputation. **— Disposition relative aux changements d'imputation de chapitre à chapitre sur des paiements effectués.** (§ 3, circul. n° 79.) | |
| 841 | 20 nov. | **CHANGEMENTS** d'imputation **de dépenses de chapitre à chapitre et rectifications dans le classement des acquits. Les payeurs devront se conformer aux prescriptions contenues dans le § 3 de la circulaire n° 79, du 1er novembre 1833.** (§ 9, circul. n° 120.) | |
| 843 | 31 août. | **CHANGEMENTS** d'imputation **ou de classement. Simplifications et explications relatives à la circulaire n° 128, du 24 mars 1843, laquelle a établi le mode de rectification des erreurs concernant l'imputation et le classement des acquits de paiement. (Voir les modèles 1 à 7.)** (Circul. n° 133.) | |
| 1837 | 20 mai. | **CHARGEMENTS. — Avis de ne point faire charger aux bureaux de poste les paquets contenant les copies des journaux et autres éléments de comptes. Les acquits de paiements et autres pièces justificatives de dépenses sont seules susceptibles de cette formalité. — Obligation de rigueur d'envoyer exactement, les 1er, 11 et 21 de chaque mois, les copies des journaux.** (Circul. n° 1143.) | |

| DATES. | | SOMMAIRES. | NOTES. |
|---|---|---|---|
| | | **CHE, CLA.** | |
| 1857 | 18 mai. | CHARGEMENTS. — Précautions à prendre pour la transmission des pièces par paquets chargés. (Bureau central. — Circul. nos 624-1.) | |
| 1854 | 30 déc. | CHAUFFAGE. — Subsistances militaires. — Envoi d'une circulaire du ministère de la guerre, relative aux services du chauffage et des subsistances militaires. (§ 6, circul. n° 210.) | |
| 1838 | 15 juin. | CHEMINS vicinaux et de grande communication. — Nouveau mode de comptabilité pour les dépenses relatives aux chemins vicinaux et de grande communication. (§ 1er, circul. n° 108.) | |
| 1836 | 18 juill. | CLASSEMENT des acquits dans les bordereaux mensuels. — Rappel des dispositions contenues dans le § 1er de la circulaire n° 64, en date du 25 octobre 1830. (§ 2, circul. n° 95.) | |
| 1836 | 28 déc. | CLASSEMENT (le) des pièces de dépenses et la rédaction des bordereaux doivent être faits avec activité, de manière que les acquits parviennent au ministère le 10 du mois au plus tard. (§ 1er, circul. n° 99.) | |
| 1841 | 20 nov. | CLASSEMENT des acquits et établissement des bordereaux de détail concernant le service des dépenses départementales. (§ 10, circul. n° 120.) | |
| 1843 | 31 août. | CLASSEMENT. — Simplifications et explications relatives à la circulaire n° 128, du 24 mars 1843, laquelle a établi le mode de rectification des erreurs concernant le classement des acquits de paiement. (Circul. n° 133.) | |
| 1846 | 26 déc. | CLASSEMENT des bordereaux et des acquits de paiement concernant le service de la dette viagère, ainsi que les exercices clos et périmés de la dette consolidée. (§ 4, circul. n° 160.) | |

| DATES. | | SOMMAIRES. | NOTES. |
|---|---|---|---|
| | | **CLA, CLO.** | |
| 47 | 30 sept. | **CLASSEMENT** (le) des acquits et des bordereaux des pensions des employés réformés, et celui du service des intérêts de cautionnement concernant les exercices clos et périmés doivent être classés dans le même ordre que les acquits et les bordereaux du service de la dette viagère et de la dette consolidée. (§ 10, circul. n° 161.) | |
| 49 | 26 janv. | **CLASSEMENT** dans les écritures et dans les comptes du produit des réductions de traitement résultant de l'application de l'art. 5 de la loi du 12 décembre 1848. (§ 3, circul. n° 170.) | |
| 58 | 15 mai. | **CLASSEMENT** des pièces justificatives de paiement en matière de capitaux et d'intérêts de cautionnements. — Recommandations relatives au classement des pièces qui justifient des dépenses imputées sur des exercices différents. — Lors du paiement simultané de capitaux et d'intérêts de cautionnements, les payeurs devront rattacher les pièces justificatives à celle des quittances, qui doit être soumise la première au jugement de la cour des comptes, sauf à annexer à l'autre quittance une note rappelant les productions précédemment faites. (§ 7, circul. n° 220.) | |
| 62 | 31 déc. | **CLASSEMENT.** — Exécution de la loi du 2 juillet 1862. — Lors des envois mensuels à la comptabilité générale, les acquits et les bordereaux de détail seront classés, suivant l'ordre de la balance, par budget et par ministère. (§ 1er, circul. n° 230.) | |
| 43 | 18 janv. | **CLOTURE** des paiements à faire en France pour le compte du service local des colonies. — Disposition qui fixe au 31 janvier de la seconde année de l'exercice la clôture des paiements. (§ 3, circul. n° 127.) | |
| 43 | 20 déc. | **CLOTURE** de l'exercice départemental. — A partir de l'exercice 1843, l'époque de la clôture de l'exercice est fixée pour la liquidation et l'ordonnancement des dépenses départementales au 31 mai de la 2me année de l'exercice et pour les paiements au 30 juin. Les mandats de paiement concernant le service départemental cesseront d'être payables à la caisse des | |

| DATES. | | SOMMAIRES. | NOTES. |
|---|---|---|---|
| | | **CLO, COL, COM.** | |
| | | payeurs le 30 juin, et dans les arrondissements par les agents de la recette, le 20 juin. (Ordonnance royale en date du 4 juin 1843.) (§ 2, circul. n° 136.) | |
| 1844 | 26 juill. | CLOTURE de l'exercice pour les dépenses coloniales. — Explications sur le sens dans lequel doit être entendue la circulaire n° 137, du 8 février 1844, relative à la clôture de l'exercice pour les dépenses du service colonial. (Circul. n° 144.) | |
| 1850 | 20 août. | CLOTURE de l'exercice. — Exécution du décret du 11 août 1850, qui abrége de deux mois le délai de clôture de l'exercice. (Circul. n° 182.) | |
| 1851 | 4 juill. | CLOTURE d'exercice et compte final de gestion. — Recommandations au sujet des opérations à exécuter à la clôture de l'exercice 1851. (Voir les circulaires n° 177, du 20 février 1850, modèles n^os^ 4, 5 et 6, et 220, § 15, du 15 mai 1858. (§ 7, circul. n° 189.) | |
| 1851 | 21 juill. | CLOTURE d'exercice. — Renseignements à fournir en clôture d'exercice et en fin de *gestion* sur les opérations relatives aux intérêts de cautionnements affectant différents exercices. (Voir les modèles n^os^ 1 et 2.) (§ 1er, circul. n° 190.) | |
| 1846 | 13 oct. | COLLÈGES communaux. — Dispositions concernant l'emploi des fonds d'encouragement accordés aux colléges communaux et justifications à exiger. (§ 1er, circul. n° 159.) | |
| 1862 | 30 juin. | COLONIES. — Pénitentiaires privées. — Les états *nominatifs à l'appui* des dépenses des jeunes détenus peuvent n'être pas sur *timbre*, mais devront, à l'avenir, être *accompagnées* d'un état récapitulatif sur *timbre*. (§ 9, circul. n° 228.) | |
| 1842 | 20 sept. | COMICES agricoles et sociétés d'agriculture. — Conformément à l'art. 16 de la loi du 13 brumaire an VII, les quittances pour primes qui dépassent la somme de 10 fr. sont assujetties à la formalité du | |

| DATES. | | SOMMAIRES. | NOTES. |
|---|---|---|---|
| | | **COM.** | |
| | | *timbre* lorsqu'elles seront souscrites séparément. — Lorsque les quittances seront données par émargement, l'état collectif devra être revêtu du *timbre de dimension*. (§ 5, circul. n° 123.) | |
| 1852 | 5 oct. | COMICES agricoles. — Le paiement des primes allouées par les comices agricoles peut être constaté par procès-verbaux *timbrés*, signés du président, du secrétaire et du trésorier des comices, mentionnant les motifs qui ont empêché les parties prenantes de donner personnellement leur acquit, à la condition toutefois que les allocations individuelles ne dépasseront pas 500 fr. (§ 3, circul. n° 197.) | |
| 1848 | 24 mars | COMMUNICATION aux payeurs, par les ordonnateurs secondaires, de la totalité des mandats émis. — Mesures à prendre pour maintenir l'accord entre les ressources du *trésor* et les besoins des services *administratifs*. (§ 1er, circul. n° 164.) | |
| 1854 | 20 janv. | COMMUNICATION (la) des mandats émis n'est obligatoire de la part des ordonnateurs qu'à l'égard de ceux destinés à recevoir le *visa* du payeur. — Les mesures prescrites par la circulaire n° 164, § 1er, du 24 mars 1848, n'étaient que temporaires. (§ 3, circul. n° 204.) | |
| 1845 | 25 fév. | COMPTABILITÉ départementale. — Communication d'une circulaire de M. le ministre de l'intérieur, relative à la comptabilité départementale. (§ 2, circul. n° 148.) | |
| 1849 | 5 mai. | COMPTABILITÉ. — Recommandations relatives aux éléments de comptabilité à envoyer chaque mois par les payeurs à la comptabilité générale. (§ 8, circul. n° 173.) | |
| 1853 | 20 avril. | COMPTABILITÉ générale des finances. — Contrôle des paiements de la *dette viagère*. — Notification d'un arrêté du 18 avril, qui centralise à la comptabilité générale la vérification et l'émargement des paiements de la dette viagère. (Circul. n° 201.) | |

| DATES. | | SOMMAIRES. | NOTES. |
|---|---|---|---|
| | | **COM.** | |
| 1854 | 10 juin. | COMPTABILITÉ. — Inscription des paquets adressés au bureau de la comptabilité des payeurs. (§ 6, circul. n° 207.) | |
| 1855 | 28 sept. | COMPTABILITÉ générale. — Envoi, en fin de mois, à la comptabilité générale, des documents transmis aux payeurs par la direction de la dette inscrite. (§ 10, circul. n° 212.) | |
| 1863 | 20 mai. | COMPTABILITÉ générale. — Envoi d'un décret impérial, en date du 16 mai 1863, par lequel l'institution placée près du ministre des finances, sous la dénomination de *Direction de la comptabilité générale*, prendra le titre de *Direction générale de la comptabilité publique*. (Circul. n$^{os}$ 744-3.) | |
| 1844 | 28 nov. | COMPTE final. — Recommandations relatives à l'établissement de ce compte et des documents produits à l'appui. — Explications et dispositions concernant les relevés sommaires, les états comparatifs et le compte final lui-même. (Circul. n° 146.) | |
| 1849 | 5 déc. | COMPTE final. — Nouveau modèle de compte présentant, en deux parties *séparées*, les opérations de l'exercice clos et celles de l'exercice courant. (§ 1$^{er}$, circul. n° 175.) | |
| 1863 | 20 juin. | COMPTE final et de gestion.—La première partie devra parvenir à la direction générale de la comptabilité publique le 20 septembre, et la seconde partie, au plus tard, le 20 janvier de chaque année. (§ 8, circul. n° 231.) | |
| 1852 | 15 déc. | COMPTE final. — Les remboursements de rentes et ceux relatifs aux parties de rentes non inscriptibles doivent figurer séparément au compte final. (§ 3, circul. n° 198.) | |
| 1854 | 30 déc. | COMPTE final. — Bordereaux à joindre aux comptes finaux pour le service des contributions et revenus publics et celui des opérations de trésorerie. (Voir la circulaire n° 133, page 8, 1$^{er}$ alinéa, du 31 août 1843.) (§ 10, circul. n° 210.) | |

| DATES. | | SOMMAIRES. | NOTES. |
|---|---|---|---|
| | | **COM, CON.** | |
| 1856 | 9 fév. | COMPTE final. — Situation détaillée des recettes provenant des retenues exercées pour le service des pensions civiles, à comprendre dans les comptes finaux. (§ 1er, circul. n° 213.) | |
| 1862 | 31 déc. | COMPTE de gestion. — A partir de l'exercice 1863, les comptes de gestion présenteront la classification prescrite par la loi du 2 juillet 1862. (§ 1er, circul. n° 230.) | |
| 1852 | 25 mai. | CONFORMITÉ dans les signatures. — Invitation de veiller à ce qu'il y ait conformité entre les quittances des parties prenantes et les déclarations relatives à la signature de ces parties consignées dans les actes produits comme justifications. (§ 5, circul. n° 194.) | |
| 1854 | 10 juin. | CONGES. — Envoi de l'arrêté du ministre concernant l'exécution de l'art. 16 du décret du 9 novembre 1853, relatif aux congés. (§ 5, circul. n° 207.) | |
| 1858 | 15 mai. | CONNAISSEMENTS. — Prix de fret. — Marine. — Notification de deux circulaires adressées par le ministre de la marine aux chefs de service des ports, pour préciser les règles à suivre au sujet du mandatement du prix de *fret*, selon la formule du connaissement. (Voir les annexes nos 1 et 2.) (§ 11, circul. n° 220.) | |
| 1851 | 18 nov. | CONSIGNATIONS. — Versement à la caisse des dépôts et consignations du montant des créances frappées d'opposition. — Ces versements ne seront effectués qu'après que les justifications auront paru complètement régulières. Les écritures à passer pour constater le versement à la caisse des dépôts et consignations, consisteront à débiter et créditer dans un même article, le C/ Trésor S/C de fonds. — Les récépissés seront délivrés distinctement pour chacune de ces mêmes parties, d'après l'état détaillé. (§ 1er, circul. n° 68.) | |
| 1855 | 23 déc. | CONSIGNATIONS. — Invitation de verser, au receveur général, pour le compte de la caisse des dépôts et consignations, le montant des créances | |

| DATES. | | SOMMAIRES. | NOTES. |
| --- | --- | --- | --- |
| | | **CON** | |
| | | frappées d'oppositions, et qui resteraient à payer au 31 décembre sur le service des cautionnements. (§ 2, circul. n° 92.) | |
| 1837 | 20 déc. | CONSIGNATIONS. — Etat des paiements effectués aux héritiers de créanciers de l'Etat, à remettre, tous les mois, aux directeurs de l'enregistrement et des domaines. (§ 3, circul. n° 105.) | |
| 1857 | 30 janv. | CONSIGNATIONS. — Renseignements à fournir à l'administration de l'enregistrement et des domaines, au sujet des versements faits par les payeurs à la caisse des dépôts et consignations du montant des créances revenant à des successions vacantes. (Ce § est infirmé par le § 4, page 7, circulaire n° 220.) (§ 11, circul. n° 219.) | |
| 1838 | 22 oct. | CONSIGNATIONS. — Avis de verser à la caisse des dépôts et consignations, aux époques de clôture de gestion et d'exercice (31 décembre et 31 août, suivant décret du 31 mai 1862, art. 33), le montant des capitaux et intérêts de cautionnements restant à payer à ces deux époques. (§ 1er, circul. n° 110.) | |
| 1840 | 25 sept. | CONSIGNATIONS pour successions vacantes. — Dispositions propres à quelques natures de consignations. (Art. 454 de l'instr. gén. du 17 juin 1840.) (§ 2, circul. n° 117.) | |
| 1840 | 25 sept. | CONSIGNATIONS par suite de saisies. — Arrêts et oppositions. (Art. 455 et 456 de l'instr. gén. du 17 juin 1840.) (§ 2, circul. n° 117.) | |
| 1840 | 25 sept. | CONSIGNATIONS pour capitaux et intérêts de cautionnements (Art. 463 de l'instr. gén. du 17 juin 1840) (§ 2, circul. n° 117 ) | |
| 1840 | 25 sept. | CONSIGNATIONS de prix de vente de terrains cédés à l'État. — Les récépissés délivrés par les receveurs généraux sont exempts du droit de timbre, en vertu de l'article 58 de la loi du 7 juillet 1833. (Art. 464 de l'instr. gén. du 17 juin 1840.) (§ 2, circul. n° 117.) | |

| DATES. | | SOMMAIRES. | NOTES. |
|---|---|---|---|
| | | **CON.** | |
| 40 | 25 sept. | **CONSIGNATIONS.** — Dispositions communes aux diverses consignations versées par les payeurs. — Timbre des récépissés pour consignations. (Art. 465 de l'instruction générale du 17 juin 1840.)<br>(§ 2, circul. n° 117.) | |
| 40 | 25 sept. | **CONSIGNATIONS** — Déclarations de versement et états à fournir par les comptables ou agents qui versent des consignations. (Art. 466 de l'instruction générale du 17 juin 1840.)<br>(§ 2, circul. n° 117.) | |
| 54 | 20 janv. | **CONSIGNATIONS.** — La consignation du prix d'immeubles grevés d'hypothèques devra être faite dorénavant à la caisse du receveur des finances de l'arrondissement dans lequel l'immeuble vendu ou exproprié sera situé.<br>(§ 2, circul. n° 204.) | |
| 45 | 4 mars. | **CONSTATATION** des droits des créanciers. — *Guerre.* — Explications concernant le décompte à produire pour constater les droits des créanciers en matière de fournitures et de travaux au compte du département de la guerre. — Notification d'un modèle de décompte (n° 181 de la nomenclature), qui modifie le modèle n° 7 du règlement du 1er décembre 1838, et sera employé, à l'avenir, dans le service du génie militaire.<br>(§ 1er, circul. n° 149.) | |
| 60 | 15 janv. | **CONSTRUCTION.** — Entretien. — Réparation. — Génie militaire. — Les marchés de gré à gré pour la construction, l'entretien et la réparation des fortifications ou des bâtiments militaires sont valables par la seule approbation des directeurs des fortifications, lors toutefois que ces marchés relatent les conditions prévues par le dernier alinéa de l'article 36 du règlement du 1er décembre 1838.<br>(§ 4, circul. n° 222.) | |
| 862 | 30 juin. | **CONTRIBUTION** personnelle et mobilière des officiers sans troupe. — Les payeurs n'auront plus à exercer de retenues, pour contributions, sur les traitements des militaires, que sur la demande du receveur général et sur la remise d'un état présentant le chiffre des douzièmes échus, dont le paiement n'aura point été effectué entre les mains du percepteur.<br>(§ 7, circul. n° 228.) | |

| DATES. | | SOMMAIRES. | NOTES. |
|---|---|---|---|
| | | **CON, COR.** | |
| 1844 | 30 mars. | CONTROLE des payeurs en matière de timbre et d'enregistrement. — La mission des payeurs doit se borner à rejeter les pièces irrégulières afin que l'ordonnateur secondaire fasse droit à leurs observations, ou qu'il en réfère, s'il le juge à propos, à M. le directeur des domaines du département, à l'opinion duquel les payeurs doivent toujours déférer; mais si leurs observations n'étaient pas adoptées, ils adresseront, à M. le directeur de la comptabilité générale, une copie de l'avis motivé qu'aurait donné le directeur de l'enregistrement et des domaines, et que l'ordonnateur secondaire leur aurait fait parvenir. (§ 4, circul. n° 140.) | |
| 1850 | 16 avril. | CONVOIS militaires et civils. — Modifications introduites dans l'exécution du service des convois militaires.—Le marché passé le 23 mai 1849 peut être appliqué aux convois civils effectués pour le compte du ministère de l'intérieur et des départements, et que, pour ces services particuliers, le prix des fournitures doit être payé dans chaque préfecture. (§ 3, circul. n° 179.) | |
| 1850 | 31 juill. | CONVOIS civils. — Les étrangers réfugiés ne sont pas admis à profiter des moyens de transport dont l'administration dispose pour les convois militaires et civils. (§ 5, circul. n° 181.) | |
| 1863 | 20 août. | CONVOIS militaires. — Réorganisation de ce service à partir du 1er juillet 1863. (§ 5, circul. n° 232.) | |
| 1840 | 31 juill. | CORRESPONDANCE. — Recommandation aux payeurs de se faire remettre *directement* et d'ouvrir *eux-mêmes* les lettres qui leur sont adressées par le ministère, les ordonnateurs secondaires ou les parties prenantes. (§ 4, circul. n° 116.) | |
| 1843 | 26 août. | CORRESPONDANCE. — Interprétation du § 9 de la circulaire n° 123 du 20 septembre 1842, relatif à l'entremise de la comptabilité générale des finances dans la régularisation des pièces justificatives à l'appui des ordonnances ou des mandats émis par les ordonnateurs secondaires. L'intervention de la comptabilité | |

| | DATES. | SOMMAIRES. | NOTES. |
|---|---|---|---|
| | | **COR.** | |
| | | générale ne doit être réclamée qu'alors seulement que les payeurs les ont réclamées sans succès. (§ 2, circul. n° 132.) | |
| 842 | 20 sept. | CORRESPONDANCE. — Les refus de payement et les réquisitions des ordonnateurs secondaires doivent être adressés à la comptabilité générale des finances. (§ 10, circul. n° 123.) | |
| 856 | 16 avril. | CORRESPONDANCE en franchise. — Les ingénieurs en chef des ponts-et-chaussées sont autorisés à correspondre en franchise, sous bande, avec les payeurs. (§ 2, circul. n° 179.) | |
| 851 | 4 juill. | CORRESPONDANCE en franchise. — Les ingénieurs en chef des mines sont autorisés, en leur qualité d'ordonnateurs secondaires, à correspondre en franchise et sous bandes, avec les payeurs des départements traversés par des lignes comprises dans leurs attributions. (§ 5, circul. n° 189.) | |
| 854 | 27 mars. | CORRESPONDANCE en franchise.— Les payeurs sont autorisés à correspondre entre eux pour la *notification* des oppositions existant sur des pensionnaires qui passent d'un département dans un autre. La correspondance sera expédiée sous bandes, et sur l'une des bandes, on écrira à la main ces mots : *Avis de significations relatif aux pensions*, accompagnés du parafe du comptable. (§ 5, circul. n° 205.) | |
| 860 | 24 sept. | CORRESPONDANCE en franchise. — Les maires sont autorisés à correspondre en franchise, sous bandes, avec les payeurs pour la transmission des certificats de vie des titulaires de secours viagers accordés aux anciens militaires de la République et de l'Empire. (§ 1er, circul. n° 223.) | |
| 861 | 16 juill. | CORRESPONDANCE en franchise. — Les maires sont autorisés à correspondre en franchise, sous bandes, avec les payeurs pour les transmissions réciproques des titres de payement et des certificats de vie des rentiers de la caisse de la vieillesse. (§ 4, circul. n° 225.) | |

| DATES. | | SOMMAIRES. | NOTES. |
|---|---|---|---|
| | | **COR, COT.** | |
| 1844 | 17 nov. | CORRESPONDANCE en franchise. — Les fonctionnaires et les personnes avec lesquelles la correspondance en franchise, sous bandes, des payeurs est autorisée, sont :<br>Lieutenants-colonels chargés du service des écoles d'artillerie; la division.<br>Conservateurs des forêts; la conservation forestière.<br>DIRECTEURS : Artillerie; le département et la direction.<br>Contributions directes; le département.<br>Fortifications; le département et la direction du Génie.<br>Fonderies; la division militaire.<br>Manufactures d'armes; la division militaire.<br>Service des poudres, etc.; toute la France.<br>Gardes généraux des forêts, chefs de service; le département.<br>Intendants militaires; l'Empire.<br>Inspecteurs des fonderies impériales; l'Empire.<br>Inspecteurs des forêts, chefs de service; le département.<br>Notaires certificateurs; le département.<br>Payeurs des chefs-lieu de divisions militaires; la division.<br>Préposés-payeurs; le département.<br>Receveurs particuliers des finances; le département.<br>Sous-inspecteurs des fonderies; le département.<br>Sous-inspecteurs des forêts, chefs de service; le département.<br>Sous-intendant militaire; la division.<br>Sous-intendants militaires adjoints; la division.<br>Trésorier de la couronne; toute la France.<br>Inspecteur des poudreries; le département.<br>Commissaire général de la marine; le département.<br>Receveurs-généraux des finances; le département.<br>(Décision du 7 mai 1851.)<br>— | |
| 1862 | 30 juin. | CORRESPONDANCES télégraphiques. — Invitation de ne l'employer que dans des circonstances exceptionnelles.<br>(§ 5, circul n° 228.)<br>— | |
| 1837 | 20 déc. | COTAGE et envoi des acquits. — A partir de la gestion 1838, il y aura lieu de donner tous les mois une série de numéros d'ordre aux paiements de *chaque ministère*, sur les deux exercices en cours d'exécution. — A chaque envoi mensuel d'acquits, | |

| DATES. | | SOMMAIRES. | NOTES. |
|---|---|---|---|
| | | **COT, COU.** | |
| | | une nouvelle série de numéros par ministère devra recommencer. (§ 4, circul. n° 105.) | |
| 44 | 30 mars. | COTAGE. — Invitation d'indiquer le nombre et le montant des acquits, tant sur les feuilles d'enveloppe (*modèle D*) que sur les fiches (*modèle D bis*). (§ 5, circul. n° 140.) | |
| 62 | 31 déc. | COTAGE (le) des acquits aura lieu à partir de la gestion 1863, en exécution de la loi du 2 juillet 1862; la série des numéros du cotage recommencera pour chaque budget. (§ 1er, circul. n° 230.) | |
| 55 | 28 sept. | COUPURE de gestion dans le cas de décès d'un payeur. — Dorénavant, la gestion du gérant intérimaire, nommé par le préfet, commencera du jour de son installation, de manière à séparer entièrement les faits de la gestion du payeur décédé de ceux de la gestion intérimaire. (§ 14, circul. n° 212.) | |
| 24 | 15 déc. | COUR des Comptes. — Envoi direct au président de la cour des pièces à produire en vertu de ses arrêts. (§ 8, n° 7, circul. n° 40.) | |
| 54 | 17 août. | COUR des Comptes. — Décret du 12 août 1854, qui abroge l'art. 13 de la loi du 8 décembre 1848, conformément à l'art. 24 de la loi du 22 juin 1854. — Les comptes continueront d'être produits en deux divisions. — Les circulaires nos 169, 180, 181 et 189 sont infirmées. — Suppression de l'envoi mensuel à la cour. (Circul. n° 208.) | |
| 354 | 30 déc. | COUR des Comptes. — Des dépenses d'à-compte sur les sommes à valoir dans les entreprises n'ayant pas été justifiées, ou ne l'ayant été qu'incomplètement, ont été *rejetées* par la cour des Comptes et *mises* à la charge d'un payeur, parce qu'il les avait acquittées sans exiger de réquisition écrite. (§ 14, circul n° 210.) | |

| DATES. | | SOMMAIRES. | NOTES. |
|---|---|---|---|
| | | **CRE, CUM.** | |
| 1851 | 7 mars. | CRÉDITS d'ordre. — Les excédants de paiement dans le service de la *Dette publique* doivent être couverts par des crédits d'ordre *motivés sur le reversement effectué.* (§ 1er, circul. n° 186.) | |
| 1856 | 9 fév. | CRÉDITS d'ordre. — Explications au sujet des crédits d'ordre; leur emploi doit être limité au service de la dette publique, motivé sur le reversement effectué, à moins d'une autorisation spéciale. (§ 7, circul. n° 213.) | |
| 1818 | 13 juin. | CUMULS concernant les pensions et traitements. — Exécution de la loi de finances, du 15 mai 1818. (Direction des dépenses. — §§ 1, 2 et 3, circul. nos 28-16.) | |
| 1823 | 17 sept. | CUMUL d'un traitement militaire d'activité avec une pension militaire inscrite jusqu'à concurrence de 700 fr. (Direction des dépenses. — Circul. n° 57.) | |
| 1849 | 26 janv. | CUMULS. — Solutions des questions relatives à l'application de la retenue prescrite par le décret du 12 août 1848. (§ 2, circul. n° 170.) | |
| 1849 | 5 mai. | CUMULS. — Décision du ministre, en date du 30 avril 1849, portant que les retenues exercées sur les traitements départementaux, en vertu du décret du 12 août 1848, doivent profiter à l'Etat. (§ 5, circul. n° 173.) | |
| 1849 | 5 mai. | CUMULS. — Application du décret du 12 décembre 1848 au traitement des divers fonctionnaires de l'Université. (§ 4, circul. n° 173.) | |
| 1852 | 15 janv. | CUMULS. — La déclaration de cumul n'est pas exigible de la part des officiers sans troupe ni des officiers des corps, etc. (§ 5, circul. n° 191.) | |
| 1852 | 25 mai. | CUMULS. — La retenue du cumul n'est pas applicable aux traitements des officiers et des sous-officiers employés dans l'administration des palais nationaux. (§ 7, circul. n° 194.) | |

| DATES. | SOMMAIRES. | NOTES. |
|---|---|---|
| | **CUM.** | |
| 30 juill. | **CUMULS.** — Abrogation des décrets des 15 mars et 12 août 1848, relatifs au cumul. (Art. 27 de la loi du 8 juillet 1852.) (§ 3, circul. n° 195.) | |
| 30 juill. | **CUMULS.** — Modification aux dispositions restrictives du cumul des traitements des savants, gens de lettres et artistes. — Le montant des traitements cumulés, tant fixes qu'éventuels, ne peut dépasser 20,000 fr. — Cette disposition modifie l'art. 5 de la loi de finances du 12 décembre 1848. (§ 4, circul. n° 195.) | |

| DATES. | | SOMMAIRES. | NOTES. |
|---|---|---|---|

| DATES. | | SOMMAIRES. | NOTES. |
|---|---|---|---|
| | | **DAT, DEC.** | |
| 853 | 15 juill. | **DATE** à donner aux acquits. — Rappel des dispositions qui obligent les payeurs à faire dater et signer les quittances par les parties prenantes elles-mêmes. (§ 1er, circulaire n° 100.) — Observations sur le danger de l'intervention des employés des payeurs dans les paiements aux créanciers illettrés. (§ 4, circul. n° 202.) | |
| 853 | 15 oct. | **DATE** à donner aux acquits. — Explications sur l'interprétation à donner aux dispositions du § 4 de la circulaire n° 202 du 15 juillet 1853, relatives à la date des acquits. (§ 4, circul. n° 203.) | |
| 55 | 28 sept. | **DATE.** — Annotation des paiements par leur date sur les bordereaux d'*émission* de mandats. (§ 12, circul. n° 212.) | |
| 40 | 25 sept. | **DÉCÈS** des officiers et employés militaires. — Avis à donner par les payeurs aux receveurs généraux du décès de ces fonctionnaires militaires, qui serait survenu avant l'acquittement complet des contributions, et sans qu'il reste dû, sur les appointements des décédés, une somme suffisante pour compléter le paiement de la cote. — (Instruction générale du 17 mai 1840, art. 998.) (§ 2, circul. n° 117.) | |
| 42 | 20 déc. | **DÉCLARATIONS** de quittances. — Disposition relative aux déclarations de quittances établies pour la solde des troupes et ses accessoires, qui sont en double expédition : la première, sur papier blanc, portant quittance, reste dans la comptabilité du payeur; la deuxième, sur papier bleu, portant déclaration de quittance, est remise, dans les premiers dix jours du mois, au sous-intendant militaire. (§ 4, circul. n° 126.) | |
| 40 | 25 sept. | **DÉCLARATIONS** de versements et états à fournir par les comptables ou agents qui versent les consignations. — Prescriptions y relatives. (Instruction générale du 17 mai 1840, art. 466.) (§ 2, circul. n° 117.) | |
| 34 | 17 déc. | **DÉCOMPTES** d'arrérages réclamés par des créanciers de pensionnaires. 1° Si le créancier a un titre, il forme une saisie- | |

| DATES. | | SOMMAIRES. | NOTES. |
|---|---|---|---|
| | | **DÉL, DÉP** | |
| | | arrêt entre les mains du payeur, conformément aux dispositions des art. 557 et suivants, du code de procédure civile, et il peut recevoir en vertu d'un jugement, sur un certificat de propriété délivré par le greffier du tribunal compétent ; | |
| | | 2° Dans le cas où le créancier n'est pas en mesure de saisir et qu'il ne se présente pas d'héritiers auxquels il puisse réclamer le montant de sa créance, il doit alors provoquer la nomination d'un curateur à la succession demeurée vacante ; le paiement en est fait au curateur, et le créancier s'adresse à lui pour faire valoir ses droits. (Circul. n° 87, page 12.) | |
| 1839 | 30 août. | **DÉLAIS** à observer avant que les payeurs puissent acquitter les mandats délivrés sur leurs caisses par les ordonnateurs secondaires du ministère de la guerre. — Communication d'une circulaire de S. Exc. le ministre de la guerre sur ce point de service. (§ 6, circul. n° 115.) | |
| 1841 | 25 janv. | **DÉLAIS** dans lequel les paiements doivent s'effectuer. — La faculté laissée aux préfets de déterminer, selon l'importance des dépenses, le délai dans lequel les paiements doivent s'effectuer, ne saurait aller jusqu'à permettre aux parties prenantes de se présenter chez le payeur le jour ni le lendemain de l'émission des mandats. (Ces dispositions paraissent applicables aux ordonnateurs sous-délégataires du ministère des travaux publics, bien qu'il n'en soit pas fait mention dans les règlements du 25 septembre 1843 et du 28 septembre 1849.) (§ 2, circul. n° 119.) | |
| 1838 | 28 mars. | **DÉLÉGATION** de traitement par des officiers ou employés militaires en faveur de leurs familles ou d'un tiers. — Cas où les délégations sont autorisées et formalités à observer pour le paiement. (Art. 126 à 132.) — Règles de paiement. (Art. 325 à 453.) — (Ordonnance du roi, du 25 décembre 1837.) (Circul. n° 106.) | |
| 1836 | 18 juill. | **DÉPENSES** de la guerre. — Communication d'instructions relatives à la liquidation, l'ordonnancement et la justification des dépenses de la guerre, applicable à tous les ministères. (Voir la circulaire du 22 septembre 1848, mouvement général des fonds, | |

| DATES. | | SOMMAIRES. | NOTES. |
|---|---|---|---|
| | | **DÉP.** | |
| | | n^os 36-3, et celle de la comptabilité générale, du 30 mars 1844, n° 140, § 1^er.) (§ 1^er, circul. n° 95.) | |
| 841 | 20 nov. | DÉPENSES départementales. — Classement des acquits et établissement des bordereaux de détail concernant ce service. (§ 10, circul. n° 120.) | |
| 843 | 26 août. | DÉPENSES des services matériels de la guerre. — Les faits de la dépense de chaque exercice se prolongent jusqu'au 1^er mars de la seconde année, pour achever, dans la limite des crédits ouverts, les services du matériel dont l'exécution n'aurait pu être terminée avant le 31 décembre. — L'ordonnateur, lorsqu'il est fait usage de ce délai, déclare formellement les motifs qui ont obligé à recourir à cette faculté exceptionnelle. — Cette déclaration doit être jointe à l'appui de la dépense. (§ 1^er, circul. n° 131.) | |
| 845 | 25 fév. | DÉPENSES départementales. — § 2, circulaires n^os 140 et 142 des 30 mars et 30 mai 1844. — Communication d'une circulaire de M. le ministre de l'intérieur, relative à la comptabilité communale sur les points suivants : versement, emploi et ordonnancement des produits éventuels; virements de crédits de dépenses; mandatement des dépenses départementales. (§ 2, circul. n° 148.) | |
| 849 | 5 fév. | DÉPENSES départementales. — Diverses dépenses départementales afférentes à l'exercice 1849, qui seront mandatées sur les 2^e, 3^e et 4^e sections avant le règlement des budgets départementaux de cet exercice, donneront lieu, lors de l'émission des mandats, à la production par MM. les préfets au payeur de leur département, d'un extrait certifié conforme au vote exprimé par le conseil général au sujet des crédits budgétaires sur lequel les mandats sont imputés. (§ 1^er, circul. n° 171.) | |
| 849 | 5 mai. | DÉPENSES départementales. — Les dépenses de la 1^re section du budget départemental seront comprises, comme celles des 2^e, 3^e et 4^e sections dans la disposition qui en permet le mandatement (circulaire | |

| DATES. | | SOMMAIRES. | NOTES. |
|---|---|---|---|
| | | n° 171, § 1er, du 5 février 1849) avant le règlement des budgets départementaux. (§ 1er, circul. n° 173.) | |
| 1847 | 30 sept. | **DÉPENSES** du matériel. — Marine. — Envoi d'une circulaire du ministère de la marine, modifiant les dispositions relatives à la justification des paiements d'à-compte pour les dépenses du matériel. (§ 3, circul. n° 161.) | |
| 1852 | 15 janv. | **DÉPENSES** de l'artillerie. — Les copies de dépenses du service de l'artillerie destinées à l'administration de la guerre doivent être établies sur papier de couleur, à l'instar de ce qui a lieu déjà pour les déclarations de quittances fournies pour le service de la solde. (§ 7, circul. n° 191.) | |
| 1831 | 18 nov. | **DÉPOT** dans les archives des préfectures des registres des payeurs qui ont plus de dix ans de date. (§ 3, circul. n° 68.) | |
| 1862 | 26 juill. | **DÉTENUS** dans les dépôts de sûreté. — Autorisation de remplacer les états nominatifs de détenus ayant séjourné dans les dépôts de sûreté, par une formule de quittance non sujette au timbre, lorsque la dépense ne dépasse pas *dix francs*. (Voir le modèle.) (§ 2, circul. n° 229.) | |
| 1819 | 15 sept. | **DETTE** publique. — Envoi de la circulaire adressée aux receveurs généraux au sujet des dépenses de la dette publique. — Explications sur les rapports des payeurs avec les receveurs généraux, en ce qui concerne la comptabilité des dépenses. (Circul. n° 23.) | |
| 1847 | 30 sept. | **DETTE** viagère. — Les bordereaux et les acquits des pensions des employés réformés et ceux du service des intérêts de cautionnement concernant les exercices clos et périmés doivent être classés dans le même ordre que les bordereaux et acquits du service de la dette viagère et de la dette consolidée. (§ 10, circul. n° 161.) | |

| | DATES. | SOMMAIRES. | NOTES. |
|---|---|---|---|
| | | **DET.** | |
| 3 | 20 avril. | DETTE viagère. — Notification d'un arrêté du 18 avril, qui centralise à la comptabilité générale la vérification et l'émargement de la dette viagère. (Circul. nº 201.) | |
| 4 | 10 juin. | DETTE viagère. — Etats nominatifs des arrérages de la dette viagère des années expirées, à établir au 31 août de chaque année. (§ 1er, circul. nº 207.) | |
| 4 | 10 juin. | DETTE viagère. — Imputation et classement des paiements à effectuer par les payeurs, à compter du 1er mai dernier, pour arrérages de pensions civiles payables jusqu'alors par la caisse des dépôts et consignations. (§ 2, circul. nº 207.) | |
| 4 | 10 juin. | DETTE viagère. — Académie impériale de musique. — Imputation et classement des pensions provenant des caisses de retraite de l'académie impériale de musique et des subsistances militaires. (§ 3, circul. nº 207.) | |
| 4 | 21 juill. | DETTE viagère. — Au 31 décembre de chaque année, les payeurs fourniront un état nominatif des parties payées pendant ladite année sur exercices clos de la dette viagère. (Voir le modèle.) (Circul. lithog.) | |
| 4 | 26 août. | DETTE viagère. — Le relevé par partie prenante des paiements d'arrérages de dette viagère appartenant aux exercices *clos* sera fourni tous les mois, à partir du 1er janvier 1855. (§ 4, circul. nº 209.) | |
| 5 | 28 sept. | DETTE viagère. — Envoi, en fin de mois, à la comptabilité générale des documents transmis aux payeurs par la direction de la dette inscrite. (§ 10, circul. nº 212.) | |
| 6 | 30 juin. | DETTE viagère. — Changements dans la qualité des pensionnaires ; recommandations, à ce sujet, lorsqu'ils sont révélés par les certificats de vie. — Les payeurs, dans ce cas, doivent surseoir au paiement jusqu'à ce que les registres permanents et le certificat d'inscription aient été modifiés ; à cet effet, | |

# DET, DEV, DIS.

| DATES. | | SOMMAIRES. | NOTES. |
|---|---|---|---|
| | | il invite les pensionnaires à se pourvoir auprès de la direction de la dette inscrite. (Voir le règlement du ministère des finances, page 220 de la nomenclature du 26 janvier 1846.) (§ 3, circul. n° 214.) | |
| 1862 | 30 juin. | DETTE viagère. — Capital réservé. — Les arrérages après décès de rentiers viagers de la vieillesse, *au capital réservé,* peuvent être payés sur la production d'un certificat de la caisse des dépôts et consignations, relatant les pièces fournies à l'appui du remboursement du capital. (§ 3, circul. n° 228.) | |
| 1862 | 30 juin. | DETTE viagère. — Pensionnaires décédés. — Le changement d'assignation du paiement des arrérages des pensions, d'un département à un autre, ne peut avoir lieu postérieurement au décès du pensionnaire. (Voir l'instruction du contentieux, art. 158, 27 août 1845.) (§ 6, circul. n° 228.) | |
| 1834 | 17 déc. | DÉVELOPPEMENT mensuel des exercices clos. — A partir du mois de janvier 1835, les payeurs transmettront, avec la balance de chaque mois, un développement des paiements du chapitre spécial des *dépenses des exercices clos* qui seront faits pendant l'année courante (*modèle* C), qui réunira tous les ministères. Lorsque, dans le cours d'un mois, il n'y aura pas eu de paiements effectués sur le *chapitre spécial, exercices clos* d'un ministère, on l'indiquera dans le développement au cadre du ministère par le mot *néant*, et on reportera les paiements antérieurs à ce mois qui auraient pu avoir lieu depuis le commencement de la gestion. (§ 3, circul. n° 87.) | |
| 1841 | 20 nov. | DÉVELOPPEMENT mensuel des exercices clos. — Instructions relatives à la rédaction des états prescrits par la circulaire n° 87, § 3, en date du 17 décembre 1834. (§ 4, circul. n° 120.) | |
| 1817 | 30 déc. | DISPOSITIONS de fonds. — Les payeurs ne devront exiger des versements à valoir que dans la proportion des besoins de leur service. — Ils devront informer exactement le directeur des dépenses des | |

| DATES. | | SOMMAIRES. | NOTES. |
|---|---|---|---|
| | | **DON, DOT.** | |
| | | retards que pourraient éprouver les recouvrements, et des causes qui y donneraient lieu. (Direction des dépenses. — § 6, circul. n° 4.) | |
| 22 | 20 juin. | DONATAIRES. — Pensions concédées en vertu de la loi du 26 juillet 1821. — Dispositions concernant l'exécution des décisions ministérielles des 13 et 15 juin 1822. (Direction des dépenses. — Circul. n° 43.) | |
| 52 | 25 mai. | DOTALITÉ. — Dispositions à prendre lorsqu'un immeuble cédé pour cause d'utilité publique appartient en propre à une femme mariée sous le régime dotal. — Application des art. 13 et 25 de la loi du 3 mai 1841. (§ 6, circul. n° 194.) | |
| 52 | 31 déc. | DOTALITÉ. — Le prix des immeubles appartenant en propre à des femmes mariées, même sous le régime dotal, peut être payé sans la production du *contrat de mariage*, lorsque le montant de la créance est *inférieur à 150 fr.* (§ 4, circul. n° 230.) | |
| 9 | 5 mai. | DOTATIONS sur le canal du midi. — Les secours aux anciens chevaliers de Saint-Louis et les dotations sur le canal du midi ne sont pas soumis aux retenues prescrites par les décrets des 4 avril et 12 août 1848. (§ 3, circul. n° 173.) | |
| 52 | 25 mai. | DOTATION du Sénat — Mode d'allocation et de paiement des dotations qui peuvent être accordées aux membres du Sénat. (§ 4, circul. n° 194.) | |
| 53 | 15 juill. | DOTATIONS accordées sur le produit des bois de l'Etat. — Instructions relatives à un nouveau compte à ouvrir dans les écritures des payeurs pour les dépenses imputées sur le fonds spécial des dotations accordées sur le produit des bois de l'Etat. (§ 5, circul. n° 202.) | |

| DATES. | | SOMMAIRES. | NOTES. |
|---|---|---|---|
| | | | |

| DATES | | SOMMAIRES. | NOTES. |
|---|---|---|---|
| | | **ECC, ECR, EFF, ÉLÈ, ENC, ENR.** | |
| 47 | 30 sept. | ECCLÉSIASTIQUES. — Leur traitement. — N° d'ordre. — MM. les préfets, en leur qualité d'ordonnateurs secondaires, doivent reproduire sur les mandats de paiement délivrés pour le traitement des ecclésiastiques, le numéro d'ordre sous lequel chaque partie prenante est portée sur l'état trimestriel qui est produit aux payeurs.<br>(§ 5, circul. n° 161.) | |
| 62 | 31 déc. | ÉCRITURES à passer au livre-journal, conformément à la division suivante établie par la loi du 2 juillet 1862 :<br>1° Budget ordinaire ;<br>2° Budget sur ressources spéciales ;<br>3° Budget extraordinaire.<br>(§ 1er, circul. n° 230.) | |
| 41 | 20 nov. | EFFETS de petit équipement distribués aux militaires de passage. — Changement de délai pour le paiement chez le payeur des mandats de remboursement; il n'aura lieu que l'avant-dernier jour du mois, au plus tard. (*Modification à l'art. 12 du règlement du 20 décembre 1837.*)<br>(§ 3, circul. n° 120.) | |
| 39 | 25 juill. | ÉLÈVES des écoles militaires, vétérinaires et des arts et métiers. — Mode de mandatement et de justification.<br>(§ 3, circul. n° 113.) | |
| 49 | 5 fév. | ENCOURAGEMENT et avance. — Modifications au § 5 de la circulaire n° 167, en date du 18 octobre 1848, dans la forme d'une des pièces *justificatives* à produire à l'appui des mandats d'avance aux associations ouvrières.<br>(§ 4, circul. n° 171.) | |
| 46 | 13 nov. | ENREGISTREMENT et timbre des actes concernant l'entretien ou la réparation des chemins vicinaux. L'instruction n° 1627, en date du 17 mars 1841, émanée de la direction des domaines et de l'enregistrement, et le § 4 de la circulaire n° 120, en date du 20 novembre 1841, sont annulés. — L'art. 58 de la loi du 3 mai 1841 s'applique aux acquisitions et expropriations faites dans l'intérêt des chemins vicinaux.<br>(§ 6, circul. n° 159) | |

| DATES. | | SOMMAIRES. | NOTES. |
|---|---|---|---|
| | | **ENR, ENS, ENT, ERR, ETA.** | |
| 1850 | 12 fév. | ENREGISTREMENT et timbre. — Marine. — Les marchés et adjudications concernant la fourniture des objets nécessaires au service de la marine peuvent être établis sur papier *non timbré*, sauf visa pour timbre et enregistrement après approbation par le ministre. (§ 4, circul. nº 176.) | |
| 1854 | 30 déc. | ENSEIGNEMENT supérieur. — Exécution de l'art. 13 de la loi du 14 juin 1854. (§ 15, circul. nº 210.) | |
| 1844 | 4 mai. | ENTREPRENEURS. — Dispositions à prendre lorsque des *oppositions* sont formées contre des entrepreneurs et *régisseurs* de travaux. (§ 1er, circul. nº 141.) | |
| 1844 | 4 mai. | ENTREPRENEURS (les) de la guerre sont dispensés quelquefois de fournir un *cautionnement*, mais le cas est très-rare; dans les autres *services*, cette faveur n'est pas d'*usage*. Les ordonnateurs ne sont *jamais autorisés* à dispenser de *cautionnement* les adjudicataires de travaux dépendant des *ponts et chaussées*. (§ 1er, circul. nº 141.) | |
| 1854 | 30 déc. | ENTREPRISES. — Responsabilité des payeurs. — Réquisition. — Communication au sujet de dépenses d'à-compte sur les sommes à valoir dans les entreprises, qui, n'ayant pas été justifiées ou ne l'ayant été qu'incomplètement, ont été rejetées par la cour des Comptes, et mises à la charge d'un payeur, parce qu'il les avait acquittées sans exiger une réquisiion écrite. (§ 14, circul. nº 210.) | |
| 1843 | 31 août. | ERREURS d'imputation ou de classement. — Simplifications et explications relatives à la circulaire nº 128, du 24 mars 1843, laquelle a établi le mode de rectification des erreurs concernant l'imputation et le classement des acquits de paiement. (Circul. nº 133.) | |
| 1849 | 5 fév. | ETATS (les) de paiements des intérêts annuels de cautionnement doivent être adressés avec les acquits du mois de janvier. (§ 3, circul. nº 171.) | |

| ATES. | SOMMAIRES. | NOTES. |
|---|---|---|
| | **ÉTR, EXE, EXP.** | |
| 0 12 fév. | **ÉTAT** final des dépenses, des ordonnances, des mandats, des paiements et des créances restant à payer en fin de gestion, à produire par les ingénieurs en chef, certifié par le payeur pour ce qui concerne les paiements effectués. (Règlement du 28 septembre 1849, art. 47.) (§ 1er, circul. n° 176.) | |
| ) 31 juill. | **ÉTRANGERS** (les) réfugiés ne sont pas admis à profiter des moyens de transport dont l'administration dispose pour les convois militaires et civils. (§ 5, circul. n° 181.) | |
| | **EXERCICES** clos et périmés. — Voir *Paiements sur exercices clos*, etc.) | |
| 2 16 déc. | **EXPROPRIATION** pour cause d'utilité publique. — Notification d'une décision relative à la dispense de l'inscription prise d'office pour les immeubles acquis au nom de l'Etat, lorsque les conservateurs des hypothèques en sont dispensés par une clause expresse du jugement d'expropriation ou du contrat d'acquisition. Pour les acquisitions faites par les communes, le consentement du vendeur ne dispense pas le conservateur de prendre cette inscription. (Voir le règlement du ministère de l'intérieur, pages 233 et 234.) (§ 3, circul. n° 125.) | |

| DATES. | | SOMMAIRES. | NOTES. |
|---|---|---|---|
| | | | |

| DATES. | | SOMMAIRES. | NOTES. |
|---|---|---|---|
| | | **FON, FOU, FRA.** | |
| 7 | 15 déc. | **FONDS** (les) dont les payeurs resteront redevables et comptables envers le trésor, au 1er janvier 1818, d'après les procès-verbaux qui seront dressés par MM. les préfets, formeront le premier article de recette de la gestion nouvelle. Ils n'auront pas de récépissés à souscrire pour cette première recette; les procès-verbaux en tiendront lieu. (Arrêté ministériel du 3 décembre 1817.) (Direction des dépenses. — §§ 7 et 16, circul. n° 1er.) | |
| 5 | 4 mars. | **FOURNITURES** et travaux. — Guerre. — Explications concernant le décompte à produire pour constater les droits des créanciers en matière de fournitures et de travaux au compte du département de la guerre. — Notification d'un modèle de décompte (n° 181 de la nomenclature) qui modifie le modèle n° 7 du règlement du 1er décembre 1838, et qui sera employé, à l'avenir, dans le service du *génie* militaire. (§ 1er, circul. n° 149.) | |
| 2 | 5 oct. | **FOURNITURES** et adjudications pour le service des maisons centrales ou de détention. — Envoi d'un arrêté du ministre de l'intérieur relatif à ces fournitures ou adjudications. (§ 2, circul. n° 197 ) | |
| 2 | 15 déc. | **FOURNITURES** et adjudications pour le service des maisons centrales ou de détention. — Envoi d'une circulaire du ministre de l'intérieur, suivie d'un arrêté sur les adjudications *au rabais* des fournitures à faire à ces établissements. (§ 6, circul. n° 198.) | |
| 7 | 20 déc. | **FRAIS** de route. — Cas exceptionnels où les mandats sont collectifs. — Militaires voyageant en troupe. — Recrues se rendant au lieu de rassemblement. — Militaires rentrant dans leurs foyers par suite de libération ou en vertu de congés illimités. (Art. 30, ordonnance du roi du 20 décembre 1837.) | |
| 39 | 25 juill. | **FRAIS** de route. — Modifications à l'art. 44 de l'ordonnance du roi du 20 décembre 1837, concernant l'époque de la remise aux sous-intendants militaires des mandats d'indemnités de route; elle aura lieu désormais le dernier jour du mois, et le mandat de remboursement sera délivré le même jour. (Or- | |

| DATES. | | SOMMAIRES. | NOTES. |
|---|---|---|---|
| | | **FRA.** | |
| | | donnance royale du 20 décembre 1837, titre VI, chap. Ier, art. 43 et 44.) (§ 2, circul. nº 113.) | |
| 1840 | 25 sept. | FRAIS de route — Paiements pour le service de la guerre. (Instruction générale du 17 juin 1840.) Art. 576. Les mandats pour frais de route ou pour avances ne peuvent être payés que par les payeurs, receveurs ou percepteurs désignés sur les mandats; les parties prenantes doivent y mettre leur acquit; néanmoins, les sous-officiers et soldats n'ont à quittancer que les mandats qui leur sont délivrés *pour avances*. Si le titulaire ne sait pas signer, il en fait la déclaration au sous-intendant militaire, qui le mentionne sur le mandat; cette déclaration tient lieu de quittance. — Les mandats doivent être présentés au paiement, *dans le jour même*, ou, *au plus tard, le lendemain du jour de leur délivrance aux parties prenantes*; toutefois, le délai de présentation est de *dix* jours pour les mandats d'indemnité de route dont les titulaires se trouvent rendus au lieu de leur *destination*. Lorsque les agents du ministère de la guerre, chargés *de la distribution d'effets aux militaires en route*, sont payés du prix des effets, les mandats qui leur sont fournis doivent être présentés à l'acquittement *dans les cinq jours de leur date*. (Ordonnance royale du 20 décembre 1837, titre V, art. 37 à 40.)<br>Art. 577. Les mandats présentés après les délais ci-dessus rappelés ne peuvent être payés par les agents du trésor qu'à la réquisition de l'intendant militaire. Les payeurs et les receveurs, ou les percepteurs agissant en leur nom, doivent refuser l'acquittement de tout mandat dont la délivrance n'est pas *mentionnée* sur la feuille de route de la partie prenante. (Art. 41, 42 et 351; ordonnances royales des 20 et 25 décembre 1837.)<br>Art. 578. Les receveurs et percepteurs sont tenus, sous leur responsabilité, d'inscrire les paiements de toute nature qu'ils font à des militaires, etc., *sur les livrets et feuilles de route* dont les militaires, les comptables ou officiers sont porteurs. (Instruction générale, pages 9 et 10.) (§ 2, circul. nº 117.) | |
| 1840 | 25 sept. | FRAIS de route des voyageurs indigents et forçats libérés, acquittés par les receveurs municipaux à titre d'avance ou *prêt*. (Art. 941, instruction générale du 17 juin 1840.) (§ 2, circul. nº 117.) | |

| DATES. | | SOMMAIRES. | NOTES. |
|---|---|---|---|
| | | **FRA, FRE.** | |
| 346 | 26 mars. | FRAIS judiciaires. — Art. 40 de la loi du 3 mai 1841. Explications relatives au § 2 de la circulaire nº 154, du 30 décembre 1845, concernant le recouvrement des frais judiciaires à la charge des parties prenantes; le prélèvement aura lieu par voie de réduction de l'indemnité dans le mandat de paiement. (§ 4, circul. nº 157.) | |
| 347 | 30 sept. | FRAIS (les) de conduite des marins congédiés en masse du service à terre doivent être payés de la même manière que les frais de route des équipages congédiés des bâtiments. (§ 4, circul. nº 161.) | |
| 352 | 15 déc. | FRAIS de découchers et de déplacements des conducteurs et piqueurs. — Adoption par le ministre des travaux publics d'une formule d'état trimestriel pour le paiement de ces dépenses. (§ 7, circul. nº 198.) | |
| 853 | 15 juill. | FRAIS. — Mémoires des greffiers en matière forestière. — Les greffiers sont dispensés de donner, dans leurs mémoires de frais, le détail nominatif des extraits de jugements qu'ils ont fournis. (§ 7, circul. nº 202.) | |
| 858 | 15 mai. | FRETS. — Connaissements. — Marine. — Notification de deux circulaires adressées par le ministre de la marine aux chefs de service des ports, pour préciser les règles à suivre au sujet du mandatement du prix de fret, selon la formule du connaissement. (Voir les annexes nºˢ 1 et 2.) (§ 11, circul. nº 220.) | |
| | | FRANCHISE et contre-seing. — (Voir *Correspondance en franchise.*) | |

| DATES. | | SOMMAIRES. | NOTES. |
| --- | --- | --- | --- |
| | | | |

| DATES. | SOMMAIRES. | NOTES. |
|---|---|---|
| | **GEN, GÉR.** | |
| 20 nov. | GÉNIE militaire. — Les dépenses sèches qui figurent dans les comptes des entrepreneurs militaires sont justifiées aux payeurs par la production de la *Quittance des créanciers réels.* (§ 3, circul. n° 120.) | |
| 15 janv. | GÉNIE militaire. — Les marchés de gré à gré pour la construction, l'entretien et la réparation des fortifications ou des bâtiments militaires sont valables par la seule approbation des directeurs des fortifications, lors toutefois que ces marchés relatent les conditions prévues par le dernier alinéa de l'art. 36 du règlement du 1er décembre 1838. (§ 4, circul. n° 222.) | |
| 3 nov. | GÉRANTS intérimaires. — Lorsque la vacance d'un service de payeur provient d'un décès arrivé dans le courant du mois, le préfet nomme un gérant intérimaire jusqu'à l'expiration de ce mois; il gère pour le compte du titulaire décédé. — Si un payeur nouvellement nommé ne prend pas personnellement son service et qu'il n'ait pas accrédité un fondé de pouvoirs pour le remplacer, le préfet désigne d'office un agent qui prend le service au nom du titulaire. — Constatation des valeurs. — Inventaire des registres, instructions, etc. — Procès-verbal. — Récépissé délivré à la décharge du prédécesseur. — Le titulaire doit, avant d'entrer en fonctions, justifier de son cautionnement, et du supplément, s'il y a lieu; il devra produire un certificat de la direction de la dette inscrite portant qu'il n'existe pas de privilége de second ordre, et si cette circonstance existait, le même certificat devrait relater qu'il y a consentement de la part du bailleur de fonds. — Il devra être produit en outre un certificat du greffier du tribunal civil de sa dernière résidence, constatant qu'il n'existe pas d'oppositions. *(L'art.* 150 *du décret impérial du* 31 *mai* 1862 *prescrit la même formalité de la part du greffier du tribunal de commerce.)* — Il doit y avoir autant de comptes de gestion qu'il y a eu de payeurs en fonction dans un département. — Prescriptions relatives aux écritures. — Les frais relatifs aux gérants intérimaires doivent être réglés de gré à gré. (§ 6, circul. n° 86.) | |
| 9 mars. | GÉRANTS intérimaires. — Rappel des prescriptions du § 6 de la circulaire n° 86 du 3 novem- | |

| DATES. | | SOMMAIRES. | NOTES. |
|---|---|---|---|
| | | **GER, GIT, GRA, GYM.** | |
| | | bre 1834. — Mesures à prendre à l'égard des remises de service. — Indemnités dues aux gérants. (§ 1er, circul. n° 138.) | |
| 1855 | 28 sept. | GÉRANTS intérimaires. — Coupure de gestion. — Modification du § 6, deuxième alinéa, de la circulaire n° 86, en date du 3 novembre 1834. — Dans le cas de décès, le gérant intérimaire rendra son compte de gestion et il sera entièrement séparé de la gestion du payeur décédé. (§ 14, circul. n° 212.) | |
| 1851 | 4 juill. | GITES d'étape. — Guerre. — Le paiement des fournitures dans les gîtes d'étape donne lieu à des avances entre les mains des agents comptables des subsistances. (§ 3, circul. n° 189.) | |
| 1850 | 31 juill. | GRATIFICATIONS à des cantonniers. — Notification des dispositions d'un règlement du 10 février 1835, d'après lequel il peut être accordé des *gratifications* aux cantonniers embrigadés employés sur les routes, sans toutefois excéder un mois de salaire (art. 24). Le même règlement (art. 25) autorise des retenues sur les salaires dans le cas d'absence, d'insuffisance de travail ou de négligence. Les mandats pour gratifications devront toujours être appuyés d'une expédition certifiée de l'arrêté du préfet qui aura accordé l'allocation. (§ 2, circul. n° 181.) | |
| 1841 | 20 nov. | GYMNASTIQUE. — Gratifications accordées aux moniteurs d'écoles régimentaires :<br>1° Les dépenses du matériel, consistant en *achats*, seront appuyées de *factures* des fournisseurs, certifiées et vérifiées par le conseil d'administration, quittancées par les parties prenantes, et *timbrées* lorsqu'il y aura lieu.<br>2° Les dépenses du personnel se composeront des *gratifications accordées aux moniteurs*, et seront appuyées d'un *état nominatif* énonçant la *somme allouée à chacun d'eux*, et revêtu, dans une colonne d'*émargement*, de la signature des parties prenantes. (Circulaires du ministre de la guerre, des 6 mai et 4 septembre 1840.) (§ 3, n° 3, circul. n° 120.) | |

| DATES. | | SOMMAIRES. | NOTES. |
|---|---|---|---|
| | | **HAR, HÉR, HEU, HOT, HYP.** | |
| 34 | 11 juill. | **HARAS** et dépôts d'étalons. — Envoi d'une circulaire du ministre du commerce, en date du 19 juin 1834, n° 9, qui prescrit à MM. les directeurs de remettre aux payeurs, dans le délai d'un mois, à partir du paiement, les justifications des mandats d'avance. (§ 1er, circul. n° 85.) | |
| | | **HÉRÉDITÉ.** — (Voyez *Actes d'hérédité.*) | |
| 1 | 16 juill. | **HEURES** d'ouverture de la caisse des payeurs. — Désormais, elle pourra n'avoir lieu qu'*une heure* après celle des receveurs généraux. — Le premier jour de chaque mois, surtout le premier mois du trimestre, les receveurs généraux sont invités à délivrer exceptionnellement les fonds dès huit heures du matin, et plus tôt, si cela est nécessaire, sur une demande spéciale que les payeurs devront faire la veille. (§ 9, circul. n° 225.) | |
| 52 | 5 mai. | **HEURES** d'ouverture et de fermeture des bureaux des receveurs généraux, des payeurs et des percepteurs. — Ces heures doivent être les mêmes que celles des bureaux de la préfecture (§ 1er, circul. n° 227.) | |
| 55 | 28 sept. | **HOTELS** de préfectures. — Envoi d'une circulaire de S. Exc. le ministre de l'interieur, en date du 31 juillet 1855, n° 21, relative au mode d'imputation de certaines dépenses effectuées dans les hôtels de préfectures. — Rappel de l'instruction du 30 décembre 1841, n° 65. (§ 1er, circul. n° 212.) | |
| 37 | 6 sept. | **HYPOTHÈQUES.** — Salaire des conservateurs. — Notification d'une instruction, n° 1542, de l'administration de l'enregistrement et des domaines, relative aux formalités hypothécaires en matière d'expropriation pour cause d'utilité publique, portant la date du 1er août 1837. En exécution de cette décision, tous les renseignements demandés aux conservateurs, par suite d'expropriations pour cause d'utilité publique, poursuivies directement par l'Etat, devront être fournis par ces préposés, dans la forme ordinaire, et sous leur responsabilité. Ils n'auront droit à aucun salaire, soit pour l'inscription d'office, soit pour toutes autres formalités hypothécaires relatives à ces expropria- | |

| DATES. | | SOMMAIRES. | NOTES. |
|---|---|---|---|
| | | **HYP.** | |
| | | tions, sauf le remboursement des droits de timbre des feuilles de leurs registres employées à ces formalités. (Voir la lettre insérée à la suite du § 2 de la circulaire n° 159.) (§ 1er, circul. n° 103.) | |
| 1842 | 16 déc. | HYPOTHÈQUES. — Salaire des conservateurs. — Interprétation de la décision du 24 juillet 1837 (instruction du 1er août 1837, n° 1542), relative aux salaires des conservateurs des hypothèques en matière d'expropriation pour cause d'utilité publique. — S. Exc. le ministre des finances a rendu la décision suivante : « Il ne sera payé par le trésor public aucun salaire aux conservateurs pour les actes relatifs aux expropriations pour cause d'utilité publique, dans tous les cas où les acquisitions sont faites pour le compte de l'Etat et à la charge du budget général, quelle que soit la participation des départements à la dépense. — Lorsque les indemnités de dépossession sont dues exclusivement par les départements, les communes ou les compagnies, ou particuliers concessionnaires, les conservateurs des hypothèques conservent le droit de percevoir le salaire fixé par le décret du 21 septembre 1810, sauf l'exécution de l'ordonnance royale du 1er mai 1816. » (Voir la lettre insérée à la suite du § 2 de la circulaire n° 159.) (§ 2, circul. n° 125.) | |
| 1843 | 26 août. | HYPOTHÈQUES. — Salaire des conservateurs. — Avis d'une décision qui règle le mode de paiement des salaires dus aux conservateurs des hypothèques par les départements ou les communes. — Le paiement des salaires dus, par suite de transcription des actes de vente relatifs aux routes départementales et aux chemins vicinaux, s'opérera par trimestre, sur des états qui seront dressés par les employés des préfectures ou des mairies. — Ces états, en forme de mémoire, indiqueront : 1° la date des actes qui auront donné lieu à la formalité ; 2° le nom des parties; 3° la nature de l'acte ; 4° la nature de la formalité; 5° le montant des salaires. On réservera un espace où l'ordonnateur inscrira le numéro et la date des mandats délivrés pour le paiement de l'indemnité de dépossession des terrains auxquels se rapporteront les formalités requises au bureau des hypothèques. (Voir la lettre insérée à la suite du § 2 de la circulaire n° 159.) (§ 4, circul. n° 132.) | |

| DATES. | | SOMMAIRES. | NOTES. |
|---|---|---|---|

## HYP.

6 | 13 oct.

**HYPOTHÈQUES.** — Salaire des conservateurs. — Observations relatives aux indications que doivent contenir les états de salaires dus aux conservateurs des hypothèques. Le § 4 de la circulaire n° 132, en date du 26 août 1843, est modifié de la manière suivante : si l'indemnité n'était pas encore mandatée au moment où le conservateur réclamerait son salaire, les états recevraient des annotations constatant les causes diverses pour lesquelles les mandats n'auraient pas encore pu être délivrés.

(§ 2, circul. n° 159.)

—

65 | 9 fév.

**HYPOTHÈQUES.** — Salaire des conservateurs.

*Lettre de S. Exc. le ministre des finances à M. le préfet du département.*

« Vous me consultez par vos lettres des 20 septembre et 8 janvier derniers, sur le point de savoir s'il était dû aux conservateurs des hypothèques des émoluments pour la transcription des actes relatifs à la construction par les départements des routes thermales avec subvention de l'Etat à forfait.

» Ainsi que vous en informait, Monsieur le préfet, ma dépêche du 19 octobre dernier, la question était à l'étude; après examen, il vient d'être reconnu que les salaires des conservateurs des hypothèques, constituant non *un impôt,* mais la *rémunération d'un travail matériel et de la responsabilité qui s'y rattache,* on ne pouvait, dans l'espèce, se refuser à les leur allouer. L'on a bien pu, par exception, imposer à ces agents le sacrifice de leurs salaires (dans tous les *cas où les acquisitions sont faites* pour le *compte de l'Etat* et à la *charge du budget général*), mais tel n'est pas le cas ici où il s'agit d'acquisitions pour des routes thermales *au compte des départements, qui rentrent dans la catégorie des acquisitions relatives à l'établissement des chemins de fer* départementaux avec *subvention de l'Etat,* à l'égard desquelles des décisions antérieures, notamment celle du 13 juin 1862, ont reconnu que les salaires étaient dus aux conservateurs des hypothèques.

» Vous pouvez donc, Monsieur le préfet, mandater au profit de ces agents les salaires leur revenant en en nature des acquisitions pour l'établissement des routes thermales.

» *Le ministre secrétaire d'Etat des finances,*

» Signé : A. FOULD. »

—

| DATES. | | SOMMAIRES. | NOTES. |
|---|---|---|---|
| | | | |

| ATES. | SOMMAIRES. | NOTES. |
|---|---|---|
| | **ILL, IMP, IND.** | |
| | **ILLETTRÉS.** — (Voir *Parties prenantes illettrées.*) | |
| 6 août. | **IMPRESSIONS.** — Les frais d'impressions des régies financières ont été centralisés, par décision ministérielle, en date du 8 mars 1852, au bureau du matériel du ministère des finances.—Dépenses à titre d'avance. — Remboursement. — Justification de ces dépenses suivant les conditions du règlement du 26 janvier 1846, au titre des dépenses de l'administration centrale des finances. — Ces dispositions ne s'appliquent pas aux frais d'envois d'imprimés faits par les ordonnateurs secondaires à leurs subordonnés dans l'étendue de leur circonscription. (§ 3, circul. nº 196.) | |
| | **IMPUTATIONS.** — (Voir *Changement d'imputation* et *Réimputation.*) | |
| 0 25 sept. | **INDEMNITÉS** aux communes pour frais d'enrôlements volontaires. — Tarif. — Le montant de ces indemnités est versé aux receveurs municipaux par les payeurs du Trésor, après liquidation *ministérielle,* sur les mandats des intendants militaires, qui servent de titres de perception. (Instruction générale nº 840, page 28.) (§ 2, circul. nº 117.) | |
| 7 20 déc. | **INDEMNITÉ** de route. — Cas exceptionnel où les mandats sont collectifs. — Militaires voyageant en troupe. — Recrues se rendant au lieu de rassemblement. — Militaires rentrant dans leurs foyers par suite de libération ou en vertu de congés illimités. (Art. 30 de l'ordonnance royale du 20 décembre 1837.) | |
| 9 25 juill. | **INDEMNITÉ** de route. — Modifications à l'art. 44 de l'ordonnance du roi, du 20 décembre 1837, concernant l'époque de la remise aux sous-intendants militaires des mandats d'indemnités de route; elle aura lieu désormais le dernier jour du mois, et le mandat de remboursement sera délivré le même jour. (Ordonnance royale du 20 décembre 1837, titre VI, chap. Iᵉʳ, art. 43 et 44.) (§ 2, circul. nº 113) | |
| 0 25 sept. | **INDEMNITÉ** de route. — Paiements pour le service de la guerre. (Instruction générale du 17 juin 1840, pages 9 et 10.) | |

| DATES. | | SOMMAIRES. | NOTES. |
|---|---|---|---|

## IND

Art. 576. Les mandats pour frais de route ou pour avances ne peuvent être payés que par les payeurs, receveurs ou percepteurs désignés sur les mandats; les parties prenantes doivent y mettre leur acquit; néanmoins, les sous-officiers et soldats n'ont à quittancer que les mandats qui leur sont délivrés *pour avances*. Si le titulaire ne sait pas signer, il en fait la déclaration au sous-intendant militaire, qui le mentionne sur le mandat; cette déclaration tient lieu de quittance. — Les mandats doivent être présentés au paiement, *dans le jour même*, ou, *au plus tard*, *le lendemain du jour de leur délivrance aux parties prenantes*; toutefois, le délai de présentation est de *dix* jours pour les mandats d'indemnité de route dont les titulaires se trouvent rendus au lieu de leur *destination*. Lorsque les agents du ministère de la guerre, chargés *de la distribution d'effets aux militaires en route*, sont payés du prix des effets, les mandats qui leur sont fournis doivent être présentés à l'acquittement *dans les cinq jours de leur date*. (Ordonnance royale du 20 décembre 1837, titre V, art. 37 à 40.)

Art. 577. Les mandats présentés après les délais ci-dessus rappelés ne peuvent être payés par les agents du trésor qu'à la réquisition de l'intendant militaire. Les payeurs et les receveurs, ou les percepteurs agissant en leur nom, doivent refuser l'acquittement de tout mandat dont la délivrance n'est pas *mentionnée* sur la feuille de route de la partie prenante. (Art. 41, 42 et 351; ordonnances royales des 20 et 25 décembre 1837.)

Art. 578. Les receveurs et percepteurs sont tenus, sous leur responsabilité, d'inscrire les paiements de toute nature qu'ils font à des militaires, etc., *sur les livrets et feuilles de route* dont les militaires, les comptables ou officiers sont porteurs.

(§ 2, circul. n° 117.)

---

1841 | 20 nov. | INDEMNITÉ de route. — Vérification de la régularité des feuilles de route des militaires voyageant isolément. — Lorsque des coupons d'indemnités de route sont remis aux payeurs par des militaires, ils sont tenus, d'après l'art. 42 de l'ordonnance royale du 20 décembre 1837, de vérifier si la délivrance du mandat est mentionnée sur la feuille de route, et doivent, en outre, d'après l'art. 351 de l'ordonnance royale du 25 du même mois, inscrire le paiement sur ladite feuille, qui est considérée alors comme livret de solde. — L'absence du cachet de l'intendance militaire ne doit pas être considérée comme un

| DATES. | SOMMAIRES. | NOTES. |
|---|---|---|
| | **IND.** | |
| | défaut de forme. La formalité du cachet est purement d'ordre dans cette circonstance. — Les feuilles de route devront être signées par les fonctionnaires de qui elles doivent émaner et mentionner exactement la délivrance du coupon que les comptables sont chargés d'acquitter.<br>(§ 3, circul. nº 120.)<br>— | |
| 0 31 juill. | INDEMNITÉ de route. — Envoi d'une circulaire de S. Exc. le ministre de la guerre, en date du 8 juillet 1850, relative au paiement des indemnités de route. — L'intervention de tout *intermédiaire officieux dans l'opération du paiement des indemnités de route est formellement interdite*; afin de prévenir toute réclamation de la part des porteurs des mandats, MM. les payeurs s'abstiendront d'en charger, à défaut d'eux-mêmes, d'autres personnes que les employés de leurs bureaux.<br>(§ 1er, circul. nº 181.)<br>— | |
| 40 31 juill. | INDEMNITÉ de logement des troupes chez l'habitant. — Communication d'une circulaire du ministre de la guerre, en date du 21 mai 1840, relative au mode d'ordonnancement et de justification de paiement de cette dépense. — Etat nominatif émargé ou appuyé de quittances.<br>(§ 7, circul. nº 116.)<br>— | |
| 40 31 juill. | INDEMNITÉ de route. — La régularisation des mandats d'indemnités de route délivrés dans les derniers jours du mois de décembre, et qui n'ont pu être compris dans l'état de remboursement produit par le payeur le 1er janvier suivant, doivent figurer en dépense au titre de l'exercice suivant. (*Journal militaire* du 9 mars 1839, nº 10.)<br>(§ 8, circul. nº 116.)<br>— | |
| 38 28 mars. | INDEMNITÉ de route. — Marine. — Les dispositions des titres I à V et des art. 43 à 50 (titre VI) du règlement du 20 décembre 1837 sont applicables aux paiements et aux fournitures d'effets qui pourraient être ordonnancées ou autorisées par les officiers de l'intendance militaire et leurs suppléants, au profit des militaires de l'armée de *mer*, suivant tarif spécial. — Le titre *ministère de la marine* doit être inscrit en tête des mandats, ordres de fournitures, états de remboursements et bordereaux. (Ordonnance royale du 20 décembre 1837, art. 75.)<br>(Circul. nº 106.)<br>— | |

| DATES. | | SOMMAIRES. | NOTES. |
|---|---|---|---|
| | | **IND.** | |
| 1838 | 28 mars | INDEMNITÉ de route. — Le payeur départemental remet aux sous-intendants militaires, le dernier jour de chaque mois, l'état de remboursement, en double expédition, des mandats payés par lui ou par ses suppléants pendant le mois, tant au titre de la garde municipale qu'à celui des sapeurs-pompiers. (Ordonnance royale du 20 décembre 1837, art. 78.) (Circul. n° 106.) | |
| 1844 | 4 mai. | INDEMNITÉ de route. — *Garde municipale.* — Corps des sapeurs-pompiers de la ville de Paris. — Invitation d'établir un état distinct pour le remboursement des frais de route payés, au compte de la ville de Paris, à des militaires appartenant à la garde municipale et au corps des sapeurs-pompiers. (§ 5, circul. n° 141.) | |
| 1849 | 5 mai. | INDEMNITÉ de route. — Gardes mobiles licenciées. — Mode de comptabilité des paiements de l'indemnité de 1 fr. par jour. — Les feuilles de route délivrées aux volontaires licenciés devront porter cette indication : *A droit à l'indemnité de route remboursable par le ministère de l'intérieur.* — L'indemnité sera ordonnancée de gîte en gîte par les sous-intendants militaires.—Elle est avancée par les soins du payeur. — Le montant en sera remboursé ultérieurement, d'après le mode indiqué par l'art. 75 de l'ordonnance du 20 décembre 1837, sur les frais de route, au moyen d'une ordonnance de virement. (§ 2, circul. n° 173.) | |
| 1853 | 15 oct. | INDIGENTS. — Les familles indigentes n'ont droit au secours de route que pour trois personnes. (§ 3, circul. n° 203.) | |
| 1832 | 26 janv. | INDIVIDUALITÉ. — LL. EE. les ministres de l'intérieur et des travaux publics ont fait connaître aux ordonnateurs secondaires de leurs départements respectifs les mesures d'ordre et les précautions qu'ils ont à prendre, afin d'assurer la remise aux créanciers réels des mandats délivrés sur les caisses publiques, et d'éviter ainsi qu'ils puissent être payés sur de faux acquits, par suite de négligences qui engageraient la responsabilité de l'administration. — Les payeurs doivent redoubler de soins pour acquérir l'assurance qu'ils n'acquittent les ordonnances et mandats qu'entre les mains des créanciers véritables ou de leurs ayant-cause, soit en *faisant signer en leur présence,* | |

| DATES. | | SOMMAIRES. | NOTES. |
|---|---|---|---|

## IND, INS, INT.

soit en *exigeant la justification des signatures qui ne leur seraient pas suffisamment connues.*

(Circul. n° 69.)

—

39 | 24 janv. | **INDIVIDUALITÉ** — Les ordonnateurs secondaires ne doivent, sous leur responsabilité personnelle, opérer ou autoriser la remise d'aucun de leurs mandats qu'après avoir reconnu l'identité des ayant-droit ou la régularité des pouvoirs. Les payeurs doivent se conformer rigoureusement aux prescriptions de la circulaire n° 69, en date du 26 janvier 1832, et ils doivent redoubler de soins pour acquérir l'assurance qu'ils n'acquittent les ordonnances et mandats qu'entre les mains des créanciers véritables, ou de leurs ayant-cause.

(§ 1er, circul. n° 112.)

—

849 | 5 mai. | **INDIVIDUALITÉ.** — L'attention des payeurs est appelée sur les dangers auxquels les exposerait une trop grande facilité de leur part à admettre au paiement des personnes qu'ils sauraient n'être pas les ayant-droit eux-mêmes, ou n'avoir pas qualité suffisante pour servir d'intermédiaire officiel entre le titulaire du mandat et le payeur.

(§ 6, circul. n° 173.)

—

842 | 16 déc. | **INSCRIPTIONS** d'office. — Une décision du ministre des finances, du 17 avril 1835, a autorisé les conservateurs des hypothèques à ne pas prendre inscription d'office pour les immeubles acquis au nom de l'Etat, lorsqu'ils en sont dispensés par une clause expresse du jugement d'expropriation ou du contrat d'acquisition. Cette disposition ne s'étend pas aux acquisitions faites par les communes; le ministre a décidé, le 14 novembre dernier, que le consentement du vendeur à ce qu'on ne prenne pas inscription d'office ne dispense pas le conservateur de prendre cette inscription.

(§ 3, circul. n° 125.)

—

838 | 28 mars | **INTENDANCE** militaire. — Attributions respectives des officiers de l'intendance militaire et de leurs suppléants pour l'exécution du service. (Ordonnance royale du 20 décembre 1837, art. 14.)

(Circul. n° 106.)

—

| DATES. | | SOMMAIRES. | NOTES. |
|---|---|---|---|
| | | **INT.** | |
| 1835 | 20 août. | INTERÊTS de cautionnements. — Les titulaires qui auraient changé de résidence, ou dont les cautionnements ont éprouvé quelques modifications et qui, dans ces circonstances, ont envoyé à Paris leurs certificats d'inscription, seront payés sur le vu d'un certificat délivré par le chef de service dont dépend le titulaire et attestant la situation exceptionnelle dans laquelle se trouvent ces derniers. (§ 4, circul. n° 90.) | |
| 1845 | 30 déc. | INTERÊTS de cautionnements. — Rappel des dispositions qui obligent à mentionner le paiement des intérêts de cautionnements, sur le certificat d'inscription ou de privilége. — Lorsqu'il y a transport ou jugement et qu'il n'existe pas de certificat de privilége, l'annotation doit être mise sur la grosse de l'acte de transport ou de jugement. (§ 1er, circul. n° 151.) | |
| 1852 | 15 déc. | INTERÊTS de cautionnements. — Rappel des dispositions des circulaires des 17 et 30 décembre 1834 et 1845, §§ 1er et 1er, nos 87 et 151, prescrivant de ne payer aux titulaires de cautionnements les intérêts qui leur sont dus que sur la présentation du certificat d'inscription; elles obligent les agents qui effectuent ce paiement, d'abord à le mentionner en marge dudit certificat, puis à reproduire le numéro de cette pièce sur la quittance du paiement. (§ 5, circul. n° 198.) | |
| 1835 | 16 nov. | INTERÊTS de cautionnements.—Rentes viagères. — Pensions civiles et ecclésiastiques. — Une décision de S. Exc. le ministre des finances, en date du 24 octobre 1834, fait connaître qu'à l'avenir, « les arrérages du semestre au 22 décembre des rentes viagères et des pensions civiles et ecclésiastiques, ainsi que les intérêts de cautionnements, seront ordonnancés sur l'exercice de l'année à laquelle se rapportent les droits constatés au profit des titulaires. » (Voir les circulaires de la *Dette inscrite* des 1er décembre 1835, et 22 janvier 1836.) (§ 1er, circul. n° 91.) | |
| 1849 | 5 fév. | INTERÊTS annuels de cautionnement.—Les états de paiement des intérêts annuels de cautionnement doivent être adressés avec les acquits du mois de janvier. Le relevé des parties non payées au 31 janvier devra être émargé, afin que les paiements de ces | |

| DATES. | SOMMAIRES. | NOTES. |
|---|---|---|
| | **INS, INV.** | |
| | parties, pendant le cours de l'exercice, puisse être facilement constaté. (§ 3, circul. n° 171.) | |
| 2 30 juill. | **INSCRIPTION** sur les inventaires. — Obligation de produire, à l'égard des outils réparés, une déclaration constatant qu'ils font partie de ceux qui sont portés aux inventaires du matériel de l'administration ou des établissements publics. (§ 8, circul. n° 195.) | |
| | **INVENTAIRE** après décès. — Lorsqu'un immeuble est exproprié pour cause d'utilité publique, ou qu'il y a cession amiable et qu'il est possédé par *indivis* par divers héritiers, le payeur doit *demander* la production de l'extrait de l'intitulé de l'inventaire qui a dû être fait après décès, constatant *les nom, nombre et qualité des héritiers, inventaire* qui est prescrit par divers articles de loi suivant les circonstances dans laquelle la succession sera ouverte, notamment, en cas de minorité des héritiers, par l'art. 451 du code Napoléon; dans le cas d'existence de communauté en survivance de la femme commune, par les art. 1456 et suivants du code Napoléon. — Pour le cas où il n'y aurait pas d'inventaire, l'usage et la jurisprudence ont admis la production d'un *acte de notoriété fait devant notaire établissant l'absence* de l'inventaire et constatant toutes les *énonciations* que cet inventaire aurait contenu lui-même, pour établir les *nom et prénoms*, le *nombre* et la *qualité des héritiers*, l'existence du testament, etc. Cet acte de notoriété doit être fait par le notaire détenteur du testament, s'il en existe. (Note de l'auteur.) | |

| DATES. | | SOMMAIRES. | NOTES. |
|---|---|---|---|
| | | | |

## JOU, JUS.

| DATES. | | SOMMAIRES. | NOTES. |
|---|---|---|---|
| 8 | 17 déc. | **JOURNAL.** — Tenue en partie double. — Les payeurs doivent y constater toutes les opérations relatives à leur service : il est coté et parafé par le préfet ou son délégué. La même formalité doit être remplie si, dans le cours de l'année, un nouveau journal est ouvert pour continuer l'inscription des opérations se rapportant à la même gestion. (Circul. n° 26.) | |
| 2 | 15 janv. | **JOURNAL.** — Rappel des dispositions du § 3 de la circulaire n° 74, en date du 30 octobre 1832, relatif à l'envoi périodique des copies du journal, les 1er, 11 et 21 de chaque mois. (§ 6, circul. n° 191.) | |
| 9 | 24 déc. | **JOURNAL** supplémentaire. — La description des faits qui se sont passés dans les premiers jours de l'année qui suit la clôture de la gestion doit faire l'objet d'articles sur le journal de l'année expirée. La copie du journal supplémentaire est jointe au compte de gestion. (§ 1er, circul. n° 24.) | |
| 1 | 16 juill. | **JOURNAL.** — Autorisation de ne passer écriture sur le journal qu'en un seul article, à la fin de chaque dizaine, des bordereaux d'émission des mandats des ordonnateurs secondaires. (§ 8, circul n° 225.) | |
| 2 | 31 déc. | **JOURNAL.** — D'après la loi du 2 juillet 1862, les écritures à passer sur le journal devront reproduire les divisions suivantes : 1° dépenses sur ordonnancements du budget *ordinaire* ; 2° dépenses sur ordonnancements du budget *Ressources spéciales* ; 3° dépenses sur ordonnancements du budget *extraordinaire.* (§ 1er, circul. n° 230.) | |
| 8 | 20 janv. | **JUSTIFICATIONS** de dépenses faites. — Leur sincérité. — Avis d'instructions données par M. le ministre des travaux publics aux agents de l'administration des ponts et chaussées, relativement à l'établissement des pièces constatant les dépenses faites et justifiant les paiements. — Une simulation quelconque *est un acte coupable.* (§ 6, circul. n° 162.) | |

| DATES. | | SOMMAIRES. | NOTES. |
|---|---|---|---|
| | | | |

| DATES. | | SOMMAIRES. | NOTES. |
|---|---|---|---|
| | | **LET, LIQ.** | |
| 54 | 20 janv. | **LETTRE** pour envoi de documents. — Recommandation d'accompagner toujours d'une lettre les pièces ou documents de comptabilité adressés à la comptabilité générale.<br>(§ 1, circul. nº 204.) | |
| 54 | 17 août. | **LETTRE** pour le renvoi des acquits rejetés par la comptabilité générale et pour l'envoi des pièces justificatives qu'elle aura réclamées ou qui n'auront été produites qu'après le départ d'envois mensuels. (*Modèle* nº 2.)<br>(Alinéa 10me, circul. nº 208.) | |
| 55 | 28 sept. | **LETTRE** d'envois des acquits. — Explications au sujet de la note des documents transmis, placée à la suite de la lettre d'avis du départ des acquits; modèle nº 1er, placé à la suite de la circulaire nº 208, en date du 17 août 1854.<br>(§ 13, circul. nº 212.) | |
| 61 | 16 juill. | **LETTRE** d'envoi des acquits. — Obligation de mentionner, s'il y a lieu, sur la lettre d'avis, l'état incomplet de l'envoi des acquits à la comptabilité générale.<br>(§ 3, circul. nº 225.) | |
| 57 | 30 janv. | **LETTRES** de voiture. — Agents de l'Etat. — L'exemption du timbre de toute lettre de voiture délivrée par les agents de l'Etat est relative aux transports effectués pour un service public. (Décision ministérielle du 1er juillet 1856.)<br>(§ 3, circul. nº 219.) | |
| 48 | 22 mars. | **LIQUIDATION** de l'ancienne liste civile. — Dispositions de comptabilité et distinction dans les écritures pour les paiements qui concerneront l'ancienne liste civile et ceux qui se rattacheront aux biens du domaine privé.<br>(Circul. nº 163.) | |
| 48 | 18 déc. | **LIQUIDATION** de l'ancienne liste civile et du domaine privé. — Exécution du décret du 25 octobre 1848. — Documents à fournir pour l'établissement du compte de la liquidation.<br>(Circul. nº 168.) | |

| DATES. | | SOMMAIRES. | NOTES. |
|---|---|---|---|
| | | **LIS, LIV.** | |
| 1833 | 15 juill. | LISTE civile. — Dispositions à observer au sujet du paiement des provisions allouées aux employés de la dernière liste civile. — Les certificats de vie délivrés par les notaires, à cette catégorie de pensionnaires, sont assujettis à la formalité du timbre. — Les parties prenantes, en outre du certificat de vie, remettent la lettre d'avis qu'elles auront reçue de l'administration et sur laquelle elles apposeront leur acquit. — Chaque titulaire devra faire la déclaration de non-cumul ; elle devra exprimer nettement qu'il ne reçoit aucun traitement d'activité sur les fonds de l'Etat, des départements ou des communes.<br>(§ 1er, circul. nº 202.) | |
| 1808<br>1862 | 1er nov.<br>31 mai. | LIVRES. — Les écritures des payeurs sont tenues en partie double. Leurs livres et registres se composent : 1° d'un journal général, qui sert de livre de caisse et de portefeuille ; 2° d'un grand-livre ; 3° de livres auxiliaires de détails des paiements effectués par ministère et par exercice (ces divers livres sont cotés et parafés par le préfet ou son délégué) ; 4° de carnets d'ordonnances présentant, par chapitre et par article du budget, le montant des ordonnances ministérielles, l'émission des mandats de paiement des ordonnateurs secondaires et les paiements effectués. (Instruction du 1er décembre 1808 ; décret impérial du 31 mai 1862, art. 359.) | |
| 1833 | 6 déc. | LIVRES auxiliaires de détails des paiements. — La circulaire nº 56, § 5, en date du 31 octobre 1828, a autorisé les payeurs, qui le jugeraient utile, à ouvrir, pour le service de la dette inscrite, des livres auxiliaires de détails. — Cette disposition facultative devient obligatoire à partir du 1er janvier 1834. (*Modèle nº* 1.) — Prescriptions relatives à la tenue du livre auxiliaire.<br>(§ 2, circul. nº 81.) | |
| 1862 | 31 déc. | LIVRES auxiliaires de détails. — En exécution de la loi du 2 juillet 1862, les dépenses de chaque budget feront, par *ministère*, l'objet de livres auxiliaires de détail distincts ; toutefois un même cahier ou registre pourra servir pour les deux ou trois budgets d'un ministère, à la condition que chaque budget y figurera dans une section séparée.<br>(§ 1er, circul. nº 230.) | |

| DATES. | | SOMMAIRES. | NOTES. |
|---|---|---|---|
| | | **LIV, LOG, LOY.** | |
| 63 | 20 juin. | **LIVRE** auxiliaire de détail spécial aux rentes 3 %, modèle n° 4 bis. (§ 2, circul. n° 231.) | |
| 61 | 16 juill. | **LIVRE** de contrôle. — Les payeurs sont engagés à tenir eux-mêmes un livre de contrôle où toutes les dépenses par ministère seraient inscrites en fin de journée. (§ 1er, circul. n° 225.) | |
| 50 | 12 fév. | **LIVRET** de caisse. — L'art. 12 du règlement spécial du ministère des travaux publics, en date du 23 septembre 1849, impose aux payeurs l'obligation d'inscrire eux-mêmes, au moment du paiement, sur les carnets des régisseurs, les avances qui leur sont comptées. (§ 1er, circul. n° 176.) | |
| 45 | 4 mars. | **LOGEMENT** des militaires chez les habitants. — Invitation de réclamer au receveur général pour remettre aux ordonnateurs de la guerre : 1° une déclaration de reversement de la somme non employée des mandats collectifs ; 2° un état détaillé, dressé par le payeur, des parties restant à payer. (§ 3, circul. n° 149.) | |
| 33 | 8 août. | **LOYERS** de casernes de la gendarmerie. — Le ministre de la guerre, par sa lettre, en date du 5 juillet 1833, fait connaître que les copies ou les extraits des baux nouvellement passés, et qui doivent être produits au soutien des mandats de paiement, ne doivent être admis comme pièce régulière par les payeurs qu'autant qu'on aura relaté que les nouveaux baux ont reçu son approbation. (§ 5, circul. n° 78.) | |

| DATES. | | SOMMAIRES. | NOTES. |
|---|---|---|---|
| | | | |

| DATES. | | SOMMAIRES. | NOTES. |
|---|---|---|---|
| | | **MAI.** | |
| 52 | 5 oct. | MAISONS centrales ou de détention. — Envoi d'un arrêté du ministre de l'intérieur relatif aux adjudications de fournitures pour le service de ces établissements. (§ 2, circul. n° 197.) | |
| 52 | 15 déc. | MAISONS centrales ou de détention. — Envoi d'une circulaire du ministre de l'intérieur, suivie d'un arrêté sur les adjudications *au rabais* de fournitures pour le service de ces établissements. (§ 6, circul. n° 198.) | |
| 55 | 28 sept. | MAISONS centrales de détention. — Nouvelle marche adoptée pour la régularisation des dépenses acquittées par les greffiers comptables des maisons centrales de détention sur le produit de leurs recettes. — Les pièces de dépenses sont remises aux payeurs par les préfets, avec un bordereau détaillé; la délivrance des mandats n'aura lieu que lorsque les payeurs, ayant vérifié les pièces et les ayant reconnues régulières, les auraient renvoyées à la préfecture. (§ 2, circul. n° 212.) | |
| 56 | 9 fév. | MAISONS centrales de détention. — Dispositions relatives aux avances à faire aux greffiers comptables de ces établissements, pour frais de locomotion des voitures cellulaires, délai accordé pour la justification des dépenses faites pour le service spécial. (§ 2, circul. n° 213.) | |
| 60 | 12 sept. | MAISONS d'arrêt, de justice et de correction. — Les états nominatifs des détenus produits par l'entrepreneur des fournitures des prisons, à l'appui des mandats, doivent être certifiés conformes aux registres d'écrou par le gardien chef de chaque établissement, avant d'être visés par le directeur et le préfet. Il n'est dû que la ration du pain aux détenus entrants et sortants desdits établissements; mais s'ils sortent d'une autre maison, etc., ou s'ils quittent la prison à une heure assez avancée de la journée et qu'ils demandent à prendre part aux distributions de vivres, il y a lieu d'admettre l'entrepreneur à présenter *séparément la note de ces fournitures,* dont il sera remboursé à la fin du mois ou du trimestre, afin que les détenus entrants ou sortants soient invariablement compris pour une demi-journée sur les états nominatifs. (Circulaire du ministère de l'intérieur.) | |

## MAN, MAR.

| DATES. | | SOMMAIRES. | NOTES. |
|---|---|---|---|
| 1850 | 12 fév. | MANDATEMENT par les ingénieurs en chef des ponts et chaussées, par voie de sous-délégation, des dépenses du service qui leur est confié. (Art. 7 du règlement spécial sur la comptabilité du ministère des travaux publics, en date du 28 septembre 1849.) (§ 1er, circul. n° 176.) | |
| 1845 | 30 déc. | MANDATS. — Le mandat administratif n'est pas un effet de commerce à ordre, susceptible de recevoir des endossements; il est payable à la partie désignée et non à une autre. — Le comptable qui paie répond de la validité de la signature; il doit s'assurer de l'individualité des parties avant de leur faire donner quittance. (§ 2, circul. n° 153.) | |
| 1849 | 5 mai. | MANDATS. — L'attention des payeurs est appelée sur les dangers auxquels les exposerait une trop grande facilité de leur part à admettre au paiement des personnes qu'ils sauraient n'être pas les ayant-droit eux-mêmes, ou n'avoir pas qualité suffisante pour servir d'intermédiaire *officiel* entre le titulaire du mandat et le payeur. (§ 6, circul. n° 173.) | |
| 1862 | 31 déc. | MANDATS de paiement. — Loi du 2 juillet 1862. — Ces mandats doivent être ordonnancés sur papier de couleur différente : 1° dépenses ordinaires, sur papier blanc; 2° dépenses sur ressources spéciales, sur papier rose; 3° dépenses extraordinaires, sur papier chamois. (§ 1er, circul. n° 230.) | |
| 1842 | 20 déc. | MARCHÉS. — Guerre. — Dispositions relatives aux dépenses des services de l'habillement et du harnachement. (Voir *Services de l'habillement*, etc.) (§ 3, circul. n° 126.) | |
| 1844 | 6 déc. | MARCHÉS. — Les marchés passés par les corps de troupe pour les services de l'habillement et du harnachement sont *exemptés du timbre*, et les minutes ou originaux de ces marchés sont *affranchis de la formalité de l'enregistrement*. (§ 2, circul. n° 147.) | |
| 1850 | 12 fév. | MARCHÉS. — Par décision de S. Exc. le ministre des finances, en date du 9 janvier 1850, les marchés | |

| DATES. | | SOMMAIRES. | NOTES. |
|---|---|---|---|
| | | **MAR, MAS, MAT, MÉD, MÉM.** | |
| | | et adjudications concernant la fourniture des objets nécessaires au service de la marine peuvent être établis sur papier *non timbré,* sauf visa pour *timbre et enregistrement* après approbation par le ministre. (§ 4, circul. n° 176.) | |
| 52 | 25 mai. | MARCHÉS. — Fournitures de pain. — Guerre. — Les agents comptables des subsistances sont autorisés à payer les frais de *timbre* et d'*enregistrement* des *marchés pour fournitures de pain* dans les gîtes d'étape. — Aucune facture, s'élevant à 100 fr. et au-dessus, ne devra être admise si elle ne fait pas mention du remboursement par le fournisseur des frais mis à sa charge. (§ 1er, circul. n° 194.) | |
| 860 | 15 janv. | MARCHÉS (les) de gré à gré pour la construction, l'entretien et la réparation des fortifications ou des bâtiments militaires sont valables par la seule approbation des directeurs des fortifications, lors, toutefois, que ces marchés relatent les conditions prévues par le dernier alinéa de l'art. 36 du règlement du 1er décembre 1838. (§ 4, circul. n° 222.) | |
| 840 | 25 sept. | MASSE des militaires. — Paiement des mandats délivrés par le trésorier payeur en Afrique, pour la transmission des fonds de masse des militaires qui quittent la colonie. (Instruction générale du 17 juin 1840, art. 619, page 26.) (§ 2, circul. n° 117.) | |
| 852 | 30 juill. | MATÉRIEL de la marine et des colonies. — La retenue exercée au profit de la caisse des invalides de la marine, sur les dépenses du matériel de la marine et des colonies, est élevée à 5 p. % à partir du 1er juillet 1852. (§ 2, circul. n° 195.) | |
| 855 | 28 sept. | MÉDECINS civils. — Honoraires. — Guerre. — Application du timbre aux quittances des médecins civils appelés accidentellement à donner des soins aux militaires malades. (§ 3, circul. n° 212.) | |
| 829 | 30 sept. | MÉMOIRES (tous les), factures et autres pièces en tenant lieu, sont soumis au *timbre de dimension.* — | |

| DATES. | | SOMMAIRES. | NOTES. |
|---|---|---|---|
| | | **MÉM.** | |
| | | Les mandats et ordonnances de paiement sont passibles du droit de timbre; mais il est à observer que, si les *mémoires* ou *factures* produits à l'appui et qui doivent être rédigés sur papier timbré, étaient revêtus de l'acquit des marchands ou fournisseurs, il n'y a pas lieu à faire timbrer lesdits ordonnances ou mandats, sur lesquels la seconde quittance donnée ne serait dans ce cas considérée que comme un objet d'ordre et de pure forme. — Les droits de timbre sont à la charge des parties, en vertu de l'art. 29 de la loi du 13 brumaire an VII. (§ 1er, circul. n° 60.) | |
| 1850 | 24 déc. | MÉMOIRES (les) et factures sont soumis au droit de timbre, quelqu'en soit le montant; l'art. 16 de la loi du 13 brumaire an VII ne comporte aucune exception. — Les factures des maîtres armuriers, produites à l'appui de la dépense de l'entretien des armes, doivent être fournies sur papier timbré. (§ 2, circul. n° 185.) | |
| 1851 | 20 juin. | MÉMOIRES et factures. — L'art. 12 de la loi du 13 brumaire an VII a assujetti au droit de timbre établi à raison de la dimension tous les papiers à employer pour les actes et écritures, soit publics, soit privés, et généralement tous les actes et écritures devant ou pouvant faire titre ou être produits pour obligation, décharge, justification, demande ou défense. — L'art. 16 de la même loi affranchit du droit de timbre les quittances, même celles entre particuliers, pour créances non excédant *dix francs*, quand il ne s'agit pas d'un à-compte ou d'une quittance finale sur plus forte somme. Voilà l'exception. — La facture ou mémoire est un écrit qui énonce la nature et les quantité, qualité et prix de marchandises déposées ou expédiées. — Aux termes de l'art. 109 du code de commerce, la facture acceptée a le caractère d'un acte de vente. — La quittance est l'acte qui constate le paiement. — Ainsi, il y a entre le mémoire ou la facture et la quittance cette différence essentielle et caractéristique, que l'un est destiné à *créer l'obligation* et l'autre à *l'éteindre*. (Art. 1235 du code Napoléon.) Cependant la production du mémoire ou facture n'est pas obligatoire pour les dépenses n'excédant pas *dix francs*, à la condition de donner dans le mandat de paiement le détail de ces fournitures. Lorsqu'il s'agit de fournitures à payer sur avances faites à des agents de services régis par économie, il est impossible d'introduire dans les mandats le détail des fournitures; dans ce cas, on | |

| | DATES. | SOMMAIRES. | NOTES. |
|---|---|---|---|
| | | **MÉM, MOB.** | |
| | | substitue au mémoire ou facture *une quittance du fournisseur* qui contiendrait le détail des objets fournis, etc., ce qui remplirait le double but de la justification du droit et de la dépense. (Circul. n° 188.) | |
| 0 | 15 janv. | **MÉMOIRES.** — Par application de l'art. 12 de la loi du 13 brumaire an VII, les mémoires produits par les médecins pour les soins qu'ils ont donnés, et par les pharmaciens pour les médicaments qu'ils ont fournis aux malades indigents, sont passibles du timbre. — Les honoraires des médecins pour les soins qu'ils donnent aux malades indigents, ainsi que le prix des médicaments fournis par les pharmaciens, sont rangés dans la catégorie des dépenses acquittées à la décharge des malades et les quittances auxquelles ils donnent lieu sont, en conséquence, exonérées du timbre. (Art. 16 de la loi du 13 brumaire an VII.) (§ 10, circul. n° 222.) | |
| 53 | 15 juill. | **MÉMOIRES.** — Justice. — Les greffiers sont dispensés, par décision du 17 février 1853, de donner, dans les mémoires de frais, le détail nominatif des extraits de jugements qu'ils ont fournis. (§ 7, circul. n° 202.) | |
| 55 | 28 sept. | **MOBILIER** des hôtels de préfectures. — Envoi d'une circulaire de S. Exc. le ministre de l'intérieur, en date du 31 juillet 1855, n° 21, relative au mode d'imputation de certaines dépenses effectuées dans ces hôtels. — Rappel de l'instruction du 30 décembre 1841, n° 65. (§ 1er, circul. n° 212.) | |
| 52 | 5 oct. | **MOBILIER** des hôtels des sous-préfectures. — Envoi d'une instruction du ministre de l'intérieur, en date du 8 août 1852, n° 66, relative à ces hôtels. — Analogie entre le décret du 28 mars 1852 et les dispositions de l'ordonnance du 7 août 1841, notifiée par la circulaire n° 120, § 2. (§ 1er, circul. n° 197.) | |
| 46 | 26 déc. | **MOBILIER** des fonctionnaires de la marine. — Les objets acquis pour le mobilier des fonctionnaires de la marine et des établissements de ce service doi- | |

| DATES. | | SOMMAIRES. | NOTES. |
|---|---|---|---|
| | | vent être portés sur les inventaires tenus en exécution de l'art. 8 de la loi du 26 juillet 1829. (§ 8, circul. n° 160.) | |
| 1834 | 3 nov. | MUTATIONS de payeurs. — Lorsque la vacance d'un service provient d'un décès arrivé dans le courant du mois, le préfet nomme un gérant intérimaire jusqu'à l'expiration de ce mois; il gère pour son compte, qui est entièrement séparé de la gestion du payeur décédé. (Voir le § 14 de la circulaire n° 212) — Si un payeur nouvellement nommé ne prend pas personnellement son service et qu'il n'ait pas accrédité un fondé de pouvoirs pour le remplacer, le préfet désigne d'office un agent qui prend le service au nom du titulaire. — Constatation des valeurs. — Inventaire des registres, instructions, etc. — Procès-verbal. — Récépissé délivré à la décharge du prédécesseur. — Le titulaire doit, avant d'entrer en fonctions, justifier de son cautionnement et du supplément s'il y a lieu; il devra produire un certificat de la direction de la dette inscrite, portant qu'il n'existe pas de privilége de second ordre; si cette circonstance existait, le même certificat devrait relater qu'il y a consentement de la part du bailleur de fonds. Il devra être produit, en outre, un certificat du greffier du tribunal civil de la dernière résidence, constatant qu'il n'existe pas d'oppositions. (L'art. 150 du décret impérial du 31 mai 1862 prescrit la même formalité de la part du greffier du tribunal de commerce.) — Il doit y avoir autant de comptes de gestion qu'il y a eu de payeurs en fonction dans un département. — Prescriptions relatives aux écritures. — Les frais relatifs aux gérants intérimaires doivent être réglés de gré à gré. (§ 6, circul. n° 86.) | |
| 1844 | 9 mars | MUTATIONS de payeurs. — Rappel des prescriptions du § 6 de la circulaire n° 86, du 3 novembre 1834. — Mesures à prendre à l'égard des remises de service. — Indemnités dues aux gérants intérimaires. (§ 1er, circul. n° 138.) | |
| 1845 | 30 déc. | MUTATIONS de payeurs. — Dispositions d'ordre : 1° les instructions et les règlements transmis aux payeurs par l'administration, ainsi que la correspondance suivie par ces comptables pendant leur gestion, font partie du mobilier; 2° rappel de la circulaire | |

| DATES. | | SOMMAIRES. | NOTES. |
|---|---|---|---|
| | | n° 86, du 3 novembre 1834; les procès-verbaux dressés à l'occasion des remises de service doivent être détaillés et indiquer l'état dans lequel se trouve chaque objet qui y est porté. (§ 3, circul. n° 153.) | |
| 846 | 26 mars. | **MUTATIONS** de payeurs. — Le ministre, prenant en considération les inconvénients réels qu'a occasionnés la tendance des payeurs à emmener leurs employés avec eux en cas de mutation, a décidé qu'ils devront, à l'avenir, lui en référer, avant d'opérer de pareils déplacements dans le personnel chargé du paiement des dépenses publiques. (Circul. n° 156.) | |
| 846 | 26 déc. | **MUTATIONS** de payeurs. — La circulaire n° 153, § 3, en date du 30 décembre, dit que les règlements circulaires, instructions et livre de correspondance font partie du matériel. Le modèle (n° 2) d'un cadre à employer pour établir l'inventaire des divers éléments de comptabilité est transmis par la présente circulaire. Les registres des oppositions, au moment de la rédaction de l'inventaire, devront être arrêtés, visés et signés par le payeur sortant ainsi que par le payeur entrant, et ces comptables devront, en outre, viser et parafer chacune des pièces formant dossier. (§ 7, circul. n° 160.) | |
| 855 | 28 sept. | **MUTATIONS** de payeurs. — Coupure de gestion. Modification du § 6, deuxième alinéa de la circulaire n° 86, en date du 3 novembre 1834. — Dans le cas de décès, le gérant intérimaire rendra son compte de gestion, qui sera entièrement séparé de la gestion du payeur décédé. (§ 14, circul. n° 212.) | |
| 858 | 15 mai. | **MUTATIONS** de payeurs. — Explication relative à la description sur le journal des remises de fonds provenant de mutations de payeurs. (§ 14, circul n° 220.) | |

| DATES. | | SOMMAIRES. | NOTES. |
|---|---|---|---|

## OFF, OPP.

| DATES. | | SOMMAIRES. | NOTES. |
| --- | --- | --- | --- |
| 50 | 10 oct. | **OFFICIERS** et employés militaires. — Circulaire du ministre de la guerre, en date du 3 septembre 1850, relative à la fixation des *délais d'arrivée* imposés aux officiers et employés envoyés en mission, ou se rendant à destination. (§ 1er, circul. n° 183.) | |
| 36 | 12 avril | **OPPOSITIONS**. — Explications relatives aux annotations apposées par le bureau des oppositions au trésor sur les états de paiement des intérêts de cautionnements, à l'égard des bailleurs de fonds. — Les payeurs doivent exiger des bailleurs de fonds qui se présentent à leur caisse la main-levée des oppositions reçues au trésor, au profit de tiers créanciers. Cette formalité ne saurait être exigée quand il est énoncé que les significations sont faites à leur requête ; ils doivent, conformément aux prescriptions de la circulaire n° 87, du 17 décembre 1834, pages 2 et 3, produire pour le paiement le certificat de privilége de second ordre. (§ 4, circul. n° 93.) | |
| 36 | 18 oct. | **OPPOSITIONS** ou retenues sur pensions. — Le ministre des finances a décidé, en date du 3 août 1836, après avoir pris l'avis du comité des finances du conseil d'Etat :<br>1° Que le mari dont la femme est pensionnée ne peut arrêter le paiement de la pension de cette dernière, et que les arrérages n'en doivent être payés qu'à elle seule ;<br>2° Que les *retenues* qui s'exercent sur les pensions des militaires, au profit de leurs femmes, sont acquises à celles-ci jusqu'au jour de leur décès, et que les décomptes qui sont dus à cette époque ne peuvent être payés qu'aux héritiers ou autres ayant-cause de ces dernières. — Si des oppositions ou retenues quelconques sur des pensions sont notifiées aux payeurs, ils devront en référer immédiatement au ministre des finances et transmettre au directeur du contentieux les exploits de signification, afin qu'il fut pris une décision qui prescrivit de surseoir au paiement ou de passer outre. (§ 3, circul. n° 97.) | |
| 837 | 24 oct. | **OPPOSITIONS** et saisies-arrêts formées entre les mains des payeurs. — Dispositions relatives à ces points de service. (§ 1er, circul. n° 104.) | |

| DATES | | SOMMAIRES. | NOTES. |
|---|---|---|---|
| | | **OPP.** | |
| 1838 | 28 mars | **OPPOSITIONS** juridiques signifiées contre des officiers et employés militaires. (Art. 448 de l'ordonnance royale du 25 décembre 1837.) — Les prescriptions de la circulaire n° 104, § 1er, sont applicables aux officiers. (Pages 6 et 7. — Circul. n° 106.) | |
| 1838 | 10 avril. | **OPPOSITIONS** juridiques. — Explications relatives à ce point de service. — Le § 1er de la page 7 de la circulaire n° 106, du 28 mars 1838, doit être considéré comme non avenu. (Circul. n° 107.) | |
| 1842 | 20 déc. | **OPPOSITIONS.**—Créanciers des régies.—Guerre. — Mesures relatives au paiement des dépenses en régie du département de la guerre; elles seront restreintes aux salaires et menus achats. — Les agents spéciaux ne pourront procéder au paiement qu'après s'être procuré et acquis la preuve, par leurs relations officieuses avec les payeurs, qu'il n'existe aucune opposition sur les ouvriers. (§ 1er, circul. n° 126.) | |
| 1858 | 15 mai. | **OPPOSITIONS.**—Créanciers des régies.—Guerre. — La circulaire n° 212, § 5, en date du 28 septembre 1855, a informé les payeurs qu'ils n'ont à se préoccuper des oppositions qui leur sont signifiées, qu'autant qu'elles frappent des créances directement mandatées sur leur caisse.—A l'égard des tâcherons, ouvriers et fournisseurs employés dans les régies, c'est à l'agent spécial chargé de les désintéresser qu'incombe le soin de recevoir les significations d'oppositions qui les grèvent. — S. Exc. le ministre de la guerre a demandé, en ce qui concerne son département ministériel, le retour aux dispositions arrêtées en 1842 et notifiées par la circulaire n° 126, § 1er, en date du 20 décembre de la même année, relativement aux oppositions formées contre les créanciers des régies. (§ 10, circul. n° 220.) | |
| 1844 | 4 mai. | **OPPOSITIONS** signifiées contre les régisseurs ou des entrepreneurs. — Lorsque des faits de cette nature ont lieu, les payeurs font connaître, aux signataires des mandats, les motifs des oppositions. — Les ordonnateurs ne sont jamais autorisés à dispenser du cautionnement les adjudicataires de travaux dépendant des ponts et chaussées. (§ 1er, circul. n° 141.) | |

| | DATES. | SOMMAIRES. | NOTES. |
|---|---|---|---|
| | | **OPP, ORD.** | |
| 48 | 26 avril. | **OPPOSITIONS** sur traitements. — Les sommes à retenir en vertu d'oppositions sur les traitements ne peuvent porter que sur le *net à payer*, déduction faite des retenues proportionnelles. — Les retenues sont calculées sur le montant *brut* du traitement, si les oppositions frappent un traitement soumis à la retenue de 5 % pour pensions de retraite. (§ 2, circul nº 165.) | |
| 60 | 15 janv. | **OPPOSITIONS** sur les officiers comptables. — Guerre. — Les primes de gestion et de fabrication allouées aux comptables militaires sont saisissables comme la solde et dans les mêmes proportions. (§ 3, circul. nº 222.) | |
| 50 | 31 juill. | **ORDONNANCES** directes du ministère de la marine. — Recommandation itérative d'apporter une grande exactitude dans la transmission mensuelle à la comptabilité centrale du ministère de la marine, des bordereaux sommaires des paiements effectués sur ordonnances directes de ce département ministériel. — Rappel de la circulaire nº 143, § 2, en date du 10 juin 1844. (§ 7, circul. nº 181.) | |

| DATES. | SOMMAIRES. | NOTES. |
| --- | --- | --- |

| DATES. | | SOMMAIRES. | NOTES. |
|---|---|---|---|
| | | **PAR.** | |
| 24 | 25 sept. | **PARTIES** prenantes illettrées ou hors d'état de signer elles-mêmes les mandats. — L'instruction de l'ancien payeur général des dépenses diverses, en date du 1er janvier 1808, a imposé l'application des règles suivantes :<br>1° Pour le paiement de sommes de 150 fr. et au-dessous, la présence de deux témoins connus du payeur, dont la signature au bas du *pour acquit,* apposé aux mandats, serve à certifier que le paiement a été fait;<br>2° Pour le paiement de sommes au-dessus de 150 fr., une quittance ou une procuration notariée.<br>(§ 8, n° 2, circul. n° 38.) | |
| 34 | 17 sept. | **PARTIES** prenantes illettrées ou hors d'état de signer. — En exécution du décret du 18 messidor an II, la déclaration de la partie prenante qui ne saura signer sera faite au payeur, caissier ou trésorier, qui sera obligé de la transcrire, de la signer et de la faire signer par deux témoins présents. En conséquence, les payeurs devront recommander aux receveurs des finances qui acquittent des dépenses pour leur compte et sous leur responsabilité, d'exiger la signature de deux témoins et de contresigner eux-mêmes cette signature. — La même formalité doit être exigée des agents des services régis par économie, qui remettent des pièces justificatives de dépenses à valoir sur les mandats de paiement des avances.<br>(§ 6, circul. n° 87.) | |
| 39 | 30 déc. | **PARTIES** prenantes illettrées ou hors d'état de signer. — Explications sur la disposition du § 7 de la circulaire n° 115, relative à la quittance administrative que doivent produire, en exécution des art. 56 et 58 des lois des 7 juillet et 3 mai 1836 et 1841, les parties prenantes illettrées.<br>(§ 2, circul. n° 115.) | |
| 39 | 30 déc. | **PARTIES** prenantes illettrées ou hors d'état de signer. — Par décision du 7 décembre 1839, S. Exc. le ministre des finances a fait connaître que des secours pour pertes, excédant 150 fr., accordés à des individus illettrés, peuvent être acquittés sans frais et sur l'attestation de deux témoins.<br>(§ 7, circul. n° 115.) | |
| 858 | 15 mai. | **PARTIES** prenantes illettrées ou hors d'état de | |

| DATES. | | SOMMAIRES. | NOTES. |
|---|---|---|---|
| | | **PAR, PAI.** | |
| | | signer. — La circulaire n° 89, § 2, 1er alinéa, informait les payeurs qu'aux termes d'une décision ministérielle du 20 janvier de la même année, la quittance à leur fournir par des créanciers illettrés, qui auraient à toucher à leur caisse une somme supérieure à 150 fr., pour le prix de fournitures faites à l'Etat, devrait être enregistrée au droit fixe de 1 fr. — Le ministre des finances, par décision du 27 avril dernier, a décidé que la gratuité de l'enregistrement, déjà acquise dans l'espèce, lorsqu'il s'agit de créances provenant des prix d'expropriation pour cause d'utilité publique, serait étendue d'une manière générale pour toutes les créances à payer à des illettrés. (§ 5, circul. n° 220.) | |
| 1847 | 30 sept. | **PARTIES** prenantes illettrées ou hors d'état de signer. — Les condamnés libérés peuvent être payés, sur l'attestation de deux témoins, du pécule réservé, même lorsque la somme dépasse 150 fr. (§ 6, circul. n° 161.) | |
| 1853 | 15 juill. | **PARTIES** prenantes illettrées ou hors d'état de signer. — Guerre. — Le prix des chevaux de remonte peut être payé aux vendeurs illettrés, quelle qu'en soit la quotité, sur la déclaration de deux témoins. (§ 3, circul. n° 202.) | |
| 1834 | 3 nov. | **PAIEMENTS** sur exercices clos. — Nouvelles mesures relatives à la comptabilité des créances des exercices clos. (§ 5, circul. n° 86.) | |
| 1834 | 17 déc. | **PAIEMENTS** sur exercices clos. — Règles à suivre pour l'application du régime des exercices clos à la comptabilité de la dette inscrite. (Voir la circulaire de cette direction, n° 245, en date du 6 octobre 1838.) (§ 2, circul n° 87.) | |
| 1834 | 17 déc. | **PAIEMENTS** sur le chapitre spécial des exercices clos. — Nouveau modèle de développement mensuel. (§ 3, circul. n° 87.) | |
| 1835 | 30 mai. | **PAIEMENTS** sur les exercices clos. — Explications sur l'imputation de l'exercice ; elle doit être faite sur | |

| DATES. | | SOMMAIRES. | NOTES. |
|---|---|---|---|
| | | les crédits des exercices en cours d'exécution, non-seulement pour les restitutions en matière forestière (circul. n° 86), mais pour toutes les autres natures de remboursements et restitutions payables, soit sur ordonnances directes du ministre des finances, soit sur les mandats des ordonnateurs secondaires de ce ministère, attendu que les fonds des restitutions n'ont pas d'autre exercice que celui sur lequel on les fait porter. (§ 4, circul. n° 89.) | |
| 837 | 20 déc. | **PAIEMENTS** sur les dépenses des exercices clos de chaque ministère. — Etat d'annulation des ordonnances non acquittées au 31 décembre de chaque année et imputées sur ledit chapitre spécial. (§ 4, n° 4, circul. n° 105.) | |
| 838 | 15 juin. | **PAIEMENTS** sur exercices clos. — Notification de l'ordonnance du roi, en date du 10 février 1838. — L'art. 7 concerne l'apurement desdits exercices. (Voir la circulaire du mouvement général des fonds, du 5 décembre 1838.) (§ 2, circul. n° 108.) | |
| 839 | 24 janv. | **PAIEMENTS** sur exercices clos. — Avis que le régime des exercices clos sera appliqué aux dépenses du budget extraordinaire du ministère des travaux publics. (§ 3, circul. n° 112.) | |
| 847 | 30 sept. | **PAIEMENTS** sur exercices clos. — Marine. — L'art. 145 du règlement de comptabilité du ministère de la marine, en date du mois de juin 1847, soumet aux règles spéciales du régime des exercices clos toute créance, *sans exception*, qui n'a pas été acquittée sur les crédits de l'exercice auquel elle se rapporte, et, conformément à cette disposition, les rappels de solde des divers corps de la marine, applicables aux exercices expirés, ont été jusqu'ici payés sur exercices clos. — L'art. 102 de l'ordonnance royale du 31 mai 1838 a prévu *une exception* en faveur des dépenses de la solde et des autres dépenses payables sur revues. — Le ministre de la marine a invoqué le bénéfice de cet article, et il a demandé que les dispositions qu'il consacre fussent désormais appliquées aux rappels de solde et de toute autre dépense payables sur revues. S. Exc. le ministre des finances a adhéré à cette | |

| DATES. | | SOMMAIRES. | NOTES. |
|---|---|---|---|
| | | **PAI.** | |
| | | proposition. (Voir la circulaire n° 162, § 3, en date du 20 janvier 1848.) (§ 2, circul. n° 161.) | |
| 1848 | 20 janv. | PAIEMENTS sur exercices clos. — Mesures et recommandations concernant la rédaction des bordereaux relatifs à ces dépenses. (§ 7, circul. n° 162.) | |
| 1851 | 7 mars. | PAIEMENTS sur exercices clos. — Ces dépenses doivent être présentées sur les bordereaux de détail dans des colonnes distinctes par exercice. (§ 2, circul. n° 186.) | |
| 1851 | 21 juill. | PAIEMENTS sur exercices clos des intérêts de cautionnements. — Renseignements à fournir en *clôture d'exercice* et en *fin de gestion* sur les opérations relatives à ces dépenses. (§ 1er, circul. n° 190.) | |
| 1852 | 15 déc. | PAIEMENTS sur exercices clos à comprendre aux bordereaux sommaires remis aux ordonnateurs secondaires ; ils doivent être développés par créance et exercice. (§ 8, circul. n° 198.) | |
| 1854 | 21 juill. | PAIEMENTS sur exercices clos. — Pensions. — Demande d'un état nominatif au 31 décembre 1853 des parties payées pendant ladite année sur les exercices clos de la dette viagère. (Circul. lithog.) | |
| 1854 | 25 août. | PAIEMENTS sur exercices clos. — Pensions. — Le relevé par partie prenante des paiements d'arrérages de la dette viagère appartenant auxdits exercices, réclamé au 31 décembre 1853, sera fourni tous les mois à partir du 1er janvier 1854. (§ 4, circul. n° 209.) | |
| 1835 | 16 nov. | PAIEMENTS sur exercices périmés non frappés de déchéance. — Mesures d'ordre et de comptabilité concertées entre les divers départements ministériels pour le paiement de ces dépenses. (§ 2, circul. n° 91.) | |

| ATES. | | SOMMAIRES. | NOTES. |
|---|---|---|---|
| | | **PAI.** | |
| | 9 mars. | PAIEMENTS sur exercices périmés. — Le ministre des finances a, par décision du 15 novembre 1843, fait connaître qu'à partir de 1844, le paiement des arrérages de rentes viagères et de pensions concernant des exercices périmés non frappés de déchéance serait imputé sur le chapitre spécial ouvert au budget de chaque année pour les exercices périmés. — En conformité de cette décision, les payeurs devront s'abstenir de payer toute échéance de rentes ou de pensions remontant à des exercices périmés; tant qu'ils n'auront pas été pourvus d'ordonnances spéciales pour le paiement de ces échéances, ils devront renvoyer les parties intéressées devant le ministre. (§ 2, circul. n° 138) | |
| 1 | 21 juill. | PAIEMENTS sur exercices périmés des intérêts de cautionnements. — Renseignements à fournir en *clôture d'exercice* et en *fin de gestion* sur les opérations relatives à ces dépenses. (§ 1er, circul. n° 190.) | |
| 9 | 25 juill. | PAIEMENTS des dépenses départementales. — Dispositions relatives à la nécessité d'établir, par articles de nature de fonds, les paiements de ces dépenses. (Voir le § 3 de la circulaire n° 111, en date du 26 décembre 1838, *Budgets départementaux.*) (§ 5, circul. n° 113.) | |
| 1 | 20 nov. | PAIEMENTS des dépenses départementales. — Remplacement des feuilles d'enveloppe par des fiches pour la division par articles des acquits du service départemental. (§ 11, circul. n° 120.) | |
| 40 | 25 sept. | PAIEMENTS pour le compte des payeurs. — Les receveurs des finances, les percepteurs sous leurs ordres et les autres receveurs des revenus publics doivent faire, sur les fonds de leurs recettes, tous les paiements pour lesquels le payeur est dans le cas de réclamer leur concours auprès du receveur général. Ces paiements ne peuvent être valablement effectués que sur la présentation de l'ordonnance ou du mandat au nom du créancier, et revêtu du *Vu bon à payer* apposé par le payeur; il ne doit jamais être conditionnel. Le payeur retient par devers lui les pièces annexées aux mandats et qu'il est seul chargé d'examiner. Il renvoie les mandats, sans aucune pièce à | |

| DATES. | | SOMMAIRES. | NOTES. |
|---|---|---|---|
| | | **PAI, PAY.** | |
| | | l'appui, après les avoir visés, à l'ordonnateur local. (Art. 561, pages 4 et 5 de l'instruction générale du 17 juin 1840; v. 562.) (§ 2, circul. n° 117.) | |
| 1840 | 25 sept. | PAIEMENTS des dépenses de l'administration forestière. — Mandats. — Taxes à témoins. (Art. 589 de l'instruction générale du 17 juin 1840, page 13.) (§ 2, circul. n° 117.) | |
| 1840 | 25 sept. | PAIEMENTS des pensions des élèves des écoles militaires et des arts et métiers. (Art. 333, 339 et 343 de l'instruction générale du 17 juin 1840, pages 16 et 17.) (§ 2, circul. n° 117.) | |
| 1842 | 20 sept. | PAIEMENT des obligations et des coupons d'intérêts résultant d'emprunts faits par les départements à la caisse des dépôts et consignations. — Prescriptions y relatives. (§ 7, circul. n° 123.) | |
| 1858 | 15 mai. | PAIEMENT simultané des capitaux et intérêts de cautionnements. — Les payeurs devront, lorsque cette circonstance se présentera, rattacher les pièces justificatives à celle des quittances, qui doit être soumise la première au jugement de la cour des Comptes, sauf à annexer à l'autre quittance une note rappelant les productions précédemment faites. (§ 7, circul. n° 220.) | |
| 1842 | 20 sept. | PAYEURS. — Ils ont le devoir de surveiller le rapport qui doit exister entre l'imputation des ordonnances de paiement et les *pièces justificatives* qui y sont annexées. (§ 8, circul. n° 123.) | |
| 1844 | 30 mars. | PAYEURS. — Leur contrôle en matière de timbre et d'enregistrement. — La mission des payeurs doit se borner à rejeter les pièces irrégulières, afin que l'ordonnateur secondaire fasse droit à leurs observations, ou qu'il en réfère, s'il le juge à propos, à M. le directeur des domaines du département, à l'opinion duquel les payeurs doivent toujours déférer. Mais, si leurs observations n'étaient pas adoptées, ils adresseront à M. le directeur de la comptabilité générale une copie de l'avis motivé qu'aurait | |

| DATES. | | SOMMAIRES. | NOTES. |
|---|---|---|---|
| | | donné le directeur de l'enregistrement et que l'ordonnateur secondaire leur aurait fait parvenir.<br>(§ 4, circul. n° 140.) | |
| 6 | 26 mars. | PAYEURS. — Le ministre, prenant en considération les inconvénients réels qu'a occasionnés la tendance des payeurs à emmener leurs employés avec eux, en cas de mutation, a décidé qu'ils devront, à l'avenir, lui en référer avant d'opérer de pareils déplacements dans le personnel chargé du paiement des dépenses publiques.<br>(Circul. n° 156.) | |
| 9 | 5 mai. | PAYEURS. — Leur attention est appelée sur les dangers auxquels les exposerait une trop grande facilité de leur part à admettre au paiement des personnes qu'ils sauraient n'être pas les ayant-droit eux-mêmes, ou n'avoir pas qualité suffisante pour servir d'intermédiaire *officiel* entre le titulaire du mandat et le payeur.<br>(§ 6, circul. n° 173.) | |
| 0 | 31 juill. | PAYEURS. — Contrôle à établir en fin d'exercice de la comptabilité administrative des ordonnateurs secondaires. — Les payeurs ne doivent apposer leur signature sur les situations définitives, qu'après avoir constaté une entière conformité de dépenses avec les résultats qu'ils auront transmis au trésor.<br>(§ 8, circul. n° 181.) | |
| 1 | 16 juill. | PAYEURS. — Leur intervention pour la remise aux receveurs généraux et le renvoi aux notaires expéditeurs des certificats de vie et d'inscription des membres de la légion-d'honneur et des médaillés militaires.<br>(§ 5, circul. n° 225.) | |
| 1 | 1er déc. | PAYEURS. — Notification de deux décrets relatifs, l'un à l'avancement sur place des payeurs, l'autre à l'augmentation des traitements fixes et frais de service de ces comptables, et en outre d'un arrêté du ministre des finances, portant fixation nouvelle de leurs frais de service.<br>(Circul. n° 226.) | |
| 8 | 20 janv. | PASSE de sacs. — Guerre. — Décision du ministre de la guerre autorisant les comptables des hôpi- | |

| DATES. | | SOMMAIRES. | NOTES. |
|---|---|---|---|
| | | **PÊC, PÉC, PEN.** | |
| | | taux militaires à comprendre les frais de passe de sacs dans leurs bordereaux de dépenses. (§ 8, circul. nº 162.) | |
| 1863 | 20 août. | PÊCHE fluviale. — Régularisation par les ordonnateurs secondaires des ponts et chaussées des frais de taxes à témoins en matière de délits de pêche. (§ 2, circul. nº 230.) | |
| 1846 | 6 mars. | PÉCULE des condamnés détenus. — Dispositions de comptabilité relatives aux dépenses à effectuer sur le produit du travail des condamnés détenus dans les maisons centrales de force et de correction. (§ 1er, circul. nº 155.) | |
| 1846 | 13 oct. | PÉCULE des condamnés. — Le droit et la formalité du timbre ne sont pas applicables aux états émargés par les fournisseurs des maisons centrales de détention et aux quittances données pour dépenses faites sur le pécule des condamnés. (§ 5, circul. nº 159.) | |
| 1854 | 30 déc. | PENSIONNAIRES en retard de toucher leurs arrérages. — Rappel des instructions relatives aux informations à prendre à leur égard. (§ 8, circul. nº 210.) | |
| 1856 | 30 juin. | PENSIONNAIRES. — Changement dans la qualité des pensionnaires, lorsqu'ils sont révélés par les certificats de vie. — Dans ce cas, les payeurs doivent surseoir au paiement jusqu'à ce que les registres permanents et le certificat d'inscription aient été modifiés, et, à cet effet, il invite les pensionnaires à se pourvoir auprès de la direction de la dette inscrite. (Voir le règlement du ministère des finances, page 220 de la nomenclature du 26 janvier 1846.) (§ 3, circul. nº 214.) | |
| 1832 | 31 mars. | PENSIONS militaires. — Notification de l'ordonnance du roi du 24 février 1832, relative aux militaires jouissant d'une pension de retraite et résidant à l'étranger. (Circul. nº 71.) | |
| 1852 | 15 janv. | PENSIONS nouvellement inscrites. — Les paiements sur pensions militaires nouvellement inscrites | |

| DATES. | | SOMMAIRES. | NOTES. |
|---|---|---|---|
| | | **PEN.** | |
| | | ne doivent jamais dépasser la somme portée dans les autorisations de ces paiements donnés par la direction de la dette inscrite. (Voir la circulaire de la direction de la dette inscrite, du 30 novembre 1853.) (§ 3, circul. n° 191.) | |
| 3 | 20 avril. | PENSIONS.—Notification d'un arrêté du 18 avril, qui centralise à la comptabilité générale la vérification et l'émargement des paiements de la dette viagère. (Voir la circulaire de la direction de la dette inscrite, du 6 mai 1853.) (Circul. n° 201.) | |
| 4 | 20 janv. | PENSIONS civiles. — Dispositions de comptabilité pour l'exécution de la loi du 9 juillet 1853, relatives auxdites pensions. (§ 1er, circul. n° 204.) | |
| 54 | 10 juin. | PENSIONS. — Etats nominatifs des arrérages de la dette viagère des années expirées, à établir au 31 août de chaque année. (§ 1er, circul. n° 207.) | |
| 54 | 10 juin. | PENSIONS de l'académie impériale de musique et des subsistances militaires. — Imputation et classement de ces deux natures de dépenses. (§ 3, circul. n° 207.) | |
| 54 | 10 juin. | PENSIONS civiles. — Report, d'une gestion à l'autre, du produit des *retenues* pour pensions civiles porté par exercice dans les contributions et revenus publics. (§ 4, circul. n° 207.) | |
| 55 | 28 sept. | PENSIONS. — Envoi, en fin de mois, par lettre spéciale (*modèle n° 1 unique*), à la comptabilité générale, des documents transmis aux payeurs par la direction de la dette inscrite. (§ 10, circul. n° 212.) | |
| 56 | 9 fév. | PENSIONS civiles. — Recettes de retenues. — Situation détaillée des recettes provenant de retenues exercées pour le service des pensions civiles à comprendre dans les *comptes finaux*. (§ 1er, circul. n° 213.) | |

| DATES. | | SOMMAIRES. | NOTES. |
|---|---|---|---|
| | | **PEN, PÉR.** | |
| 1857 | 30 janv. | PENSIONS civiles. — Ordre dans lequel doivent être présentées, sur les mandats de traitements, les différentes natures de *retenues* à exercer au profit du trésor, sur le service des pensions civiles : 1° retenue de 5 % calculée sur le brut des traitements ; 2° les autres retenues ne devront porter que sur le net. (§ 1er, circul. n° 219.) | |
| 1859 | 15 juin. | PENSIONS. — Trop perçu. — Allocation de 1 fr. par jour, à titre de subsistance provisoire, aux militaires blessés ou infirmes de l'armée d'Italie proposés pour la retraite. — Mode de retenue de cette allocation sur la pension, conformément aux prescriptions de la circulaire n° 86, § 3, en date du 3 novembre 1834. (§ 2, circul. n° 221.) | |
| 1862 | 5 mai. | PENSIONS. — Nécessité d'apporter la plus grande célérité dans le paiement des pensions dues par l'Etat. (Alinéa 2me, circul. n° 227.) | |
| 1862 | 30 juin. | PENSIONS. — Décès des titulaires. — Le changement d'assignation du paiement des arrérages des pensions d'un département à un autre, ne peut avoir lieu postérieurement au décès du pensionnaire. (Voir l'instruction du contentieux, du 27 août 1845, art. 158.) (§ 6, circul. n° 228.) | |
| 1839 | 25 juill. | PENSIONS des élèves des écoles militaires, vétérinaires et des arts et métiers. — Mode de mandatement et de justification. (§ 3, circul. n° 113.) | |
| 1840 | 25 sept. | PENSIONS des élèves des écoles militaires et des arts et métiers. (Art. 333, 339 et 345 de l'instruction générale du 17 juin 1840, pages 16 et 17.) (§ 2, circul. n° 117.) | |
| 1854 | 27 mars. | PÉREMPTION. — Dispositions particulières touchant le point de départ du délai de péremption, à l'égard des significations faites à la caisse des dépôts et consignations. (§ 5, 2me alinéa, circul. n° 205.) | |

| ATES. | SOMMAIRES. | NOTES. |
|---|---|---|
| | **PER, PIÈ.** | |
| 10 juin. | **PERSONNEL** dans les ports. — Marine. — Envoi d'une circulaire ministérielle relative à ces dépenses.<br>(§ 1er, circul. n° 143.) | |
| 30 sept. | **PERSONNEL** dans les ports. — Marine. — Les frais de conduite des marins congédiés en masse du service à terre doivent être payés de la même manière que les frais de route des équipages congédiés des bâtiments armés.<br>(§ 4, circul. n° 161.) | |
| 15 mai. | **PERTE** d'un mandat. — Formalités à remplir par la partie intéressée et par les comptables lorsque cette circonstance se présente.<br>(§ 2, circul. n° 220.) | |
| 20 août. | **PIÈCES** justificatives de dépenses. — Les pièces annexées par les ministres à leurs ordonnances de paiement, qui étaient restées jusqu'à ce jour en dépôt au ministère des finances, seront, à l'avenir, transmises aux payeurs. (Voir la circulaire n° 3-1 de la direction du mouvement général des fonds, en date du 27 août 1835.)<br>(§ 1er, circul. n° 90.) | |
| 18 juill. | **PIÈCES** justificatives. — Dispositions concertées avec tous les départements ministériels pour la justification des *créances* qui ne peuvent être soldées dans le courant d'un exercice. — Les pièces sont adressées directement au comptable, qui les rattache au dernier paiement d'à-compte.<br>(§ 1er, circul. n° 95.) | |
| 30 mars. | **PIÈCES** justificatives. — Complément des dispositions prescrites pour la remise aux payeurs des pièces justificatives, lorsque le parfait paiement ne s'effectue pas avant la clôture de l'exercice. (Voir la circulaire n° 36-3 de la direction du mouvement général des fonds, du 22 septembre 1848, et celle de la comptabilité générale, du 18 juillet 1836, n° 95, § 1er.)<br>(§ 1er, circul. n° 140.) | |
| 20 janv. | **PIÈCES** justificatives constatant les dépenses faites. — Leur sincérité. — Avis d'instructions données par M. le ministre des travaux publics aux agents de l'administration des ponts et chaussées, relativement à l'établissement des pièces constatant les dépenses fai- | |

| DATES. | | SOMMAIRES. | NOTES. |
|---|---|---|---|
| | | **PIÈ, POL, PRE.** | |
| | | tes et les paiements. — Une simulation quelconque est un acte coupable. (§ 6, circul. n° 162.) | |
| 1850 | 16 avril. | PIÈCES justificatives de dépenses. — Gestion expirée. — Gestion courante. — Les pièces se rattachant à des paiements de la *gestion expirée* ne doivent pas être réunies à celles qui concernent des paiements compris dans la *gestion courante.* (§ 5, circul n° 179.) | |
| 1860 | 15 janv. | POLICE du roulage. — Frais. — Non-valeur. — Les frais de procédure et de poursuites occasionnés par des délits ou contraventions en matière de police du roulage et tombés en non-valeur sont justifiés de la manière suivante : Etats présentant le détail des frais antérieurs aux jugements et de ceux qui, après condamnations, ont été exposés en vue des recouvrements. Ces états, certifiés par les comptables, arrêtés par les directeurs de l'enregistrement, sont remis aux préfets, qui délivrent des mandats de remboursement sur la caisse des payeurs. (§ 7, circul. n° 222.) | |
| 1855 | 28 sept. | PRÉFECTURES. — Hôtels. — Envoi d'une circulaire de S. Exc. le ministre de l'intérieur, en date du 31 juillet 1855, n° 21, relative au mode d'imputation de certaines dépenses effectuées dans les hôtels de préfectures. — Rappel de l'instruction du 30 décembre 1841, n° 65. (§ 1er, circul. n° 212.) | |
| 1831 | 21 janv. | PRESCRIPTION quinquennale. — Notification d'une décision ministérielle en date du 5 décembre 1830, concernant l'application aux rentes 5 % de l'art. 156 de la loi du 24 août 1793. (§ 2, circul. n° 65.) | |
| 1863 | 20 juin. | PRESCRIPTION quinquennale des rentes 3 %. — Explications relatives à ce point de service. (§ 1er, circul. n° 231.) | |
| 1844 | 4 mai. | PRESCRIPTIONS triennales et prescriptions quinquennales. — Distinction à faire en matière d'arrérages de pensions et rentes viagères. — En exécution de l'art. 9 de l'arrêté du 15 floréal an XI et des prescriptions des circulaires de la direction de la dette | |

| DATES. | | SOMMAIRES. | NOTES. |
| --- | --- | --- | --- |
| | |  | |
| | | inscrite des 15 septembre et 6 novembre 1834, les payeurs ne doivent point procéder, sans une autorisation préalable, au paiement de tous arrérages de pensions remontant à plus de trois ans. — Quand cette autorisation est accordée, les payeurs se conformeront aux dispositions de la circulaire de la comptabilité générale du 6 décembre 1833, n° 81; ils imputeront sur le crédit de l'exercice courant le paiement de la portion d'arriéré portant sur les exercices clos. (Circulaire n° 138 du 9 mars 1844.) — Les pensions etl es rentes viagères antérieures aux cinq dernières années, appartenant, par conséquent, à des exercices périmés, ne peuvent être payées que sur des crédits spéciaux. — Tous autres arriérés de pensions ne dépassant pas cette période quinquennale, l'acquittement continue d'en être régi par les précédentes instructions. (§ 6, circul. n° 141.) | |
| 48 | 18 oct. | PRIMES. — Les primes pour arrestations de déserteurs par les préposés des douanes doivent être payées sur *quittance à souche* du receveur principal des douanes. (§ 3, circul. n° 167.) | |
| 42 | 16 déc. | PROPRIÉTÉ du sol des routes départementales. — Décision des ministres des finances et des travaux publics. (§ 1er, circul. n° 125.) | |

| DATES. | | SOMMAIRES. | NOTES. |
|---|---|---|---|
| | | | |

| DATES. | | SOMMAIRES. | NOTES. |
|---|---|---|---|
| | | **QUI.** | |
| 833 | 28 mai. | QUITTANCE. — Tout paiement fait entre les mains des percepteurs des contributions directes, des receveurs des communes, des hospices, des bureaux de bienfaisance et des établissements publics, devra donner lieu à la délivrance immédiate d'une quittance détachée du journal à souche. (Ordonnance du roi en date du 8 décembre 1832, art. 7.) (§ 1er, circul. n° 76.) | |
| 837 | 20 déc. | QUITTANCES des intérêts annuels de cautionnements. — A partir du 1er janvier 1838 et successivement tous les ans, les payeurs devront, à la réception des états d'intérêts de cautionnements, donner une série non interrompue de numéros d'ordre à toutes les parties qui figureront, tant sur ces états que sur les états supplémentaires. (§ 4, n° 7, circul. n° 105.) | |
| 839 | 30 déc. | QUITTANCES administratives. — Explications sur le § 7 de la circulaire n° 113, relative à la quittance administrative que doivent produire, en exécution de l'art. 58 de la loi du 3 mai 1841, les parties prenantes illettrées. (§ 2, circul. n° 115.) | |
| | | QUITTANCES à produire aux officiers de l'intendance militaire. — (Voir *Déclarations de quittances.*) | |
| | | QUITTANCES des parties prenantes illettrées. — (Voir *Parties prenantes illettrées ou hors d'état de signer.*) | |
| 843 | 27 juin. | QUITTANCES. — Les frais de quittance des arrérages de rentes et de pensions et des intérêts de cautionnements sont à la charge du trésor public (Circul. n° 130.) | |
| 843 | 9 nov. | QUITTANCES. — Les quittances des arrérages de rentes et de pensions et des intérêts de cautionnements seront, à l'avenir, fournies aux comptables par l'administration ; ils adresseront leur demande à la direction du secrétariat général (*matériel*). (Circul. n° 135.) | |
| 845 | 25 fév. | QUITTANCES concernant les arrérages de rentes perpétuelles, payables sur la production de quittances | |

| DATES. | | SOMMAIRES. | NOTES. |
|---|---|---|---|
| | | **QUI.** | |
| | | visées dans les bureaux de la dette inscrite et revêtues du visa du contrôle central établi au trésor. (§ 3, circul. n° 148.) | |
| 1850 | 16 avril. | QUITTANCES (les) d'arrérages de rentes, visées à Paris par suite de transferts, doivent être admises par les payeurs revêtues des formalités établies jusqu'à présent. (§ 7, circul. n° 179.) | |
| 1852 | 25 mai. | QUITTANCES des parties prenantes. — *Invitation* de veiller à ce qu'il y ait conformité entre les quittances des parties prenantes et les déclarations relatives à la signature de ces parties, consignées dans les actes produits comme justifications. (§ 5, circul. n° 194.) | |
| 1843 | 20 déc. | QUITTANCES des cantonniers des chemins vicinaux et de grande communication. — Notification d'une décision du ministre des finances, en date du 18 décembre 1843, qui déclare sujettes au timbre les quittances de traitement de ces agents. (§ 4, circul. n° 136.) | |
| 1854 | 30 déc. | QUITTANCES (les) de traitements des agents voyers chefs et secondaires, des salaires des cantonniers aides ou auxiliaires des chemins vicinaux et de grande communication doivent être soumises au timbre, comme celles des cantonniers de ce service et en vertu du même principe. (§ 3, circul. n° 210.) | |
| 1855 | 28 sept. | QUITTANCES d'honoraires des médecins civils. — Guerre. — Application du timbre aux quittances d'honoraires des médecins civils appelés accidentellement à donner des soins aux militaires malades. (§ 3, circul. n° 212.) | |

## RAP, RAT, RÉC.

| DATES. | SOMMAIRES. | NOTES. |
| --- | --- | --- |
| 7 30 sept. | **RAPPELS** de solde des divers corps de la marine, dont les paiements s'appliquent aux exercices clos.— L'art. 145 du règlement de comptabilité du ministère de la marine, en date du mois de juin 1847, soumet aux règles spéciales du régime des exercices clos toute créance, *sans exception*, qui n'a pas été acquittée sur les crédits de l'exercice auquel elle se rapporte, et, conformément à cette disposition, les rappels de solde des divers corps de la marine, applicables aux exercices expirés, ont été jusqu'ici payés sur exercices clos. — L'art. 102 de l'ordonnance royale du 31 mai 1838 a prévu une *exception* en faveur des dépenses de la solde et des autres dépenses payables sur revues. — Le ministre de la marine a invoqué le bénéfice de cet article, et il a demandé que les dispositions qu'il consacre fussent désormais appliquées aux rappels de solde et de toute autre dépense payables sur revues. — S. Exc. le ministre des finances a adhéré à cette proposition.<br>(§ 2, circul. nº 161.) | |
| 8 20 janv. | **RAPPELS** de solde des divers corps de la marine. — Circulaire du ministre de la marine, relative aux paiements sur exereices clos. (Cette circulaire est développée au sommaire du § 2 de la circulaire nº 161, en date du 30 septembre 1847.)<br>(§ 3, circul. nº 162.) | |
| 2 30 juill. | **RATURES** et surcharges. — L'approbation sur les mandats et pièces de dépenses des ratures et surcharges, lorsqu'elle est nécessaire, exige toujours l'apposition d'une seconde signature.<br>(§ 10, circul. nº 195.) | |
| 7 15 déc. | **RÉCÉPISSÉS** à talon.— En exécution de l'art. 12 de l'ordonnance du 18 novembre 1817, à partir du 1er janvier 1818, les payeurs souscriront pour les recettes des récépissés à talon qui opèreront immédiatement la décharge des agents comptables qui auront fait les envois ou les versements de fonds. — Tous les récépissés seront, à mesure de leur souscription, présentés au visa du préfet de chaque département, qui en conservera les talons pour les transmettre à M. le sous-secrétaire d'Etat des finances. — Lorsqu'il s'agira d'un versement fait par un receveur d'une autre résidence que celle du payeur, ce dernier fera présenter son récépissé au visa du préfet; | |

| DATES. | | SOMMAIRES. | NOTES. |
|---|---|---|---|
| | | **RÉC.** | |
| | | et après que le talon aura été détaché, il l'adressera au comptable qui aura fait l'envoi ou le versement. (Direction des dépenses. — § 12, circul. n° 1er.) | |
| 1821 | 23 mars. | **RÉCÉPISSÉS** de retenues au profit des invalides de la guerre. — Il suffit d'un seul récépissé pour l'ensemble des retenues opérées dans le mois, ce qui réduit à douze par an le nombre de ces documents. (Direction des dépenses. — § 3, circul. n° 19.) | |
| 1821 | 8 août. | **RÉCÉPISSÉS** (les) de versement des retenues exercées chaque mois seront échangés à la date du dernier jour du mois, entre les receveurs généraux et les payeurs. (Direction des dépenses. — Circul. n° 22.) | |
| 1833 | 28 mai. | **RÉCÉPISSÉS.** — Envoi d'un exemplaire de la circulaire adressée aux préfets, relative à la forme et au contrôle des divers récépissés établis en exécution de la loi du 24 avril 1833. — Instructions sur cette loi et sur les ordonnances royales des 8 décembre 1832 et 12 mai 1833. (§ 1er, circul. n° 76.) | |
| 1837 | 20 déc. | **RÉCÉPISSÉS** sur retenues pour pensions civiles. —Marche à suivre pour constater ces opérations dans les écritures. (§ 1er, circul. n° 105.) | |
| 1838 | 26 déc. | **RÉCÉPISSÉS.** — Guerre. — Nouveau mode de constatation de perception de la retenue de 2 % au profit du trésor, substitué aux droits de l'ancienne dotation des invalides. (§ 1er, 8me alinéa, circul. n° 111.) | |
| 1839 | 24 janv. | **RÉCÉPISSÉS.** — Justice. — Constatation des retenues au profit de la caisse des retraites de ce ministère. — Prescriptions y relatives. (§ 1er, 3me alinéa, circul. n° 12.) | |
| 1845 | 30 déc. | **RÉCÉPISSÉS.** — L'art. 465 de l'instruction générale du 17 juin 1840, notifiée par la ciuculaire n° 117, du 25 septembre 1840, assujétissait à la formalité du timbre les recépissés pour consignations versées par les payeurs. — Par décision du 10 décembre 1845, S. Exc. le ministre des finances a | |

## REC, RED, REF.

| DATES. | | SOMMAIRES. | NOTES. |
|---|---|---|---|
| | | infirmé les prescriptions de l'art. 465. En conséquence, les récépissés délivrés par les payeurs, par suite de consignation, seront, à l'avenir, affranchis de la formalité du timbre. (§ 2, circul. n° 152.) | |
| 49 | 3 août. | **RÉCÉPISSÉS.** — Les payeurs devront délivrer un récépissé à talon pour chaque remise de fonds. (§ 5, circul. n° 174.) | |
| 51 | 21 juill. | **RÉCÉPISSÉS.** — Marine. — Le récépissé du montant des retenues exercées pour le compte des invalides de la marine doit être accompagné d'un état nominatif des agents qui ont supporté les retenues, avec l'indication desdites retenues pour chacun d'eux. (§ 2, circul. n° 190.) | |
| 52 | 15 janv. | **RÉCÉPISSÉS.** — Les récépissés délivrés pour consignations de retenues effectuées sur traitements, par suite d'oppositions, sont exemptés du timbre. (§ 4, circul. n° 191.) | |
| | | (Voir *Retenues* pour complément des prescriptions relatives aux *Récépissés*. | |
| [illegible] | 28 déc. | **RECETTES.** — Modèle de l'état sommaire de situation de caisse à transmettre, les 11, 21 et 1er du mois, à la direction du mouvement général des fonds. (Circul. n° 99.) | |
| 356 | 9 fév. | **RECETTES** provenant des retenues sur pensions civiles. — Situation détaillée à comprendre dans les comptes finaux. (§ 1er, circul. n° 213.) | |
| 849 | 26 janv. | **RÉDUCTIONS** de traitement. — Mode de classement dans les écritures et dans les comptes du produit de ces réductions résultant de l'application de l'art. 5 de la loi du 12 décembre 1848. (§ 3, circul. n° 170.) | |
| | | **RÉFORME.** — (Voir *Solde et revues.*) | |
| | | **RÉFUGIÉS** étrangers. — (Voir *Subsides.*) | |

| DATES. | | SOMMAIRES. | NOTES. |
|---|---|---|---|
| | | **REF, RÉG, RÉI, REJ, REM.** | |
| 1841 | 20 nov. | REFUS de paiement des comptables et réquisitions des ordonnateurs secondaires. (Ordonnance royale du 31 mai 1838, art. 69, et décret impérial du 31 mai 1862, art. 91.) (§ 5, circul. n° 120.) | |
| 1844 | 4 mai. | RÉGISSEURS sur lesquels il existe des oppositions. — Mesures à prendre lorsque cette circonstance se présente. — Dispositions communes aux entrepreneurs de tous les services. (§ 1er, circul. n° 141.) | |
| 1841 | 20 nov. | RÉIMPUTATION de dépenses de chapitre à chapitre, et rectifications dans le classement des acquits. — Les payeurs devront se conformer aux prescriptions contenues dans le § 3 de la circulaire n° 79, du 1er novembre 1833. (§ 9, circul. n° 120.) | |
| 1843 | 31 août. | RÉIMPUTATION.—Simplifications et explications relatives à la circulaire n° 128, du 24 mars 1843, laquelle a établi le mode de rectification des erreurs concernant l'imputation et le classement des acquits de paiement. (Voir les modèles de 1 à 7.) (Circul. n° 133.) | |
| 1849 | 5 déc. | RÉIMPUTATION. — Rappel de la circulaire n° 128, du 24 mars 1843.—Renseignements à inscrire en marge des certificats de réimputation des ordonnateurs secondaires. (§ 3, circul. n° 175.) | |
| 1854 | 17 août. | REJETS (les) de pièces de dépense ou des soutiens opérés par la comptabilité générale devront lui être renvoyés après régularisation par lettre spéciale. (*Modèle n° 2.*) (Alinéa 10me, circul. n° 208.) | |
| 1834 | 17 déc. | REMBOURSEMENT de capitaux de cautionnements. — Ces dépenses ne seront plus comprises sur les ordonnances de paiement avec le montant des intérêts alloués aux titulaires; ces remboursements s'effectueront à partir du 1er janvier 1835, d'après des ordres de paiement signés du ministre, lesquels seront préparés par la direction de la dette inscrite et envoyés aux payeurs par la direction du mouvement général des fonds. Ces comptables recevront, en | |

| DATES. | | SOMMAIRES. | NOTES. |
|---|---|---|---|
| | | **REM.** | |
| | | même temps, les états nominatifs dressés par département et présentant le montant des intérêts échus qui sont à rembourser aux parties, avec le capital, dans le courant de l'année. Ces états seront certifiés par les directeurs de la dette inscrite et du mouvement général des fonds et visés par le chef de bureau des oppositions au trésor. Ils comprendront, dans des colonnes distinctes, la portion des intérêts imputée au chapitre spécial des *Exercices clos* et celle imputée au chapitre *Intérêts de cautionnements de l'exercice courant.* — Ecritures à passer. (Voir sur ce point de service la circulaire nos 315-6 de la direction de la dette inscrite, en date du 13 septembre 1841.) (§ 1er, circul. n° 87.) | |
| 841 | 25 janv. | REMBOURSEMENT des avances faites entre départements à dater de l'exercice 1841. — Transfèrement de condamnés ; acquittement des pensions d'aliénés et autres dépenses analogues. — Justifications y relatives. (§ 3, circul. n° 119.) | |
| 843 | 18 janv. | REMBOURSEMENT des avances faites entre départements : Observation concernant les dépenses qui s'effectuent dans un département pour le compte d'un autre département, sur les crédits du ministère de l'intérieur. (§ 2, circul. n° 127.) | |
| 860 | 15 janv. | REMBOURSEMENT du prix de subsistances délivrées aux militaires à titre onéreux. — Instruction. — Feuilles de retenues de l'intendance militaire. — Compte de retenues à divers titres. — Classement des feuilles de retenues par ordonnateur secondaire. — Etat distinct pour chaque catégorie.—Versements à la caisse du receveur général. — Indication sur le bordereau de versement des divers totaux partiels résultant des états récapitulatifs, récépissé et déclaration de versement pour chacun de ces totaux. — Dans les dix premiers jours du mois suivant, adresser aux ordonnateurs secondaires les récépissés appuyés des états de feuilles de retenue, après indication sur chacune d'elles du numéro de la date et de l'importance du récépissé qui en comprend le montant.— Les déclarations de versement devront être jointes aux lettres d'envoi d'acquits.—Les ordonnateurs secondaires donneront un *certificat de réception des feuilles de retenue.* (§ 2, circul. n° 222.) | |

| DATES. | | SOMMAIRES. | NOTES. |
|---|---|---|---|
| | | **REM.** | |
| 1860 | 15 janv. | REMBOURSEMENT à l'administration de l'enregistrement et des domaines des droits portés en débet, pour timbre ou enregistrement des actes et jugements relatifs aux questions de nationalité en matière de recrutement. — Lorsque les droits tombent en non-valeur, les ordonnateurs de la guerre délivrent des mandats appuyés, pour toute justification, d'états présentant le détail des droits en débet, auxquels chaque affaire a donné lieu. (§ 5, circul. n° 222.) | |
| 1839 | 24 janv. | REMISE des mandats de paiement aux ayants droit. — Les ordonnateurs secondaires ne doivent opérer ou autoriser la remise d'aucun de ces documents qu'après avoir reconnu l'identité de la partie prenante ou la régularité des pouvoirs qu'elle aurait donné à un représentant. — Les payeurs doivent se conformer rigoureusement aux prescriptions de la circulaire n° 69, en date du 26 janvier 1832, et ils doivent redoubler de soins pour acquérir l'assurance qu'ils n'acquittent les ordonnances et mandats qu'entre les mains des créanciers véritables, ou de leurs ayant-cause. (§ 1er, circul. n° 112.) | |
| 1842 | 14 déc. | REMISE aux ordonnateurs secondaires des mandats visés. — A partir du 1er janvier 1843, le bordereau d'émission devra porter l'indication du nombre de mandats communiqués. — Le payeur, en les renvoyant, y joindra le bordereau d'émission. — L'ordonnateur constatera la remise des mandats au bas du bordereau, et le fera de nouveau parvenir au payeur. (Circul. n° 124.) | |
| 1845 | 30 déc. | REMISE aux ordonnateurs secondaires des mandats visés.— Observations sur l'inexactitude apportée dans l'accomplissement des formalités prescrites pour assurer la communication des mandats de paiement entre les ordonnateurs secondaires et les payeurs. — Le nombre des mandats communiqués doit être formellement énoncé, attendu que cette indication est la base de la déclaration qui devra suivre. (§ 1er, circul. n° 153.) | |
| 1840 | 25 sept. | REMISES de fonds. — Les receveurs généraux doivent verser aux payeurs, ou à leurs préposés, les fonds nécessaires pour le paiement des dépenses publiques. — Les versements doivent avoir lieu au fur | |

| DATES. | SOMMAIRES. | NOTES. |
|---|---|---|

## REM.

et à mesure des besoins.— Les payeurs remettent, le 20 de chaque mois, aux receveurs généraux, un état de leurs besoins pour le mois suivant, en y indiquant les sommes partielles qui leur sont nécessaires à chacune des époques qu'ils désignent. Ils doivent ensuite indiquer leurs besoins pour chaque dizaine, d'après les modifications dont leurs premières évaluations seraient susceptibles. (Instruction générale du 17 juin 1840, art. 558.)

(§ 2, circul. n° 117.)

—

Il nous paraît utile d'insérer dans ce répertoire une lettre de M. le directeur du mouvement général des fonds, relative à des difficultés survenues entre un payeur et un receveur général, au sujet de l'interprétation de l'art. 558.

(N° 6738 ) « Paris, le 1er septembre 1859.

» Vous me rendez compte, par une lettre du 23 » août dernier, d'une divergence d'opinion qui s'est » produite entre vous et le receveur général de votre » département, au sujet de l'application des disposi- » tions de l'art. 558 de l'instruction générale.

» Le receveur général, s'appuyant sur les termes » de cet article, entendait renfermer ses remises de » fonds dans les limites rigoureuses fixées par vos » états d'aperçu, et vous opposer, par conséquent, » un refus, dans le cas où vos demandes excède- » raient accidentellement les sommes portées dans » vos avis primitifs. Vous pensez que vos évalua- » tions ne pouvant être qu'approximatives, le rece- » veur général doit toujours être en mesure de » vous fournir une somme de 2 à 3,000 fr. en » sus de vos prévisions pour une période de cinq » jours et même de 10,000 fr. par dizaine.

» L'interprétation que vous donnez aux termes de » cet article est parfaitement exacte, et je fais savoir » au receveur général qu'il ne doit pas considérer » comme définitives les indications fournies par vos » états mensuels et de dizaine, et que, par suite de » circonstances imprévues, la somme réclamée peut » quelquefois dépasser l'évaluation primitive ou » même être modifiée. Je lui recommande en même » temps, en vue de ces mécomptes inévitables, » d'avoir toujours, autant que possible, un encaisse » qui lui permette d'y parer dans une certaine » mesure, et, comme ses ressources ne sont pas » habituellement au niveau de ses besoins, de se » concerter avec vous, afin de n'être pas pris au

| DATES. | | SOMMAIRES. | NOTES. |
|---|---|---|---|
| | | **REM, REN.** | |
| | | » dépourvu sur l'importance et la date des subventions à appeler des départements voisins.<br>» Recevez, etc.<br>» Signé : MAGIMEL. » | |
| 1837 | 13 juin. | REMONTE générale. — Communication de plusieurs articles extraits d'un règlement du ministère de la guerre, en date du 23 mars 1837, relatifs à ce service.<br>(Circul. n° 102.) | |
| 1839 | 25 juill. | REMONTE générale. — Communication d'une instruction du 29 avril 1839, par laquelle le ministre de la guerre fait connaître aux intendants militaires le mode de justification des avances mandatées au nom des commandants des dépôts et succursales de remonte.<br>(§ 6, circul. n° 113.) | |
| 1833 | 6 déc. | RENTES viagères et pensions. — Dispositions de comptabilité concernant le nouveau mode d'ordonnancement de ces dépenses. — Ordonnances générales de paiement. — Tenue d'un registre permanent. (Voir la circulaire de la dette inscrite, du 30 novembre 1833.)<br>(§ 1er, circul. n° 81.) | |
| 1835 | 16 nov. | RENTES viagères. — Pensions civiles et ecclésiastiques. — Une décision de S. Exc. le ministre des finances, en date du 24 octobre 1834, fait connaître qu'à l'avenir « les arrérages du semestre au 22 décembre, des rentes viagères et des pensions civiles et ecclésiastiques, ainsi que les intérêts de cautionnements, seront ordonnancés sur l'exercice de l'année à laquelle se rapportent les droits constatés au profit des titulaires. » (Voir les circulaires de la dette inscrite, des 1er décembre 1835 et 22 janvier 1836.)<br>(§ 1er, circul. n° 91.) | |
| 1840 | 25 sept. | RENTES. — Paiement d'arrérages dans les départements. — Les porteurs d'inscriptions sont assujétis à donner quittance sur une formule imprimée. — Les porteurs d'inscriptions ont la faculté de demander en paiement, aux receveurs généraux, des mandats sur les receveurs particuliers, percepteurs, etc. — Les porteurs de titres d'inscriptions peuvent demander à toucher leurs arrérages à la caisse du receveur parti- | |

| DATES. | | SOMMAIRES. | NOTES. |
|---|---|---|---|
| | | **REN** | |
| | | culier de leur arrondissement. — Les porteurs d'inscriptions sont admis aussi à faire compenser avec les contributions les arrérages qui leur sont dus. — Rentes, arrérages payés à Paris par le caissier central pour le compte des receveurs généraux. — Rentes, arrérages recouvrés à Paris pour le compte des receveurs généraux. — Rentes, arrérages payés par un receveur général pour le compte d'un autre. — Rentes au porteur, arrérages. — Rentes payables sur exercices clos. (Paiements effectués pour le compte des payeurs, en exécution de l'instruction générale, en date du 17 juin 1840, art. 563 à 575.) (§ 2, circul. n° 117.) | |
| 44 | 9 mars. | RENTES viagères et pensions. — Exercices périmés. — Le ministre des finances a, par décision du 15 novembre 1843, fait connaître qu'à partir de 1844, le paiement des arrérages de rentes viagères et de pensions concernant des exercices périmés non frappés de déchéance serait imputé sur le chapitre spécial ouvert au budget de chaque année pour les exercices *périmés*. En conformité de cette décision, les payeurs devront s'abstenir de payer toute échéance de rentes ou de pensions remontant à des exercices *périmés*, tant qu'ils n'auront pas été *pourvus* d'ordonnances spéciales pour le paiement de ces échéances; ils devront renvoyer les parties intéressées devant le ministre. (§ 2, circul. n° 138.) | |
| 845 | 25 fév. | RENTES perpétuelles. — Dispositions concernant ces arrérages; ils sont payables sur la production de quittances visées dans les bureaux de la dette inscrite et revêtues du visa du contrôle central établi au trésor. (§ 3, circul. n° 148.) | |
| 850 | 20 fév. | RENTES. — Dispositions de comptabilité relatives à l'application du nouveau mode de paiement des rentes réglé par le décret du 9 novembre 1849 et l'arrêté ministériel du 10 novembre de la même année. (Voir la circulaire de la dette inscrite du 2 janvier 1850.) (Circul. n° 177.) | |
| 850 | 16 avril. | RENTES. — Les quittances d'arrérages de rentes, visées à Paris par suite de transferts, doivent être | |

| DATES. | | SOMMAIRES. | NOTES. |
|---|---|---|---|
| | | **REN.** | |
| | | admises par les payeurs dans la forme qui leur est particulière. (§ 7, circul. n° 179.) | |
| 1851 | 7 mars. | RENTES. — Les excédants de paiements dans le service de la dette publique doivent être couverts par des crédits d'ordre motivé *sur le reversement effectué.* (§ 1er, circul. n° 186.) | |
| 1851 | 8 mars. | RENTES. — Observations diverses sur le résultat de l'application, en 1850, du nouveau mode de paiement des arrérages des rentes sur l'Etat, établi par le décret du 9 novembre 1849 :<br>1° Quittance remplie par la partie, avec indication de son domicile et même de sa qualité ; les bordereaux-quittance ne doivent *mentionner* que des inscriptions d'une même *série* classés dans l'ordre *numérique* ;<br>2° Les comptables ne doivent pas intervenir officieusement dans l'acquittement des pièces de dépenses ;<br>3° Les bureaux des payeurs doivent être pourvus de casiers fermés et à compartiments où les bulletins puissent être facilement placés par *séries,* où l'on puisse mettre à part les bulletins mobiles annotés du dernier paiement ;<br>4° Prescriptions aux receveurs généraux d'émarger avec soin leurs états d'arrérages au fur et à mesure des paiements ;<br>5° Les receveurs généraux sont *invités à fractionner leurs versements* de pièces de dépenses ;<br>6° Répétition du numéro au verso du bulletin mobile ;<br>7° Les receveurs des finances et les percepteurs doivent donner de la publicité aux facilités accordées par l'administration aux rentiers pour la perception de leurs arrérages ;<br>8° Bulletins de rentes départementales qui, par suite de transfert, sont devenues sans objet ;<br>9° L'estampillage du paiement sur le bulletin mobile doit être fait avec de l'encre noire.<br>(Circul. n° 187.) | |
| 1852 | 19 avril. | RENTES. — Dispositions de comptabilité, en exécution de l'arrêté ministériel, en date du 3 avril 1852, concernant le remboursement en *capital et intérêts* des rentes 5 %. (Circul. n° 193.) | |

| DATES. | | SOMMAIRES. | NOTES. |
|---|---|---|---|
| | | **REN.** | |
| 1852 | 6 août. | **RENTES** viagères de la vieillesse. — Dispositions à suivre pour le paiement de ces arrérages. Création d'un registre permanent. (Voir la circulaire de la dette inscrite, en date du 26 juillet 1852.) (§ 2, circul. n° 196.) | |
| 1852 | 15 déc. | **RENTES.** — Les remboursements de rentes et ceux relatifs aux portions de rentes non inscriptibles doivent figurer séparément au compte final. (§ 3, circul. n° 198.) | |
| 1854 | 27 mars. | **RENTES.** — La direction du mouvement général des fonds a demandé que les payeurs fussent invités à lui fournir, pour les trois dizaines qui suivraient l'ouverture de chaque semestre, un relevé des dates et du montant des versements effectués à leur caisse, en quittances d'arrérages courants, par les receveurs généraux. (§ 7, circul. n° 205.) | |
| 1854 | 25 août. | **RENTES.** — Etats nominatifs d'arrérages de rentes perpétuelles *restant à payer*, à fournir en *clôture d'exercice* et en *fin d'année*. (§ 1er, circul. n° 209.) | |
| 1856 | 30 nov. | **RENTES.** — Service du paiement.<br>§ 1er. Difficultés signalées par les receveurs généraux et les payeurs.<br>§ 2e. Maintien du système actuel, sauf quelques modifications.<br>§ 3e. Création d'un numéro d'ordre pour chaque *série de rente* dans les *recettes générales*. — Modification des états d'arrérages. — Procédé à suivre pour la préparation des quittances et l'émargement des états.<br>§ 4e. Mention sur les inscriptions des rentes du département où elles sont payables.<br>§ 5e. Inscription des numéros d'ordre dans les quittances, tant par les recettes particulières que par les recettes générales. — Seconde série de numéros d'ordre propre aux recettes particulières. — Emploi d'un timbre sec ou humide pour l'indication du département et de l'arrondissement.<br>§ 6e. Désignation, dans les états d'arrérages, de l'arrondissement où les rentes sont payables.<br>§ 7e. Indication du nom des rentiers dans les états.<br>§ 8e. Changement de résidence des rentiers. — | |

| DATES. | SOMMAIRES. | NOTES. |
|---|---|---|
| | **REN.** | |

Transmission des bulletins de déclaration. — Avis à afficher et à publier pour inviter les rentiers à faire leurs déclarations en temps utile. — Réunion des inscriptions.

§ 9e. Mesures à prendre lorsque les rentiers qui se présentent pour toucher ne sont pas portés sur les états de paiement. — Renseignements à demander au sujet de la résidence ancienne et actuelle de ces rentiers. — Mode d'envoi de leurs quittances au directeur caissier central du trésor. — Indications qu'ont à se fournir mutuellement les receveurs généraux au sujet des quittances encaissées. — Carnet des quittances de rentes à envoyer à l'encaissement.

§ 10e. Quittances de rentes. — Les formules en seront fournies par les receveurs généraux. — Forme de ces quittances. — Circulation *en franchise* des formules de quittances de rentes et des *timbres-estampilles*. — Préparation gratuite des quittances de rentes. — *Inutilité* du cachet des comptables sur les quittances de rentes. — Intervention des percepteurs pour le paiement des rentes.

§ 11e. Les quittances devront, comme précédemment (circulaire n° 187, § 1er, du 8 mars 1851), ne comprendre, pour les exercices en cours d'exécution, que les arrérages d'un même semestre et les inscriptions d'une même série, soigneusement classés par ordre numérique. — Explications spéciales concernant les arrérages imputables sur les exercices *clos* et *périmés*. — Modèle n° 10, particulier aux quittances de ces arrérages.

§ 12e. Explications relatives aux exercices *clos* et *périmés*.

§ 13e. Prescription quinquennale. — Annulation du premier semestre prescrit et de tous les semestres subséquents.

§ 14e. Versements des quittances aux payeurs. — Ces versements doivent être fréquents. (Circulaire n° 187, § 5, du 8 mars 1851.)

§ 15e. Modification des modèles de bordereaux de versement de quittances de rentes au payeur. — Distinction à y donner des exercices expirés. — Même distinction à faire par les payeurs sur l'état récapitulatif. — Classement de ces bordereaux dans les envois mensuels.

§ 16e. États des restes à payer, à fournir, en clôture d'exercice et en fin de gestion par les receveurs généraux aux payeurs.

§ 17e. Indication de procédés employés pour accélérer le paiement des rentes.

| DATES. | | SOMMAIRES. | NOTES. |
|---|---|---|---|
| | | **REN, RES.** | |
| | | § 18e. Observations au sujet du mode de classement des bulletins mobiles. — Forme du casier. | |
| | | § 19e. Faculté de ne pas enregistrer les noms des rentiers. | |
| | | § 20e. Renouvellement de l'état général d'arrérages, tant pour les rentes directes que pour les rentes départementales, etc. | |
| | | § 21e. Mesures provisoires concernant la rente 3 %. | |
| | | § 22e. Annulation de colonnes et de cases sur les états supplémentaires d'arrérages et sur les bulletins mobiles relatifs à ces états, à l'effet de prévenir des confusions de colonnes dans la mention du paiement. (Circul. n° 218.) | |
| 62 | 30 juin. | **RENTES 3 %.** — Réunion dans un seul bordereau-quittance des quatre trimestres de cette nature de rente. (§ 1er, circul. n° 228.) | |
| 62 | 30 juin. | **RENTES-QUITTANCES.** — Faculté de ne mettre en dépense que le *mois suivant* les quittances de rentes versées par la recette générale dans le premier mois de chaque trimestre. — Ouverture, à cet effet, d'un *compte intermédiaire*. (§ 2, circul. n° 228.) | |
| 38 | 28 mars. | **RESIDENCE** hors du royaume des officiers et employés militaires mis en réforme. — L'art. 630 de l'ordonnance du roi, en date du 25 décembre 1837, permet à cette catégorie de militaires de résider hors du royaume, et, dans ce cas, ils sont soumis aux conditions de l'ordonnance du 24 février 1832, relative aux titulaires de pensions militaires résidant à l'étranger. (Circul. n° 406.) | |
| 35 | 19 nov. | **RESPONSABILITE** des payeurs. — Communication d'une instruction, en date du 28 octobre 1835, adressée par le ministre de la guerre aux ordonnateurs secondaires de son département, concernant les avances aux agents des services régis par économie. Cette instruction est en tout point conforme aux dispositions contenues dans la circulaire n° 90, § 3, du 20 août 1835, concernant tous les ministères. (§ 4, circul. n° 91.) | |

## RES, RET.

| DATES. | | SOMMAIRES. | NOTES. |
|---|---|---|---|
| 1849 | 5 mai. | RESPONSABILITE des payeurs. — Leur attention est appelée sur les dangers auxquels les exposerait une trop grande facilité de leur part à admettre au paiement des personnes qu'ils sauraient n'être pas les ayant-droit eux-mêmes, ou n'avoir pas qualité suffisante pour servir d'intermédiaire *officiel* entre le titulaire du mandat et le payeur. (§ 6, circul. n° 173.) | |
| 1854 | 30 déc. | RESPONSABILITE des payeurs. — Des dépenses d'à-compte sur les sommes à valoir dans les entreprises, qui, n'ayant pas été justifiées ou ne l'ayant été qu'incomplètement, ont été *rejetées* par la cour des comptes et *mises* à la charge d'un *payeur* parce qu'il les avait *acquittées sans exiger* de réquisition écrite. (§ 14, circul. n° 210.) | |
| 1838 | 28 mars. | RESPONSABILITE des officiers de l'intendance militaire. — L'art. 617 de l'ordonnance du roi, en date du 25 décembre 1837, s'exprime en ces termes : « Les officiers de l'intendance militaire sont pécuniairement responsables de tout paiement et de toute fourniture qu'ils auraient autorisés contrairement aux lois, ordonnances et règlements, sauf leur recours sur les parties prenantes, etc. — Dans aucun cas, les officiers de l'intendance militaire ne peuvent être constitués pécuniairement responsables qu'en vertu d'une décision motivée du ministre de la guerre. » (Circul. n° 106.) | |
| | | RESTES à payer. — (Voir *Rentes.*) | |
| 1826 | 12 déc. | RETENUES — A partir du 1er janvier 1827, ces divers comptes seront remplacés par les deux comptes suivants :<br>*Retenues à divers titres.*<br>*Retenues pour causes d'amendes et débets.*<br>(§ 8, circul. n° 51.) | |
| 1828 | 10 mars | RETENUES de 3 % en faveur de la caisse des invalides de la marine. — Notification d'une circulaire de S. Exc. le ministre de la marine, en date du 15 février 1838, relative à ce point de service. (§ 4, circul. n° 55.) | |

| DATES. | | SOMMAIRES. | NOTES. |
|---|---|---|---|
| | | **RET.** | |
| 29 | 30 sept. | RETENUES à exercer sur les premiers paiements à faire aux pensionnaires militaires pour leur séjour dans les hôpitaux. — S. Exc. le ministre des finances, par décision du 8 septembre 1829, a assujéti les militaires retraités, pour le recouvrement de ces débets, à la retenue du cinquième net de leurs pensions jusqu'à parfait paiement. (§ 4, circul. n° 60.) | |
| 37 | 20 déc. | RETENUES. — Notification d'une décision ministérielle concernant la comptabilité du produit des retenues exercées pour le service des pensions de retraite des agents de l'administration des finances. (§ 1er, circul. n° 105.) | |
| 37 | 20 déc. | RETENUES. — Notification d'une décision ministérielle concernant la comptabilité des retenues au profit de la caisse des invalides de la marine. (§ 2, circul. n° 105.) | |
| 38 | 26 déc. | RETENUES. — Mode de perception de la retenue de 2 % au profit du trésor, substitué aux droits de l'ancienne dotation des invalides. (8me alinéa, circul. n° 111.) | |
| 40 | 22 déc. | RETENUES. — Instruction adressée aux préfets par le ministre de l'intérieur, relativement aux dispositions à observer à l'égard des *étrangers réfugiés* en France pour causes politiques, suivie de deux décisions du ministre des finances concernant les *retenues* à effectuer sur les *secours* accordés à ces étrangers, afin d'acquitter les dettes qu'ils auraient contractées. (Circulaire n° 113, § 4, du 25 juillet 1839.) (§ 4, circul. n° 118.) | |
| 48 | 26 avril. | RETENUES proportionnelles, en exécution du décret, en date du 4 avril 1848, sur les traitements et autres allocations payées par l'Etat. (§ 1er, circul. n° 165.) | |
| 48 | 26 avril. | RETENUES.— Compte à ouvrir pour les dons faits à l'Etat. (§ 3, circul. n° 165.) | |

| DATES. | | SOMMAIRES. | NOTES. |
|---|---|---|---|
| | | **RET.** | |
| 1848 | 18 oct. | RETENUES. — Dispositions à suivre pour l'exécution du décret du 12 août, relatif aux retenues à exercer sur les traitements civils d'activité, cumulés avec une pension de retraite, par des militaires, des marins, des ouvriers des ports et employés du service actif des douanes, ou par leurs veuves. (§ 1er, circul. n° 167.) | |
| 1848 | 18 oct. | RETENUES proportionnelles. — Envoi de documents et explications sur l'application du décret du 4 avril. (§ 2, circul. n° 167.) | |
| 1849 | 26 janv. | RETENUES. — Solutions de questions relatives à l'application de la retenue prescrite par le décret du 12 août 1848. (§ 2, circul. n° 170.) | |
| 1849 | 5 mai. | RETENUES exercées sur traitements départementaux. — Décision du ministre, en date du 30 avril 1849, portant que les retenues exercées sur ces traitements, en vertu du décret du 12 août 1848, doivent profiter à l'Etat. (§ 5, circul n° 173.) | |
| 1851 | 5 avril. | RETENUES exercées sur traitements. — Notification de la décision ministérielle, du 26 mars 1851, portant que les retenues exercées sur les traitements, en vertu du décret du 12 août 1848, doivent profiter à la caisse qui a *supporté la dépense*. (Bureau de la perception, circul. n° 47.) | |
| 1851 | 25 avril. | RETENUES. — Explication sur le mode de *rectification des écritures* des payeurs, relativement aux *retenues exercées* au profit du trésor, en vertu du décret du 12 août 1848, pendant les *trois premiers mois* de l'année 1851, sur des traitements d'agents départementaux. (Circul. lithog.) | |
| 1851 | 21 juill. | RETENUES 3 %. — Marine. — Les versements faits aux receveurs généraux du produit des retenues exercées pour le compte de la caisse des *invalides* de la marine doivent être appuyés d'états détaillés. (§ 2, circul. n° 190.) | |

| DATES. | | SOMMAIRES. | NOTES. |
|---|---|---|---|
| | | **RET.** | |
| 52 | 30 juill. | **RETENUES.** — Marine. — Matériel. — La retenue exercée au profit de la caisse des *invalides* de la marine, sur les dépenses du matériel de la marine et des colonies, est élevé à 3 % à partir du 1er juillet 1852. (§ 2, circul. n° 195.) | |
| 49 | 5 fév. | **RETENUES** proportionnelles. — Le traitement de la Légion-d'Honneur n'est pas soumis à la retenue proportionnelle prescrite par le décret du 4 avril, ni à la retenue *progressive imposée* par le décret du 12 août 1848. (§ 2, circul. n° 171.) | |
| 849 | 5 mai. | **RETENUES.** — Les secours aux anciens chevaliers de Saint-Louis et les dotations sur le canal du Midi ne sont pas soumis aux retenues prescrites par les décrets des 4 avril et 12 août 1848. (§ 3, circul. n° 173.) | |
| 849 | 3 août. | **RETENUES.** — Les dispositions du décret du 13 mars 1848, prohibitives du cumul, ne sont pas applicables aux pensions sur fonds de retenues dont jouissent les employés de préfecture en retraite. (§ 3, circul. n° 174.) | |
| 854 | 27 mars. | **RETENUES.** — Pensions civiles. — Récapitulation des retenues exercées pour le service des pensions civiles, à établir sur les bordereaux de développements par ministère, sur le bordereau récapitulatif n° 2 de l'envoi mensuel. — Classement du produit de ces retenues dans le *compte final*, parmi les comptes de contributions et revenus publics. (§ 1er, circul. n° 205.) | |
| 854 | 27 mars. | **RETENUES.** — Pensions civiles. — Dispositions résultant d'une circulaire de M. le ministre de l'instruction publique et des cultes, relatives au prélèvement des retenues pour le service des pensions civiles, sur les émoluments des divers agents de l'instruction publique. (§ 2, circul. n° 205.) | |
| 854 | 10 juin. | **RETENUES.** — Pensions civiles. — Report d'une gestion à l'autre du produit des retenues pour pensions civiles, porté par exercice dans les contributions et revenus publics. (§ 4, circul. n° 207.) | |

| DATES. | | SOMMAIRES. | NOTES. |
|---|---|---|---|
| | | **RET.** | |
| 1856 | 9 fév. | RETENUES. — Pensions civiles. — Prescriptions relatives aux retenues pour le service des pensions civiles exercées rétrospectivement sur pensions inscrites au trésor. (§ 8, circul. n° 213.) | |
| 1856 | 30 juin. | RETENUES pour amendes et frais de condamnations. — Rappel des dispositions du § 8 de la circulaire n° 51, du 12 décembre 1826. — Les payeurs devront porter ces retenues au *compte spécial* des *Retenues pour cause d'amendes et débets*; ils en effectueront, en fin de mois, le versement à la caisse des receveurs de l'enregistrement et des domaines. (§ 4, circul. n° 214.) | |
| 1857 | 30 janv. | RETENUES 5 %, 1er douzième pour congés et mesures disciplinaires. — Ordre dans lequel doivent être présentées, sur les mandats de traitements, les différentes natures de *retenues* à exercer au profit du trésor, sur le service des pensions civiles : 1° retenue de 5 % calculée sur le brut des traitements; 2° les autres retenues ne doivent porter que sur le net. (§ 1er, circul. n° 219.) | |
| 1860 | 15 janv. | RETENUES pour les caisses de retraite départementales. — Marche à suivre pour la centralisation à la caisse des *dépôts* et *consignations* du produit des retenues faites aux agents qui participent aux charges et aux bénéfices des caisses départementales. — Les mandats spéciaux seront ordonnancés par MM. les préfets, sur la caisse des payeurs, au nom des receveurs généraux, qui joindront aux mandats, comme justification, une déclaration de versement. (§ 8, circul n° 222.) | |
| 1862 | 31 déc. | RETENUES 2 % au profit du trésor. — Retenues pour pensions civiles. — Ces deux natures de retenues, qui forment la catégorie des *Recettes sur contributions et revenus publics*, ont figuré jusqu'à ce jour aux résumés des balances, non-seulement dans la colonne des recettes, où elles doivent être présentées, mais encore dans celle des dépenses, bien que le débit donné en fin de mois aux comptes de ces retenues ne constitue qu'une opération d'ordre destinée à les balancer. — A l'avenir, ces débits cesseront d'être portés en dépense; mais il est nécessaire alors de retrancher des recettes les crédits donnés au C/ trésor S/C de fonds, pour le transport fait à ce | |

| DATES. | | SOMMAIRES. | NOTES. |
|---|---|---|---|
| | | **REV, ROU.** | |
| | | compte des retenues dont il s'agit. — Cette nouvelle marche devra être suivie à partir du mois de janvier 1863. (§ 2, circul nº 230.) | |
| | | REVERSEMENTS. — (Voir *Secours* et *Logement.*) | |
| 2 | 16 déc. | ROUTES départementales. — Propriété du sol. — Décision des ministres des finances et des travaux publics. (§ 1er, circul. nº 125.) | |
| 4 | 4 mai. | ROUTES départementales. — Chemins vicinaux de grande communication. — Application des dispositions de la nomenclature des justifications de dépenses des travaux publics à *tous les paiements* concernant les *routes départementales* et les *chemins vicinaux de grande communication.* (§ 4, circul. nº 141.) | |
| 0 | 12 fév. | ROUTES impériales. — Dispositions de comptabilité résultant de l'exécution du règlement spécial du ministère des travaux publics, en date du 28 septembre 1849. (§ 1er, circul. nº 176.) | |
| 0 | 31 juill. | ROUTES départementales. — Modèles pour l'application du règlement du 28 septembre 1849 à la comptabilité des routes départementales, et envoi d'une instruction relative au paiement par mandats *individuels* du salaire des cantonniers desdites routes. (§ 3, circul. nº 181.) | |

| DATES. | SOMMAIRES. | NOTES. |
| --- | --- | --- |

| DATES. | | SOMMAIRES. | NOTES. |
|---|---|---|---|
| | | **SAI, SAL.** | |
| | | SAISIES. — (Voir *Oppositions.*) | |
| 37 | 6 sept. | **SALAIRE** des conservateurs des hypothèques. — Notification d'une instruction, n° 1542, de l'administration de l'enregistrement et des domaines, relative aux formalités hypothécaires en matière d'expropriation pour cause d'utilité publique, portant la date du 1er août 1837. — En exécution de cette décision, tous les renseignements demandés aux conservateurs, par suite d'expropriations pour cause d'utilité publique, poursuivies directement par l'Etat, devront être fournis par ces préposés, dans la forme ordinaire, et sous leur responsabilité. Ils n'auront droit à aucun salaire, soit pour l'inscription d'office, soit pour toutes autres formalités hypothécaires relatives à ces expropriations, sauf le remboursement des droits de timbre des feuilles de leurs registres, employés à ces formalités. (Voir la lettre insérée à la suite du § 2 de la circulaire n° 159. (§ 1er, circul. n° 103.) | |
| 42 | 16 déc. | **SALAIRE** des conservateurs des hypothèques. — Interprétation de la décision du 24 juillet 1837 (instruction du 1er août 1837, n° 1542), relative aux salaires des conservateurs des hypothèques en matière d'expropriation pour cause d'utilité publique. — S. Exc. le ministre des finances a rendu la décision suivante : « Il ne sera payé par le trésor public aucun salaire aux conservateurs pour les actes relatifs aux expropriations pour cause d'utilité publique, dans tous les cas où les acquisitions sont faites pour le compte de l'Etat et à la charge du budget général, quelle que soit la participation des départements à la dépense.— Lorsque les indemnités de dépossession sont dues exclusivement par les départements, les communes ou les compagnies, ou particuliers concessionnaires, les conservateurs des hypothèques conservent le droit de percevoir le salaire fixé par le décret du 21 septembre 1810, sauf l'exécution de l'ordonnance royale du 1er mai 1816. (Voir la lettre insérée à la suite du § 2 de la circulaire n° 159.) (§ 2, circul. n° 125.) | |
| 843 | 26 août. | **SALAIRE** des conservateurs des hypothèques. — Avis d'une décision qui règle le mode de paiement des salaires dus aux conservateurs des hypothèques par les départements et les communes.—Le paiement des salaires dus, par suite de transcription des actes de vente relatifs aux routes départementales et aux | |

| DATES. | | SOMMAIRES. | NOTES. |
|---|---|---|---|
| | | **SAL.** | |
| | | chemins vicinaux, s'opérera par trimestre sur des états qui seront dressés par les employés des préfectures ou des mairies. — Ces états, en forme de mémoire, indiqueront : 1° la date des actes qui auront donné lieu à la formalité ; 2° le nom des parties ; 3° la nature de l'acte ; 4° la nature de la formalité ; 5° le montant des salaires. — On réservera un espace où l'ordonnateur inscrira le numéro et la date des mandats délivrés pour le paiement de l'indemnité de dépossession des terrains auxquels se rapporteront les formalités requises au bureau des hypothèques. (Voir la lettre insérée à la suite du § 2 de la circulaire n° 159.) (§ 4, circul. n° 132.) | |
| 1846 | 13 oct. | SALAIRE des conservateurs des hypothèques. — Observations relatives aux indications que doivent contenir les états de salaires dus aux conservateurs des hypothèques. — Le § 4 de la circulaire n° 132, en date du 26 août 1843, est modifié de la manière suivante : Si l'indemnité n'était pas encore mandatée au moment où le conservateur réclamerait son salaire, les états recevraient des annotations *constatant* les causes diverses pour lesquelles les mandats n'auraient pas encore pu être *délivrés*. (§ 2, circul. n° 159.) | |
| 1863 | 9 fév. | SALAIRE des conservateurs des hypothèques.<br>*Lettre de S. Exc. le ministre des finances à M. le préfet du département.*<br>« Vous me consultez par vos lettres des 20 sep- » tembre et 8 janvier derniers, sur le point de savoir » s'il était dû aux conservateurs des hypothèques des » émoluments pour la transcription des actes relatifs » à la construction par les départements des routes » thermales avec subvention de l'Etat à forfait.<br>» Ainsi que vous en informait, Monsieur le préfet, » ma dépêche du 19 octobre dernier, la question » était à l'étude ; après examen, il vient d'être » reconnu que les salaires des conservateurs des » hypothèques, constituant non un impôt, mais la » rémunération d'un travail matériel et de la respon- » sabilité qui s'y rattache, on ne pouvait, dans l'es- » pèce, se refuser à les leur allouer. L'on a bien pu, » par exception, imposer à ces agents le sacrifice de » leurs salaires (dans tous les *cas où les acquisitions* » *sont faites* pour le *compte de l'Etat* et à la *charge* » *du budget général*), mais tel n'est pas le cas ici où il » s'agit d'acquisitions pour des routes thermales *au* | |

| DATES. | | SOMMAIRES. | NOTES. |
|---|---|---|---|
| | | » *compte des départements, qui rentrent dans la catégorie des acquisitions relatives à l'établissement des* » *chemins de fer* départementaux avec *subvention de* » *l'Etat*, à l'égard desquelles des décisions antérieu- » res, notamment celle du 13 juin 1862, ont reconnu » que les salaires étaient dus aux conservateurs des » hypothèques.<br>» Vous pouvez donc, Monsieur le préfet, mandater » au profit de ces agents les salaires leur revenant » en nature des acquisitions pour l'établissement des » routes thermales.<br>» *Le ministre secrétaire d'Etat des finances*,<br>» Signé : A. FOULD. » | |
| 46 | 13 oct. | SCEAU des notaires. — Les actes notariés produits en brevet doivent, tout comme les grosses et les expéditions des actes, porter l'empreinte du sceau des notaires qui les ont dressés.<br>(§ 8, circul. n° 159) | |
| 839 | 30 août. | SECOURS pour pertes, résultant de la grêle et des orages, accordés à des contribuables qui ont éprouvé une diminution de leurs revenus ou de la valeur de leurs propriétés. — Justifications des mandats délivrés au nom du percepteur. — Etat émargé par les parties prenantes.<br>(§ 2, circul. n° 114.) | |
| 839 | 30 déc. | SECOURS pour pertes. — Par décision du 7 décembre 1839, S. Exc. le ministre des finances a fait connaître que des secours excédant 150 fr. accordés à des individus illettrés, peuvent être acquittés sans frais, et sur l'attestation de deux témoins.<br>(§ 7, circul. n° 115.) | |
| 840 | 31 juill. | SECOURS spéciaux pour pertes et indemnité de logement aux habitants. — Adoption d'une mesure ayant pour objet de faire porter en dépense le montant brut des mandats collectifs, et de faire reverser au receveur général la portion de ces mandats qui n'auraient pu être justifiés dans le délai d'un mois.<br>(§ 6, circul. n° 116.) | |
| 852 | 30 juill. | SECOURS viagers aux anciens militaires de la République et de l'Empire. — Ces secours sont payables sur la lettre d'avis tenant lieu de titre d'inscription; l'estampille y sera apposée trimestriellement comme pour les pensions; le titulaire devra produire un | |

| DATES. | | SOMMAIRES. | NOTES. |
|---|---|---|---|
| | | **SEC, SÉN, SER.** | |
| | | certificat de vie délivré par le maire de sa résidence. (§ 5, circul. n° 195.) | |
| 1852 | 30 juill. | SECOURS. — Service des routes. — L'imputation des secours accordés aux ouvriers blessés doit être faite sur le crédit spécial, voté pour cet objet par le conseil général. (§ 9, circul. n° 195.) | |
| 1856 | 28 juill. | SECOURS aux inondés. — Mode de justification : 1° Extraits des procès-verbaux faisant connaître les noms des perdants, l'évaluation des pertes qu'ils auront subies et le montant des secours accordés à chacun d'eux ; ces extraits, produits avec les mandats de paiement, devront être certifiés par les préfets; 2° Etats collectifs de paiement émargés par les ayant-droit et joints à ou aux mandats. — Par application de la décision de S. Exc. le ministre des finances, en date du 7 décembre 1839, des secours accordés à des individus illettrés, excédant 150 fr., peuvent être acquittés sans frais, et sur l'attestation de deux témoins. (Voir la circulaire n° 115, § 7, du 30 décembre 1839.) (Circul. n° 215.) | |
| 1856 | 30 juill. | Cette circulaire transmet à MM. les préfets les instructions données aux payeurs par celle du 28 juillet 1856, n° 215. (Circul. n° 216.) | |
| 1852 | 25 mai. | SENAT. — Dotation. — Mode d'allocation et de paiement des dotations qui peuvent être accordées aux membres du Sénat. (§ 4, circul. n° 194.) | |
| 1844 | 9 mars. | SERMENT. — Les payeurs ne sont admis à prendre possession du service qui leur est confié qu'après justification de la prestation de leur serment. (§ 1er, circul. n° 138.) | |
| 1828 | 31 oct. | SERVICES régis par économie. — Les avances à faire aux régisseurs ne doivent pas dépasser 20,000 fr.; elles peuvent être divisées en plusieurs mandats d'avances, dont chacune devra être justifiée dans le délai d'un mois, sans que, durant cet intervalle, la non-justification d'une portion de l'avance primitive puisse | |

| DATES. | | SOMMAIRES. | NOTES. |
|---|---|---|---|
| | | **SER.** mettre obstacle à la délivrance de nouveaux fonds jusqu'à concurrence de 20,000 fr. (§ 7, circul. n° 56.) | |
| 3 | 28 mai. | SERVICES régis par économie.—Les justifications des mandats délivrés au nom d'agents d'établissements et de services régis par économie doivent être produites aux payeurs dans le délai d'un mois, à partir du paiement de ces mandats. — Dans le cas où il se produirait un retard dans l'accomplissement de cette obligation, il conviendrait de réclamer l'intervention de MM. les ordonnateurs secondaires, sous les ordres desquels les services sont placés, et s'il se présentait des difficultés pour l'exécution de cette disposition des instructions, les payeurs devraient en rendre compte à M. le directeur de la comptabilité générale. (§ 5, circul. n° 76.) | |
| 35 | 20 août. | SERVICES régis par économie. — Responsabilité des payeurs. — Nouvelles observations sur les retards apportés dans la production aux payeurs des pièces justificatives à joindre aux mandats de paiement délivrés au nom des agents des services régis par économie. — Dans le cas de débet, les payeurs qui n'auraient pas mis en demeure les ordonnateurs secondaires, aux services desquels appartiennent ces agents, de produire les justifications ou de reverser les sommes non employées, seraient responsables envers l'Etat. (§ 3, circul. n° 90.) | |
| 35 | 16 nov. | SERVICES régis par économie. — Responsabilité des payeurs. — Communication d'une instruction adressée par le ministre de la guerre aux ordonnateurs de son département, le 28 octobre 1835, concernant les avances aux agents des services régis par économie. Cette instruction est en tous points conforme aux dispositions contenues dans la circulaire n° 90, § 3, du 20 août 1835. (§ 4, circul. n° 91.) | |
| 36 | 18 oct. | SERVICES régis par économie.—Guerre.—Délais accordés pour la remise aux payeurs des pièces justificatives des avances faites pour le service des *remontes*. (§ 2, circul. n° 97.) | |

| DATES. | | SOMMAIRES. | NOTES. |
|---|---|---|---|
| | | **SER.** | |
| 1837 | 24 oct. | SERVICES régis par économie. — Ouverture des comptes d'ordre pour suivre la rentrée des pièces justificatives des paiements d'avances aux régisseurs. (§ 2, circul. n° 104.) | |
| 1839 | 24 janv. | SERVICES régis par économie. — Modifications aux écritures concernant les carnets spéciaux des paiements d'avances aux régisseurs, prescrits par la circulaire n° 104, § 2, du 24 octobre 1837. (§ 4, circul. n° 112.) | |
| 1839 | 25 juill. | SERVICES régis par économie. — Guerre. — Communication d'une instruction du 29 avril 1839, par laquelle le ministre de la guerre fait connaître aux intendants militaires le mode de justification des avances mandatées au nom des commandants de dépôts et succursales de remonte. (§ 6, circul. n° 113.) | |
| 1842 | 20 déc. | SERVICES régis par économie. — Guerre. — Mesures relatives au paiement des dépenses en régie du département de la guerre; elles seront restreintes aux salaires et menus achats. — Les agents spéciaux ne pourront procéder au paiement qu'après s'être procuré et acquis la preuve, par leurs relations officieuses avec les payeurs, qu'il n'existe aucune opposition sur les ouvriers. (§ 1er, circul. n° 126.) | |
| 1843 | 26 août | SERVICES régis par économie. — Dispositions concernant les avances aux services en régie, mandatées dans la seconde partie de l'exercice pour les dépenses effectuées pendant les douze premiers mois. — Le certificat pour paiement et le mandat devront indiquer l'un et l'autre, d'abord, la nature des travaux auxquels l'avance sera applicable, ensuite, l'époque à laquelle ces travaux auront été exécutés. (§ 3, circul. n° 132.) | |
| 1844 | 4 mai. | SERVICES régis par économie. — Mesures à prendre lorsque des oppositions sont formées contre des régisseurs de travaux. (§ 1er, circul. n° 141.) | |
| 1844 | 4 mai. | SERVICES régis par économie. — Les maires peuvent être employés comme *régisseurs* lorsqu'il s'agit de services en dehors des intérêts de leur commune. (§ 3, circul. n° 141.) | |

| DATES. | | SOMMAIRES. | NOTES. |
|---|---|---|---|
| | | **SER.** | |
| 45 | 30 déc. | SERVICES régis par économie. — Notification d'une instruction, en date du 29 novembre 1845, nº 18, adressée par le ministre des travaux publics aux préfets, pour préciser les règles à suivre au sujet du paiement des dépenses en régie. — Les payeurs devront consulter cette instruction, tant pour les ouvrages à la tâche faits par un seul ouvrier, ou par un ouvrier et son aide, que par un tâcheron, pour des travaux plus considérables, dans lequel cas il devient un véritable entrepreneur. — Les fournitures ne doivent être payées par l'entrepreneur ou le régisseur que lorsque, à raison de leur faible valeur, elles ne peuvent être l'objet de mandats individuels, ou celles dont le paiement serait immédiatement exigible sur le chantier même des travaux. (§ 1er, circul. nº 154.) | |
| 50 | 12 fév. | SERVICES régis par économie. — L'art. 12 du règlement spécial du ministère des travaux publics, en date du 23 septembre 1849, impose aux payeurs l'obligation d'inscrire eux-mêmes, au moment du paiement, sur les carnets des régisseurs, les avances qui leur sont comptées. (§ 1er, circul. nº 176.) | |
| 53 | 15 oct. | SERVICES régis par économie. — La justification d'emploi des avances en sommes égales aux mandats cessera d'être obligatoire à compter du 1er janvier 1854. (§ 1er, circul. nº 203.) | |
| 58 | 15 mai. | SERVICES régis par économie. — Guerre. — La circulaire nº 212, § 5, en date du 28 septembre 1855, a informé les payeurs qu'ils n'ont à se préoccuper des oppositions qui leur sont signifiées qu'autant qu'elles frappent des créances directement mandatées sur leur caisse. — A l'égard des tâcherons, ouvriers et fournisseurs employés dans les régies, c'est à l'agent spécial chargé de les désintéresser qu'incombe le soin de recevoir les significations d'oppositions qui les grèvent. — S. Exc. le ministre de la guerre a demandé, en ce qui concerne son département ministériel, le retour aux dispositions arrêtées en 1842, et notifiées par la circulaire nº 126, § 1er, en date du 20 décembre de la même année, relativement aux oppositions formées contre les créanciers des régies. (§ 10, circul. nº 220.) | |

| DATES. | | SOMMAIRES. | NOTES. |
|---|---|---|---|
| | | **SER.** | |
| 1856 | 9 fév. | SERVICES régis par économie. — Dispositions relatives aux avances à faire aux greffiers comptables des maisons centrales et de détention, pour frais de locomotion des voitures cellulaires. — Délai accordé pour la justification des dépenses faites pour ce service spécial. (§ 2, circul. n° 213.) | |
| | | SERVICES matériels de la guerre. — (Voir *Dépenses des services matériels de la guerre.* | |
| 1842 | 20 déc. | SERVICES de l'habillement et du harnachement — Les dépenses de ces deux services sont justifiées de la manière suivante :<br>1° Service de l'habillement. — Les conseils d'administration joindront, à l'avenir, à leur compte de gestion, non-seulement les factures et mémoires établis sur papier timbré, mais encore une copie, sur papier libre, de chacun des marchés souscrits par eux pour fournitures d'effets ou de matières premières, tels qu'épaulettes, galons, plumets, toiles à doublure, peaux de veau, tresses, treillis, etc., et la justification, sous forme de simples mémoires, se bornera, soit aux journées de manœuvres, soit aux menus accessoires, parmi lesquels figureront le fil, la ouate, le bougran, etc., et autres objets de détail dont la fourniture est réservée aux maîtres tailleurs ;<br>2° Service du harnachement. — Les conseils devront produire les marchés, lorsqu'il s'agira d'effets tout confectionnés, tels que selles, couvertures et schabraques de peaux de mouton, dont la livraison aura été faite au corps, soit par des fabricants, soit par les maîtres selliers régimentaires, et l'on continuera de fournir de simples états émargés ou de décomptes quand il s'agira d'effets confectionnés au corps, tels que schabraques de drap ;<br>3° Les copies des marchés, produites à l'appui des dépenses, tant du service de l'habillement que du service de l'harnachement, devront être certifiées véritables par le conseil d'administration et revêtues du visa du sous-intendant militaire ;<br>4° Les marchés passés dans l'un et l'autre service devront, en conformité de l'art. 37 de la loi du 1er brumaire an VII, porter en tête la mention de la patente du fabricant ou du fournisseur, avec l'énonciation de la classe, de la date, du numéro de cette patente et de la désignation du lieu où elle aura été délivrée. Cette mention, toutefois, ne sera exigible ni pour les marchés qui auront été ou seront ultérieurement passés avec les maîtres-ouvriers régimentaires, | |

| DATES. | | SOMMAIRES. | NOTES. |
|---|---|---|---|
| | | **SER, SIG, SIT.** | |
| | | ni pour ceux qui auront été souscrits par des fabricants ou fournisseurs, antérieurement au mois de novembre 1842. (§ 3, circul. n° 126.) | |
| 44 | 6 déc. | **SERVICES** de l'habillement et du harnachement. — Les copies de marchés passés par les corps de troupe pour le service de l'habillement et du harnachement sont *exemptes* du timbre, et les minutes ou les originaux de ces marchés sont affranchis de la formalité de l'enregistrement. (§ 2, circul. n° 147.) | |
| 853 | 15 juill. | **SERVICE** de la remonte. — Dépenses accessoires. — Avis de dispositions arrêtées par le ministre de la guerre, pour constater la remise des pièces de dépenses du service sus-désigné. — Certification du payeur au bas des états trimestriels. (§ 2, circul. n° 202.) | |
| 837 | 20 déc. | **SIGNATURE** des pièces de comptabilité par les payeurs; il leur est interdit de se servir d'une griffe. —Le visa des payeurs ne doit être apposé que sur les pièces de dépenses payables dans les arrondissements avec mention sur ces pièces du lieu du paiement. (§ 4, n° 3, circul. n° 105.) | |
| 842 | 20 sept. | **SIGNATURE** des ordonnateurs secondaires de la guerre. — Dispositions relatives aux formalités pour les accréditer auprès des payeurs. (§ 2, circul. n° 123.) | |
| 1852 | 25 mai. | **SIGNATURE.** — Conformité. — Invitation de veiller à ce qu'il y ait conformité entre les quittances des parties prenantes et les déclarations relatives à la signature de ces parties produites comme justifications. (§ 5, circul. n° 194.) | |
| 1836 | 28 déc. | **SITUATION** de caisse. — Modèles de l'état sommaire à transmettre tous les dix jours à la direction du mouvement général des fonds. (Circul. n° 99.) | |
| 1841 | 20 nov. | **SITUATIONS** définitives d'un exercice clos établies par les ordonnateurs secondaires en clôture de gestion. — Les payeurs sont invités à ne signer lesdits états | |

| DATES. | | SOMMAIRES. | NOTES. |
|---|---|---|---|
| | | **SIT, SOL.** | |
| | | qu'après s'être assurés de leur exactitude et conformité avec leurs écritures. (§ 7, circul. n° 120.) | |
| 1850 | 12 fév. | SITUATION définitive des crédits et des dépenses à établir, au 31 décembre de chaque année, par les ingénieurs en chef, conformément aux prescriptions du règlement spécial des travaux publics, art. 33. — Ces situations, établies tant pour le service ordinaire que pour le service extraordinaire, seront certifiés par les payeurs après avoir reconnu la conformité des écritures. (Règlement du 28 septembre 1849.) (§ 1er, circul. n° 176.) | |
| 1837 | 6 sept. | SOLDE de parfait paiement des *ordonnances* du ministère de la guerre. — Le payeur acquittant une ordonnance de *solde* pour des dépenses publiques, à l'égard desquelles des *ordonnances* d'à-compte ont été délivrées sur un département autre que le sien, est tenu d'en donner immédiatement avis à celui de ses collègues qui a payé les à-comptes. Il lui fait connaître le mois dans lequel l'ordonnance pour parfait paiement a été délivrée, la date, le numéro et le montant des mandats d'à-comptes relatés dans les pièces de liquidation, afin qu'il en puisse vérifier la conformité avec ses registres. Le comptable qui a reçu l'information dont il est parlé ci-dessus atteste par sa réponse, s'il y a lieu, l'exactitude des déclarations qu'on lui a données; sa réponse est jointe à l'ordonnance de solde. Dans le cas où cette communication révélerait une inexactitude dans le paiement final, il serait fait sans retard, par le payeur qui a acquitté le solde, des démarches pour faire opérer les reversements des sommes payées en trop. — Les paiements qui seront faits à des corps de troupe, sur ordonnances directes, pour les services de l'habillement, de l'armement et autres analogues, donneront lieu à de semblables communications entre payeurs. Ces dispositions ne sont pas applicables au service de la solde proprement dit. (§ 2, circul. n° 103.) | |
| 1838 | 28 mars. | SOLDE et revues. — Ordonnance du roi, du 25 décembre 1837, portant règlement sur des points de service relatifs à la comptabilité des payeurs. <br>Art. 89. Mode de paiement de la solde des militaires en congé. <br>Art. 112. Officiers et employés militaires en non activité mis en jugement. | |

| DATES. | | SOMMAIRES. | NOTES. |
|---|---|---|---|
| | | **SOL** | |
| | | Art. 113. Officiers ou employés militaires en état de détention, décédés avant jugement.<br>Art. 126 à 132. Cas où les délégations sont autorisées et formes à suivre.<br>Art. 325 à 453. Règles relatives aux paiements et aux retenues qui s'exercent sur la solde.<br>Art. 448. Signification d'oppositions juridiques.<br>Art. 573 à 578. Déclarations de quittances à remettre par les payeurs, dans les dix premiers jours de chaque mois, aux officiers de l'intendance militaire (bordereau-modèle n° 57).<br>Art. 617. Les officiers de l'intendance militaire sont responsables de tous paiements, etc., qu'ils auraient autorisés contrairement aux lois, etc.<br>Art. 629 (§ 2). L'officier mis en réforme peut cumuler.<br>Art. 630. L'officier mis en réforme peut résider hors du royaume, en se conformant à l'ordonnance du 24 février 1832, relative aux titulaires de pensions militaires résidant en pays étranger.<br>Art. 633. La solde de réforme et les arrérages sont incessibles et insaisissables, excepté dans le cas de débets envers l'Etat et les corps, ou dans les circonstances prévues par les art. 203, 205 et 214 du code Napoléon.<br>Art. 637. Le mandat des arrérages de la solde de réforme doit être conforme au modèle n° 65 et n'être présenté au payeur qu'après que le certificat d'existence, indiqué au dos de ce modèle, a été dûment rempli.<br>Art. 640, 645 et 646. Spécifiant les pièces à produire au payeur dans le cas d'absence du titulaire d'une solde de réforme pour voyage dans le royaume, ou résidence aux colonies françaises et en pays étranger.<br>Art. 654, 655, 656, 657 et 658. Indiquant que les *secours* dont les arrérages n'ont pas été réclamés pendant *une année révolue* sont provisoirement considérés comme éteints; aucun rappel ne peut en être réclamé après la clôture de l'exercice; qu'ils ne sont pas sujets aux lois prohibitives du cumul; enfin, qu'ils sont *incessibles* et *insaisissables* à quelque titre que ce soit.<br>(Circul. n° 106.) | |
| 39 | 24 janv. | SOLDE et revues. — Modification au modèle n° 17 annexé à l'ordonnance royale du 25 décembre 1837, transmise aux payeurs avec la circulaire n° 106, du 28 mars 1838.<br>Art. 380, chap. Ier, section 3, du paiement des | |

| DATES. | | SOMMAIRES. | NOTES. |
|---|---|---|---|
| | | **SOL.** | |
| | | militaires sans troupe. — Le délai de présentation aux caisses des payeurs est prorogé au 30 juin de la deuxième année, par application de l'art. 103 du règlement spécial du ministère de la guerre, en date du 1er décembre 1838.<br>Art. 381. Les payeurs remettront *trimestriellement (aux dates indiquées plus bas)* aux sous-intendants militaires, et pour chaque classe d'officiers sans troupe, d'employés militaires ou autres parties prenantes isolées, des états indiquant les mandats de l'espèce, délivrés et non acquittés à l'époque de l'établissement des revues. Ces états doivent être produits à MM. les sous-intendants militaires :<br>1° Le 10 mai, pour les mandats délivrés pendant le 1er trimestre;<br>2° Le 10 août, pour les mandats délivrés pendant le 2e trimestre ;<br>3° Le 10 novembre, pour les mandats délivrés pendant le 3e trimestre;<br>4° Le 5 juillet de la seconde année, pour les mandats délivrés pendant le 4e trimestre et les cinq mois suivants sur le même exercice.<br>(§ 2, circul. n° 112.) | |
| 1839 | 30 août. | SOLDE. — Guerre. — Notification de l'ordonnance royale du 25 juillet 1839, relative aux nouveaux tarifs qui augmentent la solde des lieutenants et sous-lieutenants de l'armée de terre, ainsi que diverses fixations d'indemnités allouées à d'autres officiers; modifiant en partie ceux qui sont annexés à l'ordonnance royale du 25 décembre 1837.<br>(§ 1er, circul. n° 114.) | |
| 1840 | 22 déc. | SOLDE de la troupe. — Augmentation. — Notification de l'ordonnance du roi, en date du 5 décembre 1840, qui augmente, à partir du 1er janvier 1841, la solde de présence des sous-officiers, caporaux, brigadiers et soldats. Le nouveau tarif de la solde, etc., joint à ladite ordonnance, devra être substitué à ceux des 25 décembre 1837 et 25 juillet 1839.<br>(§ 2, circul. n° 118.) | |
| 1842 | 20 sept. | SOLDE des troupes en station. — Les officiers de l'intendance militaire sont seuls investis du droit d'ordonnancement des dépenses de ce service; tout mandat qui n'émanerait pas des fonctionnaires de ce corps devrait être rejeté par les comptables.<br>(§ 3, circul. n° 123.) | |

| DATES. | | SOMMAIRES. | NOTES. |
|---|---|---|---|
| | | **SOL, SUB.** | |
| 47 | 30 sept. | SOLDE et revues. — Marine. — Envoi de l'ordonnance royale, du 22 juin 1847, portant règlement sur la solde, les revues, l'administration et la comptabilité des corps de troupes de la marine. (§ 1er, circul. n° 161.) | |
| 47 | 30 sept. | SOLDE. — Marine. — Les rappels de solde des divers corps de la marine, qui s'appliquent aux exercices clos, seront payés sur les crédits de l'exercice courant, à partir du 1er janvier 1848. (§ 2, circul. n° 161.) | |
| 48 | 20 janv. | SOLDE. — Marine. — Circulaire du ministre de la marine, relative au paiement, sur crédits d'exercice clos, des rappels de solde des divers corps de la marine. (§ 3, circul. n° 162.) | |
| 50 | 31 juill. | SOLDE des officiers de corps de troupe et traitement des fonctionnaires. — Ces dépenses ne sont pas payables le dernier jour de chaque mois, mais le premier jour du mois qui suit. — Les ordonnateurs de la guerre, pour le paiement de la solde des troupes seulement, lorsque le premier jour du mois est un dimanche ou un jour férié, doivent informer les payeurs de la présentation à leur caisse de ces mandats. (Voir la circulaire de la direction du mouvement général des fonds, en date du 21 décembre 1841, nos 318-3-1. (§ 6, circul. n° 181.) | |
| 63 | 20 août. | SOLDE (la) des aumôniers militaires est affranchie de la retenue de 2 %. (§ 6, circul. n° 230.) | |
| 40 | 22 déc. | SUBSIDES aux étrangers réfugiés en France. — Instruction adressée aux préfets par le ministre de l'intérieur, relativement aux dispositions à observer à l'égard des étrangers réfugiés en France pour causes politiques, suivie de deux décisions du ministre des finances, concernant les retenues à effectuer sur les secours à accorder à ces étrangers, afin d'acquitter les dettes qu'ils auraient contractées. (§ 4, circul. n° 148.) | |
| 44 | 4 mai. | SUBSIDES aux étrangers réfugiés en France. — Communication d'une circulaire du ministre de l'in- | |

| DATES. | | SOMMAIRES. | NOTES. |
|---|---|---|---|
| | | **SUB.** | |
| | | térieur, en date du 2 avril 1844, relative au paiement des subsides des réfugiés. (§ 7, circul. n° 141.) | |
| 1848 | 14 août. | SUBSIDES aux étrangers réfugiés en France. — Envoi d'un nouveau règlement du ministre de l'intérieur, en date du 1er juin 1848, concernant les dispositions à suivre à l'égard des réfugiés politiques. (§ 1er, circul. n° 166.) | |
| 1841 | 20 nov. | SUBSISTANCES militaires. — Production des récépissés, et non pas des talons, en exécution du règlement du 1er décembre 1838. (Circulaire du ministre de la guerre, en date du 17 avril 1841.) (§ 3, n° 5, circul. n° 120.) | |
| 1846 | 26 déc. | SUBSISTANCES militaires. — Destination que doivent recevoir les décomptes de services faits, produits afin de convertir en à-compte les avances mandatées pour les achats, par commission, des denrées destinées au service des subsistances militaires. (§ 6, circul. n° 160.) | |
| 1851 | 4 juill. | SUBSISTANCES militaires. — Le paiement des fournitures de pain dans des *gîtes d'étape* donne lieu à des avances entre les mains des agents comptables de ce service. (§ 3, circul. n° 189.) | |
| 1852 | 25 mai. | SUBSISTANCES militaires — Les agents comptables des subsistances sont autorisés à payer les frais de timbre et d'enregistrement des marchés passés pour fournitures de pain dans les gîtes d'étape ; aucune facture s'élevant à 100 fr. et au-dessus ne devra être admise si elle ne fait mention du remboursement par le fournisseur des frais à sa charge. (§ 1er, circul. n° 194.) | |
| 1854 | 30 déc. | SUBSISTANCES militaires et chauffage. — Envoi d'une circulaire du ministre de la guerre, relative au service de subsistances et du chauffage. (§ 6, circul. n° 210.) | |
| 1860 | 15 janv. | SUBSISTANCES délivrées aux militaires, à titre onéreux. — Remboursement du prix. — Feuilles de retenues de l'intendance.—Compte-retenues à divers | |

| DATES | | SOMMAIRES. | NOTES. |
|---|---|---|---|

## SUB, SUC.

titres. — Classement des feuilles de retenues par ordonnateur secondaire. — Etat distinct par catégorie. — Versements à la caisse du receveur général. — Indication sur le bordereau de versement des divers totaux partiels résultant des états récapitulatifs, récépissé et déclaration du versement pour chacun de ces totaux et par trimestre. — Dans les dix premiers jours du mois suivant, adresser aux ordonnateurs secondaires les récépissés appuyés des états de feuilles de retenue après indication sur chacune d'elles, du numéro, date et importance du récépissé qui en comprend le montant. — Les ordonnateurs secondaires donneront un certificat de réception des feuilles de retenue.

(§ 2, circul. n° 222.)

—

861 | 16 juill. | **SUBSISTANCES** délivrées aux militaires, à titre onéreux. — Le versement du prix de ces fournitures font l'objet de récépissés *distincts*, non-seulement par ordonnateur secondaire et par branche de service, mais aussi par trimestre de la fourniture.

(§ 6, circul. n° 225.)

—

852 | 30 juill. | **SUBVENTIONS** départementales. — Envoi d'une circulaire du ministre de l'intérieur concernant l'emploi des subventions départementales votées en faveur de l'instruction primaire.

(§ 1er, circul. n° 195.)

—

852 | 5 oct. | **SUBVENTIONS** aux communes pour les aider dans la construction et l'établissement de bains et lavoirs publics.

(§ 4, circul. n° 197.)

—

858 | 15 mai. | **SUBVENTIONS** départementales aux communes, etc. — Le § 5 de la circulaire n° 197, en date du 5 octobre 1852, est modifié par la présente circulaire de la manière suivante, pour les justifications relatives à ces dépenses : 1° acquit au pied du mandat du receveur général; 2° récépissé délivré, par le même, à titre de cotisation.

(§ 6, circul n° 220.)

—

837 | 20 déc. | **SUCCESSIONS**. — Etat des paiements effectués aux héritiers des créanciers de l'Etat, à remettre tous les mois au directeur de l'enregistrement et des domaines.

(§ 3, circul. n° 105.)

—

| DATES. | | SOMMAIRES. | NOTES. |
|---|---|---|---|
| | | **SUC, SUR, SUS.** | |
| 1858 | 15 mai. | SUCCESSIONS vacantes. — Modification aux circulaires des 20 août 1835, § 6, n° 90, et 30 janvier 1857, § 11, n° 219. — Le versement du produit de ces successions entre les mains du receveur des domaines de la résidence du payeur, donnera lieu aux justifications suivantes : 1° le receveur donnera quittance au pied du mandat; 2° il devra produire au payeur l'extrait du jugement qui aura déclaré la vacance de la succession. (§ 4, circul. n° 220.) | |
| 1852 | 30 juill. | SURCHARGES et ratures. — L'approbation sur les mandats et pièces de dépenses des surcharges et des ratures, lorsqu'elle est nécessaire, exige toujours l'approbation d'une seconde signature. (§ 10, circul. n° 195.) | |
| 1854 | 10 juin. | SUSCRIPTION des paquets adressés au bureau de la comptabilité des payeurs. (§ 6, circul. n° 207.) | |
| 1863 | 20 mai. | SUSCRIPTIONS (les) des paquets adressés au bureau de la comptabilité des payeurs devront, en exécution du décret impérial en date du 16 mai 1863, être libellées de la manière suivante : Direction générale de la comptabilité publique. (Circul. n^os 744—3.) | |

| | DATES. | SOMMAIRES. | NOTES. |
|---|---|---|---|
| | | **TAB, TAC.** | |
| 7 | 10 mars. | **TABLEAU** sommaire à produire au 31 décembre de chaque année par les ingénieurs des ponts et chaussées, des chemins vicinaux et des architectes, pour compléter les justifications de toutes les entreprises ayant eu déjà ou pouvant avoir une durée de plus d'une année. — Les cadres contiendront le numéro et la date des mandats émis, pour que les payeurs opèrent le rapprochement des certificats de proposition portés dans ledit tableau avec les paiements inscrits sur leurs livres de détail. (Circul. n° 101.) | |
| 0 | 12 fév. | **TABLEAU** sommaire. — Au commencement de chaque année, conformément au règlement spécial du 28 septembre 1849, art. 48, l'ingénieur en chef dresse un tableau sommaire des mandats qu'il a délivrés, pendant l'année précédente, pour les entreprises dont l'exécution a embrassé ou embrassera une ou plusieurs années. — Toutes les fois qu'une entreprise aura été résiliée ou abandonnée, ou qu'elle aura été constituée par voie de régie au compte de l'entrepreneur, le résultat de la liquidation définitive de l'entreprise dont le décompte est remis au payeur, en exécution de l'art. 101 du règlement du 16 septembre 1843, devra être indiqué dans la colonne d'observations de ce tableau. —Ces dispositions sont applicables tant pour les routes départementales que pour les chemins vicinaux et pour les architectes départementaux. —Ces tableaux annuels doivent être remis au payeur, en double expédition, *avant le 1er mars*.— En clôture d'exercice, tant pour les dépenses départementales que pour les fonds du Trésor, le payeur doit produire, aux ingénieurs en chef et au préfet, un relevé détaillé des mandats restant à payer. (§ 1er, circul. n° 176.) | |
| 55 | 28 sept. | **TACHERONS.** — Les payeurs ne sont plus tenus d'assurer l'effet des oppositions formées entre leurs mains contre les tâcherons, ouvriers ou fournisseurs, employés dans les régies. (§ 5, circul. n° 212.) | |
| 58 | 15 mai. | **TACHERONS.** — Retour, en ce qui concerne les services de la guerre, aux dispositions contenues dans le § 1er de la circulaire n° 126, en date du 20 décembre 1842, relativement aux oppositions formées entre les mains des payeurs contre les tâcherons, ouvriers ou fournisseurs, employés dans les régies. (§ 10, circul. n° 220.) | |

| DATES. | | SOMMAIRES. | NOTES. |
|---|---|---|---|
| | | **TAX, TÉL, TIM.** | |
| 1840 | 25 sept. | TAXES de témoins pour causes forestière. — Ces dépenses se paient sans visa préalable; elles sont acquittées par les receveurs de l'enregistrement qui les versent à la recette générale et aux recettes particulières des finances, qui en font remise aux payeurs comme pièces justificatives de dépenses. — A la fin de chaque mois, ces taxes font l'objet d'un bordereau établi en double expédition, dont le montant est remboursé au moyen d'un mandat, portant la date du dernier jour du mois, délivré par le conservateur au profit du payeur qui a reçu dans sa comptabilité les dites taxes. (Instruction générale du 17 juin 1840, art. 589 et règlement financier.) (§ 2, circul. n° 117.) | |
| 1862 | 30 juin. | TELEGRAPHIE. — Frais d'exprès, d'estafettes et de chargements concernant le service des lignes télégraphiques. Dans les bureaux où il n'y a pas en caisse une somme suffisante, le remboursement a lieu au moyen de mandats délivrés sur la caisse du payeur par le préfet, au soutien desquels *on produira* les pièces justificatives accompagnées d'un bordereau détaillé. (§ 4, circul. n° 228.) | |
| 1862 | 30 juin. | TELEGRAPHIE. — Invitation de n'employer la correspondance télégraphique que dans des circonstances exceptionnelles. (§ 5, circul n° 228.) | |
| | | *Exemption de timbre.* | |
| 1823 | 12 mai. | TIMBRE. — L'exemption du timbre est accordée, par décision du 27 octobre 1809, aux extraits de décès à fournir par la veuve ou les enfants des militaires pour obtenir des pensions ou secours (Direction des dépenses. — Circul. n° 53.) | |
| 1830 | 10 sept. | TIMBRE. — Instruction pour l'exécution des dispositions des lois du 13 brumaire an VII et du 15 mai 1818, sur le timbre des pièces de comptabilité. Cette instruction est divisée en deux parties : la première comprend les exemptions en vertu des dispositions de l'art. 16 de la loi du 13 brumaire an VII, et la seconde la nomenclature des pièces passibles du timbre.<br>Sont exceptés du droit de *timbre* toutes les pièces justificatives et quittances relatives au paiement ou au remboursement : | |

| DATES. | SOMMAIRES. | NOTES. |
|---|---|---|

## TIM

1° Des *traitements, appointements* et *émoluments* des fonctionnaires publics; des ministres des cultes, des directeurs, administrateurs, académiciens, professeurs et employés des établissements scientifiques, littéraires ou d'utilité publique; des ingénieurs des ponts et chaussées et des mines, des conducteurs, officiers de port, des architectes, inspecteurs, commissaires, employés à divers titres, et de tous agents quelconques des services publics, salariés sur les fonds généraux ou départementaux compris au budget;

2° Des *abonnements, frais fixes, honoraires, indemnités, droits de présence, frais de voyage ou de tournées, et autres dépenses éventuelles*, aux mêmes que ci-dessus;

3° Des *salaires* des conducteurs non embrigadés, piqueurs, cantonniers, éclusiers et ouvriers auxiliaires employés aux travaux ou services publics;

4° Des *indemnités de literie* ordonnancées au nom des conseils d'administration des compagnies de gendarmerie;

5° Des *frais de rédaction des rôles* des poids et mesures remboursés aux directeurs des contributions directes;

6° Des *contributions* mises à la charge de l'administration dans les baux de location de maisons ou terrains appartenant à des particuliers, pour être affectés à un service public;

7° Des *retenues* ou subventions pour pensions de retraites ordonnancées au nom de la caisse des dépôts et consignations;

8° Des *pensions* d'élèves dans les écoles vétérinaires, les institutions royales des Quinze-Vingts, des Jeunes Aveugles et des Sourds-Muets, les écoles royales d'Arts et Métiers, de l'Ecole Polytechnique;

9° Des *subventions* aux hôpitaux et hospices, aux bureaux de charité, aux sociétés maternelles; institutions de bienfaisance, maisons de refuge ou d'insensés; aux communes pour travaux de charité, et enfin des subventions à titre de souscription pour contribuer à des œuvres de charité;

10° Des *secours* aux colons réfugiés ou autres, accordés à titre gratuit ou pour frais de route aux indigents ou autres, ainsi que ceux qui sont alloués pour pertes résultant de cas fortuits;

11° Des *avances* faites, dans l'intérêt du service, par les agents spéciaux de l'administration;

12° Du *prix des travaux faits à la journée ou à la tâche* par des ouvriers employés *par régie* au compte direct du gouvernement, et lorsqu'il n'y a pas entre eux et l'administration d'intermédiaire qui puisse en retirer un bénéfice ou profit quelconque.

| DATES. | SOMMAIRES. | NOTES. |
|---|---|---|
| | **TIM.** | |

Sont exceptés également des droits de *timbre* :

1° Les *quittances* des dépenses de toute nature qui n'excèdent pas 10 fr., quand il ne s'agit pas d'un à-compte ou d'une quittance finale sur une plus forte dépense non exemptée de *timbre* ;

2° Les copies ou extraits des *actes, arrêtés, décisions, délibérations* des autorités et des fonctionnaires publics, des employés et agents des administrations et établissements publics, qui sont annexés aux ordonnances ou mandats de paiement, pour l'ordre de la comptabilité et dans le but de compléter les justifications nécessaires aux vérifications de la cour des comptes. Il y sera fait mention de cette déclaration, afin de motiver l'exemption ;

3° Les *affiches* que l'autorité administrative fait apposer pour annoncer des ventes, baux et adjudications pour le compte du trésor public ;

4° Les *bordereaux* récapitulatifs de pièces remis par les agents de l'administration, lors même que les pièces énoncées sont assujéties au *timbre* ;

5° Les *certificats pour paiement* délivrés par les ingénieurs des ponts et chaussées, par les architectes ou autres agents chargés de l'exécution des dépenses publiques, et ayant seulement pour objet de constater le droit de paiement ;

6° Les *certificats de situation d'avancement, d'achèvement ou de réception* d'ouvrages, fournitures ou travaux d'art délivrés par les préfets, administrateurs ou autres préposés à la surveillance des dépenses ;

7° Les *expéditions et extraits* des procès-verbaux d'adjudications, marchés, soumissions, etc., délivrés par une administration publique ou un fonctionnaire public à une autre administration publique ou fonctionnaire public, lorsqu'elles portent la mention expresse de cette destination ; les extraits de détail estimatif, lorsqu'ils sont indépendants du devis et ne sont considérés que comme renseignement d'administration ;

8° Les *factures* ou *mémoires* de l'imprimerie royale et de la monnaie des médailles, lorsque ces établissements sont directement créanciers du trésor royal, et que les ordonnances et mandats sont délivrés à leur profit ;

9° Les *inventaires* des effets mobiliers, papiers, plans et autres objets acquis avec les fonds du trésor royal et dressés pour renseignements utiles à l'administration, ainsi que les inventaires ou mètres que les ingénieurs et architectes dressent, dans l'intérêt de l'administration, pour fixer la quantité et la nature de matériaux approvisionnés. (Instruction de l'administration des domaines, du 20 janvier 1832.)

| | DATES. | SOMMAIRES. | NOTES. |
|---|---|---|---|
| | | **TIM.** | |
| ·40 | 25 sept. | TIMBRE. — Cas où les quittances à délivrer par les receveurs municipaux sont exemptes du *timbre*, même pour des sommes supérieures à 10 fr., et ne sont pas détachées du livre spécial des quittances timbrées :<br>1° Les quittances délivrées aux receveurs des finances, aux payeurs et autres comptables, pour le paiement des centimes communaux, attributions sur patentes, arrérages de rentes sur l'Etat, amendes de police correctionnelle, et intérêts de fonds placés au trésor;<br>2° Les quittances délivrées aux instituteurs primaires pour leurs placements à la caisse d'épargne, et les quittances délivrées pour les rétributions des élèves des écoles primaires;<br>3° Les quittances pour droits de ports d'armes;<br>4° Les quittances délivrées pour le paiement du montant des prestations en nature et en argent destinées à la réparations des chemins communaux, attendu que ces prestations constituent un impôt direct au terme de la loi du 28 juillet 1824, et que les quittances délivrées pour les contributions sont exemptées du *timbre* par l'art. 16 de la loi du 13 brumaire an VII. (Instruction générale du 17 juin 1840, art. 731, page 26.)<br>(§ 2, circul. n° 117.) | |
| 843 | 26 août. | TIMBRE. — Notification d'une décision ministérielle portant que les mandats d'avance aux greffiers des tribunaux, pour l'achat du papier timbré nécessaire à la confection des tables décennales de l'état civil, ne sont pas passibles du droit de timbre.<br>(§ 1er, circul. n° 132.) | |
| 845 | 4 mars | TIMBRE. — Les factures produites par les comptables de la guerre, gérant de clerc à maître, sont exemptes du droit de timbre.<br>(§ 2, circul. n° 149.) | |
| 845 | 30 déc. | TIMBRE. — Exemption de la formalité du timbre pour les justifications des dépenses concernant les aliénés indigents traités aux frais d'un département dans des hospices situés en dehors de la circonscription de ce département.<br>(§ 1er, circul. n° 152.) | |

| DATES. | | SOMMAIRES. | NOTES. |
|---|---|---|---|
| | | **TIM.** | |
| 1845 | 30 déc. | TIMBRE. — Application de la décision, notifiée par la circulaire n° 149, § 2, du 4 mars 1845, prononçant l'exemption du timbre pour les factures produites par les comptables de la guerre, gérant de clerc à maître, aux quittances données par ces comptables sur les ordonnances et mandats de paiement. (§ 3, circul. n° 152.) | |
| 1846 | 30 mai. | TIMBRE. — L'exemption de la formalité du timbre est étendue aux justifications des dépenses effectuées : 1° Pour le traitement des aliénés dans les hospices civils ; 2° Pour la nourriture des mendiants dans les dépôts de mendicité. (§ 2, circul. n° 158.) | |
| 1846 | 30 mai. | TIMBRE. — Les pouvoirs donnés par les pensionnaires de l'ancienne liste civile sont affranchis de la formalité du timbre et de l'enregistrement. (§ 4, circul. n° 158.) | |
| 1846 | 13 oct. | TIMBRE. — Le droit et la formalité du timbre ne sont pas applicables aux états émargés par les fournisseurs des maisons centrales de détention et aux quittances données pour dépenses faites sur le pécule des condamnés. (§ 5, circul. n° 159.) | |
| 1846 | 13 oct. | TIMBRE. — L'exemption des droits de timbre et d'enregistrement prononcés par l'art. 58 de la loi du 3 mai 1841, s'applique aux acquisitions et expropriations faites dans l'intérêt des chemins vicinaux. (§ 6, circul. n° 159.) | |
| 1850 | 12 fév. | TIMBRE. — Les marchés et adjudications concernant la fourniture des objets nécessaires au service de la marine peuvent être établis sur papier non timbré, sauf visa pour timbre et enregistrement après approbation par le ministre. (§ 4, circul. n° 176.) | |
| 1852 | 15 janv. | TIMBRE. — Sont exemptés du timbre les récépissés délivrés pour consignation de retenues effectuées sur traitements par suite d'oppositions. (§ 4, circul. n° 191.) | |

## TIM.

| DATES. | | SOMMAIRES. | NOTES. |
|---|---|---|---|
| 52 | 25 mai. | TIMBRE. — Les mémoires ou états de frais de justice qui ne dépassent pas 10 fr. sont exemptés du timbre. (§ 8, circul. nº 194.) | |
| 52 | 30 déc. | TIMBRE. — Les certificats de vie délivrés aux titulaires des rentes viagères pour la vieillesse sont exemptés de la formalité du timbre. (Art. 11 de la loi du 18 juin 1850.) (§ 1er, circul. nº 199.) | |
| 53 | 18 fév. | TIMBRE. — Les pièces à produire par les héritiers des titulaires de rentes viagères de la vieillesse sont exemptes des droits de timbre et d'enregistrement. (Art. 11 de la loi du 18 juin 1850.) (§ 5, circul. nº 200.) | |
| 53 | 15 oct. | TIMBRE. — Les certificats de vie à produire pour le paiement des rentes viagères de la vieillesse sont exempts de timbre et peuvent être délivrés, soit par les notaires, soit par les maires de la résidence du rentier. (§ 2, circul nº 203.) | |
| 55 | 1er mars. | TIMBRE.— Notification de deux décisions qui ont exempté du timbre les lettres de voiture administratives des services de la guerre et de la marine. (§ 2, circul. nº 211.) | |
| 57 | 30 janv. | TIMBRE. — Dispense du timbre pour l'acte de décès produit à l'appui du paiement d'un décompte de salaire de cantonniers, s'élevant à 50 fr. et au-dessous, lorsque cet acte est appuyé d'un certificat de propriété délivré par le juge de paix. (§ 2, circul. nº 219.) | |
| 57 | 30 janv. | TIMBRE.— Exemption du timbre pour les lettres de voiture délivrées par les agents de l'Etat, et relatives aux transports effectués pour un service public. (§ 3, circul. nº 219.) | |
| 60 | 15 janv. | TIMBRE. — Les quittances données par les médecins et pharmaciens au bas des mandats qui leur sont délivrés pour soins et fournitures aux malades indigents sont exonérées du droit de timbre. (§ 10, circul. nº 222.) | |

| DATES. | | SOMMAIRES. | NOTES. |
|---|---|---|---|
| | | **TIM.** | |
| An VII 1798 | 13 brum 3 nov. | TIMBRE. — Le timbre des quittances fournies à la République ou délivrées en son nom, est à la charge des particuliers qui la donnent ou la reçoivent; il en est de même pour tous les autres actes entre la République et les citoyens. (Art. 29 de la loi du 13 brumaire an VII.) | |
| | | — | |
| 1830 | 10 sept. | TIMBRE.— Deuxième partie de l'instruction pour l'exécution des lois des 13 brumaire an VII, et 15 mai 1818.<br>*Nomenclature des pièces passibles du timbre, à produire aux payeurs, à l'appui des ordonnances ou mandats, pour le paiement des dépenses de l'intérieur.*<br>1° Les *actes* de l'administration publique, en général, qui sont assujétis à l'enregistrement, ou qui se délivrent aux particuliers, et toutes les expéditions et extraits des actes, arrêtés et délibérations desdites autorités, qui sont délivrées aux particuliers, ce qui comprend :<br>Les *actes de cautionnement*, ou promesse valable de cautionnement, sur la minute ou sur les expéditions qui se délivrent aux entrepreneurs;<br>Les *actes de vente et cession d'immeubles*, pour des services d'utilité publique; mais comme les frais doivent être supportés par le gouvernement, les papiers destinés aux actes seront visés pour *timbre gratis*. Néanmoins, les expéditions autres que celles nécessaires aux formalités hypothécaires et pour le paiement, qui seraient demandés par les vendeurs, devront être sur papier timbré;<br>Les *baux de loyers*, pour le casernement de la gendarmerie et le logement des autorités civiles et judiciaires;<br>Les *certificats de capacité* délivrés aux entrepreneurs concurrents aux adjudications de travaux ou fournitures;<br>Les *certificats d'armement*, d'embarquement et de débarquement, ceux d'exportation ou d'importation, de jaugeage, les rôles d'équipages et autres pièces justificatives à l'appui des primes accordées aux armateurs pour la pêche de la baleine et de la morue;<br>Les *certificats de vie* délivrés par les maires, adjoints et autres fonctionnaires, aux pensionnaires des divers services spéciaux ou aux colons et réfugiés;<br>Les *certificats* de radiation et de non-inscription hypothécaire, toutes les fois que la production par les vendeurs en est jugée nécessaire;<br>Les *certificats* de remise de chevaux et autres animaux achetés pour le service des haras, dépôts d'éta- | |

| DATES. | SOMMAIRES. | NOTES. |
|---|---|---|

## TIM.

lons et bergeries, et délivrés aux vendeurs par les directeurs et chefs de ces établissements;

Les *expéditions* et *extraits d'arrêtés* des préfets et des conseils de préfecture, provoqués par des communes, des établissements publics ou par des particuliers, dans leur intérêt, et lors même que leur demande aurait été rejetée. Lorsque ces arrêtés ne sont pas sujets à l'enregistrement sur la minute, les expéditions à délivrer aux parties peuvent être transcrites sur le double des pétitions, lorsqu'il y a assez de blanc et qu'elles sont écrites sur du papier timbré de 1 fr. 25 c.;

Les *expéditions* et *extraits de procès-verbaux d'adjudications, marchés, soumissions,* généralement quelconques, ayant pour objet des constructions, réparations, entretien, approvisionnements et fournitures, et que les payeurs doivent exiger lors des paiements. La formalité du timbre est exigible également lorsque la soumission est inscrite à la suite d'un cahier des charges ou simple projet sur papier libre. Dans ce cas, ce cahier, formant titre, doit être timbré à l'extraordinaire ou visé pour timbre;

2° Les *devis* d'ouvrages et entreprises, en distinguant néanmoins les devis qui sont rédigés par les ingénieurs ou architectes, relativement aux travaux dont le prix est à la charge du trésor, de ceux qu'ils peuvent faire faire par des entrepreneurs. Les premiers sont exempts du timbre comme actes préparatoires d'administration; mais les expéditions qui en sont délivrées aux adjudicataires ou autres particuliers doivent être sur papier timbré. Les devis et rapports rédigés dans l'intérêt des communes, des établissements publics et des particuliers, sont conséquemment sujets au timbre;

3° Les *détails estimatifs* qui seraient établis et signés par un entrepreneur pour être annexés à un devis remis à un ingénieur ou à un architecte du gouvernement; mais si le détail estimatif est indépendant du devis, il n'est considéré que comme renseignement d'administration, et est excepté de la formalité du timbre; le simple projet du cahier des charges, non signé, est aussi dans ce cas;

4° Les *états* des élèves boursiers dans les séminaires protestants, dressés par les présidents des consistoires, pour obtenir le paiement du prix des bourses payées par le trésor royal;

5° Les *états de pensions* d'élèves entretenus avec les fonds du budget dans les maisons d'éducation ou autres institutions approuvées, mais non à la charge du trésor public;

| DATES. | SOMMAIRES. | NOTES. |
|---|---|---|

## TIM.

Les *états de journées* de détenus dans les maisons centrales, les prisons, ou d'entretien d'indigents dans les dépôts de mendicité ou maisons départementales d'insensés, *lorsqu'ils sont dressés par l'entrepreneur* pour recevoir des à-comptes sur son service ;

Les *états nominatifs* des individus admis dans les maisons d'insensés et de refuge qui ne sont pas à la charge du trésor public, dans les hospices ou autres établissements de bienfaisance, et dressés par ces institutions pour obtenir le remboursement du prix de journées ou de traitement, ou d'autres dépenses;

Les *états de remboursement d'avances* faites par les entrepreneurs de travaux publics et autres, lorsqu'ils y joignent un bénéfice quelconque, comme cela est autorisé pour les dépenses faites sur les sommes à valoir;

Les *états nominatifs* des gendarmes qui reçoivent les lits, lorsqu'ils sont fournis par l'entreprise des lits militaires;

Les *états et bordereaux de dépenses* des convois militaires;

Le *rôle des condamnés* conduits aux bagnes par l'entrepreneur du service;

6° Les *factures ou mémoires* établis par les marchands, fabricants, fournisseurs, entrepreneurs et créanciers à divers titres. Il n'y a pas d'exception à ce sujet pour les travaux par régie en économie, quelle que soit la qualité en vertu de laquelle agit l'agent ou la personne qui a fait la commande. — Le créancier doit lui remettre sa facture ou son mémoire sur papier timbré;

Les *mémoires de frais* et *honoraires* des notaires pour rédaction d'actes;

Ceux des honoraires de médecins, chirurgiens et artistes vétérinaires, lorsqu'ils ne sont pas rémunérés à l'année;

7° Les *lettres d'avis du ministère et les mandats* des préfets, *lorsqu'ils forment quittances* et ont pour objet le paiement de *dépenses qui ne sont pas dans les exceptions.* Le droit de timbre a été fixé à 35 centimes, quelle que soit la dimension du papier, à moins que la quittance ne soit donnée séparément sur une feuille de papier timbré au même prix. Il a aussi été reconnu que le droit de 35 centimes ne devient pas exigible dans le cas ou les factures et mémoires sur papier timbré, rapportés à l'appui des mandats ou lettres d'avis d'ordonnances, sont revêtus de la quittance des marchands ou fournisseurs. Cette disposition est motivée sur ce que cette première quittance libère le trésor royal, et que la seconde, portée sur les mandats, ne peut être considérée que comme un objet d'ordre et de pure forme. (La loi de finances, du 2 juillet 1862, a augmenté les droits de timbre; voir le tarif annexé au *Bulletin des lois* 1036, n° 10,363 — 1862 )

8° Les *procès-verbaux d'expertise* de bâtiments et terrains dont la cession devient nécessaire pour les travaux publics;

Lorsque les frais sont à la charge du trésor royal, les papiers seront visés pour *timbre gratis;*

9° Les *procurations* délivrées pour accepter, recevoir ou quittancer;

10° Les *quittances* qui ne sont pas comprises dans les exceptions et qui excèdent 10 fr.;

D'où il suit que les quittances

Des caissiers des théâtres royaux, pour subventions;

Des propriétaires d'immeubles, pour acquisitions, loyers ou indemnités;

Des vendeurs de chevaux ou d'animaux destinés aux haras ou bergeries;

Des propriétaires de chevaux, pour prix de courses, primes, etc.;

Des armateurs, pour prix de pêche maritime;

Des propriétaires des écoles d'équitation, à titre d'indemnité;

Des compagnies d'assurances, etc.;

Des savants, gens de lettres, artistes, à qui il est accordé des *encouragements ;*

Des individus à qui il est accordé des *gratifications* pour belles actions;

Des établissements ecclésiastiques, à titre de subvention ;

Des consistoires protestants, pour réparations de temples, au même titre;

Des sociétés d'agriculture, au même titre, pour remboursement de dépenses autorisées;

Des communes, au même titre, pour l'instruction primaire, les travaux d'art, réparations d'églises, etc.;

Des écoles secondaires de médecine, au même titre ;

Des associations d'intérêt public, à titre de souscription ;

*Sont assujéties au droit de timbre.*

(Instruction de l'administration des domaines, du 20 janvier 1832.)

—

| DATES. | | SOMMAIRES. | NOTES. |
| --- | --- | --- | --- |
| | | **TIM.** | |
| 1835 | 20 août. | TIMBRE. — L'expédition des procès-verbaux d'adjudication des travaux forestiers, à produire au soutien des mandats de paiement, est soumise au droit de timbre. (§ 5, circul. n° 90.) | |
| 1835 | 16 nov. | TIMBRE. — Notification d'une décision de M. le ministre des finances, en date du 12 janvier 1835, relative à la formalité du timbre à exiger sur les quittances délivrées par les receveurs municipaux. (§ 3, circul. n° 91.) | |
| 1835 | 23 déc. | TIMBRE. — Travaux de charité. — Les états d'attachement seront fournis par les agents spéciaux. — Le mandat sera timbré aux frais de la commune et non par prélèvement. (§ 3, circul. n° 92.) | |
| 1840 | 25 sept. | TIMBRE. — Les consignations faites par les payeurs et lorsque le mandat est soumis au droit de timbre, en exécution des art. 12 et 29 de la loi du 13 brumaire an VII, le récépissé de cette consignation, répresentant la quittance du créancier réel, est frappé de timbre et à la charge de la consignation. (Instruction générale du 17 juin 1840, art. 463.) (§ 2, circul. n° 117.) | |
| 1842 | 20 sept. | TIMBRE. — Comices agricoles et sociétés d'agriculture. — En exécution de l'art. 12 de la loi du 13 brumaire an VII, les quittances pour primes qui dépassent la somme de 10 fr. sont assujéties à la formalité du timbre lorsqu'elles seront souscrites séparément. Lorsque les quittances seront données par émargement, l'état collectif devra être revêtu du timbre de dimension. (§ 5, circul. n° 123.) | |
| 1843 | 20 déc. | TIMBRE. — Le timbre de récépissés de consignations opérées pour le service des chemins vicinaux de grande communication ne doit pas être prélevé sur le montant des sommes consignées; il est acquitté aux frais des communes, par les soins de l'administration. Avec le montant de la créance à consigner, il faut un mandat pour le paiement du timbre du récépissé. (§ 3, circul. n° 136.) | |

| DATES. | SOMMAIRES. | NOTES. |
|---|---|---|
| | **TIM.** | |
| 20 déc. | TIMBRE. — Notification d'une décision du ministre des finances, en date du 18 décembre 1843, qui déclare sujettes au timbre les quittances des traitements de cantonniers des chemins vicinaux de grande communication, lorsque ces traitements excèdent annuellement la somme de 300 fr. (§ 4, circul. nº 136.) | |
| 30 déc. | TIMBRE.— Les quittances de traitements d'agents voyers chefs et secondaires, de salaires de cantonniers aides ou auxiliaires des chemins vicinaux de grande communication, doivent être soumises au timbre, comme celle des cantonniers de ce service et en vertu du même principe. — Le coût du timbre ne doit pas être supporté par les agents, mais par les communes, attendu qu'elles ne peuvent, comme l'Etat, s'affranchir de la règle qui met le timbre de la quittance à la charge du débiteur. (§ 3, circul. nº 210.) | |
| 30 mars. | TIMBRE. — Contrôle des payeurs en matière de timbre et d'enregistrement. — Leur mission doit se borner à rejeter les pièces irrégulières, afin que l'ordonnateur secondaire fasse droit à leurs observations ou qu'il en réfère, s'il le juge à propos, à M. le directeur des domaines du département, à l'opinion duquel les payeurs doivent toujours déférer ; mais si leurs observations n'étaient pas adoptées, ils adresseront à M. le directeur de la comptabilité générale une copie de l'avis motivé qu'aurait donné le directeur des domaines et que l'ordonnateur secondaire leur aurait fait parvenir. (§ 4, circul. nº 140.) | |
| 26 mars | TIMBRE. — Les relevés numériques produits par les hospices civils pour recevoir le prix des journées de traitement des militaires malades ne sont passibles que du droit de timbre de 35 centimes. (§ 2, circul. nº 157.) | |
| 13 oct. | TIMBRE. — Les connaissements et les lettres de voiture pour transports de marchandises ou munitions concernant le service de la marine sont soumis à la formalité du timbre. (§ 3, circul. nº 159.) | |

| DATES. | | SOMMAIRES. | NOTES. |
|---|---|---|---|
| | | **TIM.** | |
| 1846 | 13 oct. | TIMBRE. — Les relevés numériques de journées de traitement produit par les hospices civils pour le service de la marine, ne sont passibles que du droit de 35 centimes. (§ 4, circul. n° 159.) | |
| 1850 | 12 fév. | TIMBRE. — Les marchés et adjudications concernant la fourniture des objets nécessaires au service de la marine peuvent être établis sur papier non timbré, sauf visa pour timbre et enregistrement après approbation par le ministre. (§ 4, circul. n° 176.) | |
| 1851 | 20 juin. | TIMBRE. — Explications au sujet du timbre des factures et mémoires pour des dépenses n'excédant pas 10 fr. — Quittance sur papier libre pour les justifications des services en régie ou détail dans le corps du mandat. (Circul. n° 188.) | |
| 1851 | 21 juill. | TIMBRE. — Les demandes des payeurs tendant au remboursement ou au paiement des intérêts de cautionnement doivent être formées sur papier timbré. (§ 4, circul. n° 190.) | |
| 1852 | 25 mai. | TIMBRE. — Les agents comptables des subsistances sont autorisés à payer les frais de timbre et d'enregistrement des marchés pour fournitures de pain dans les gîtes d'étape; aucune facture, s'élevant à 100 fr. et au-dessus ne devra être admise si elle ne fait pas mention du remboursement par le fournisseur des frais à sa charge. (§ 1er, circul. n° 194.) | |
| 1853 | 15 juill. | TIMBRE. — Les certificats de vie délivrés par les notaires aux employés de la dernière liste civile sont assujétis à la formalité du timbre. (§ 1er, circul. n° 202.) | |
| 1856 | 30 juin. | TIMBRE. — Mode d'exécution de la décision ministérielle, notifiée par la circulaire n° 210, § 4, en date du 30 décembre 1854, qui a déclaré sujets au timbre les *certificats pour paiement de travaux des entrepreneurs* des chemins vicinaux de grande com- | |

| DATES. | | SOMMAIRES. | NOTES. |
|---|---|---|---|
| | | munication. — La quittance donnée sur le certificat précité dispense le mandat de la formalité du timbre et l'acquit y est donné pour ordre. (§ 1er, circul. n° 214.) | |
| 55 | 28 sept. | TIMBRE. — Application du timbre aux quittances d'honoraires des médecins civils appelés accidentellement à donner des soins à des militaires malades. (§ 3, circul. n° 212.) | |
| 60 | 15 janv. | TIMBRE. — Les mémoires produits par les médecins, pour les soins qu'ils ont donnés, et par les pharmaciens, pour les médicaments qu'ils ont fournis aux malades indigents, sont passibles du timbre. (§ 10, circul. n° 222.) | |
| 62 | 26 juill. | TIMBRE. — Augmentation des droits de timbre résultant de la loi de finances, du 2 juillet 1862. (§ 3, circul. n° 229.) | |
| 42 | 16 déc. | TIMBRE. — Lorsque les actes relatifs à une expropriation pour cause d'utilité publique sont, par leur nature, assujétis au timbre, il y a lieu d'exiger le visa pour *timbre gratis,* par application de l'art. 58 de la loi du 3 mai 1841, lors même que les actes ne seraient pas soumis à l'enregistrement. (§ 4, circul. n° 125.) | |
| 37 | 18 janv. | TIMBRE. — Apposition du cachet de la recette générale ou de la recette particulière sur les pièces acquittées par les agents des recettes. — Dans le cas où cette formalité ne serait pas remplie, les payeurs devraient rejeter de leur dépense les mandats qui présenteraient ces irrégularités. (§ 5, circul. n° 100.) | |
| 37 | 18 janv. | TIMBRE. — Modèle du timbre mobile, pour chaque mois et année, à apposer par les payeurs sur les acquits au moment du paiement ou à leur entrée dans sa comptabilité. (§ 6, circul. n° 100.) | |
| 37 | 30 janv. | TIMBRE. — Il est prescrit aux receveurs généraux d'apposer, au moyen d'un timbre mobile, la date de la remise aux payeurs des pièces de dépenses acquit- | |

| DATES. | | SOMMAIRES. | NOTES. |
|---|---|---|---|
| | | **TIM, TRA.** | |
| | | tées pour leur compte. Ce timbre sera apposé indistinctement sur toutes les pièces, sauf les quittances de rentes, à l'égard desquelles on devra estampiller les bordereaux dont elles seront accompagnées. (§ 10, circul. n° 219.) | |
| 1861 | 16 juill. | TIMBRE pour constater le paiement. — Ce timbre doit être apposé dans les blancs qui se trouvent en tête et à gauche des pièces, et ce, au fur et à mesure des paiements à la caisse des payeurs et de l'entrée dans leur comptabilité des acquits payés par les agents des recettes. — L'empreinte du timbre doit être à l'encre rouge et parfaitement lisible. (§ 2, circul. n° 225.) | |
| 1863 | 27 sept. | TIMBRE. — § 1er. Notification d'un arrêté de S. Exc. le ministre des finances, en date du 20 juillet 1863, en exécution de l'art. 24 de la loi du 2 juillet 1862.<br>Création de *timbres* mobiles. — Emploi de ces timbres pour les quittances et les récépissés délivrés par les comptables et pour les quittances et les acquits qui leur sont donnés. — L'application des timbres mobiles sur tous autres actes ou écrits est expressément interdite.<br>§ 2. Oblitération immédiate des timbres mobiles. — Griffe à cet usage.<br>§ 3. Approvisionnement des timbres mobiles.—Le prix en figurera dans l'encaisse, et il ne sera pas tenu de comptabilité pour cet objet.<br>§ 4. Utilité des timbres mobiles. —Suppression du registre des quittances timbrées.<br>§ 5. Échange des formules de quittances timbrées restant au livre à souche.<br>§ 6. Envoi et paiement des griffes destinées à oblitérer les timbres mobiles. (Circul. n° 233.) | |
| 1847 | 30 sept. | TRAITEMENTS ecclésiastiques. — Les préfets, en leur qualité d'ordonnateurs secondaires, doivent reproduire, sur les mandats de paiement, le numéro d'ordre sous lequel chaque partie prenante est portée sur l'état trimestriel qui est produit aux payeurs. (§ 5, circul. n° 161.) | |
| 1848 | 2( vril. | TRAITEMENTS ecclésiastiques. — Tableau de | |

| | DATES. | SOMMAIRES. | NOTES. |
|---|---|---|---|
| | | **TRA.** | |
| | | l'augmentation de traitement accordé aux desservants. (§ 5, circul. n° 165.) | |
| 50 | 31 juill. | **TRAITEMENT** des fonctionnaires et solde des officiers des corps de troupe. — Ces dépenses ne sont pas payables le dernier jour de chaque mois, mais le premier jour du mois qui suit. — Les ordonnateurs de la guerre, et pour le paiement de la solde des troupes seulement, lorsque le premier jour du mois est un dimanche ou un jour férié, doivent informer les payeurs de la présentation à leur caisse de ces mandats. (Voir la circulaire de la direction du mouvement général des fonds, en date du 21 decembre 1841, n$^{os}$ 318 - 3 - 1.) (§ 6, circul. n° 181.) | |
| 52 | 15 janv. | **TRAITEMENT** des professeurs et régents des colléges communaux. — Ces dépenses, payées sur les fonds de l'Etat, seront mandatées pour le *net* à partir du 1$^{er}$ janvier 1852. (§ 9, circul. n° 191.) | |
| 854 | 30 déc. | **TRAITEMENTS** des magistrats de l'ordre judiciaire. — Dispositions résultant de la loi du 23 mai 1854, en ce qui concerne la rédaction des états de traitements. (§ 1$^{er}$, circul. n° 210.) | |
| 853 | 18 fév. | **TRANSCRIPTION** des actes de vente. — Les formalités prescrites par la loi du 3 mai 1841 sur l'expropriation doivent être accomplies dans l'ordre déterminé par cette loi. — Dans le cas où la transcription n'aurait pas eu lieu à son ordre, les payeurs ne devraient pas hésiter à exiger une transcription nouvelle et un nouveau certificat du conservateur des hypothèques et que le point de départ certain soit du délai de quinzaine. (§ 2, circul. n° 200.) | |
| 857 | 30 janv. | **TRANSCRIPTION** des actes de vente. — La loi du 23 mars 1855, relative à la transcription, n'a point abrogé les dispositions de celle du 3 mai 1841, sur l'expropriation pour cause d'utilité publique ; les certificats d'inscription à délivrer par les conservateurs des hypothèques doivent, pour être valables, | |

| DATES. | | SOMMAIRES. | NOTES. |
|---|---|---|---|
| | | **TRA.** | |
| | | n'être délivrés qu'à l'expiration du délai de quinzaine, comme avant la loi du 23 mars 1855. (§ 9, circul. n° 219.) | |
| 1863 | 20 juin. | TRANSCRIPTION. — A l'avenir, à la suite des contrats d'acquisitions par l'Etat ou les départements, le bordereau délivré sur transcription par les conservateurs des hypothèques feront connaître, en outre des inscriptions hypothécaires dont l'immeuble acquis aurait été l'objet, les transcriptions spéciales qui sont mentionnées aux articles 1 et 2 de la loi du 23 mars 1855, et qui pourraient l'affecter. — Au cas où le certificat serait négatif, il devrait relater qu'il s'applique aux deux natures de transcriptions. (§ 5, circul. n° 231.) | |
| 1863 | 20 août. | TRANSCRIPTION. — Les dispositions de la circulaire n° 231, § 5, en date du 20 juin 1863, ne sont pas applicables dans les cas d'acquisitions pour cause d'utilité publique, en vertu de la loi du 3 mai 1841. — Les art. 1 et 2 de la loi du 23 mars 1855 n'ont d'effet que pour les acquisitions faites selon les règles du droit commun. (§ 4, circul. n° 232.) | |
| 1837 | 18 janv. | TRANSMISSION des accusés de crédits dans le mois de l'envoi des pièces, après que la reconnaissance en aura été effectuée. — Le bordereau de réception devra être réclamé par les comptables qui ne le recevraient pas dans le délai fixé. (§ 4, circul. n° 100.) | |
| 1845 | 30 déc. | TRANSPORT de cautionnements. — Les annotations portées sur les états d'intérêts de cautionnements, pour faire connaître un *transport* en faveur d'un tiers, ne dispensent pas les payeurs d'exiger la justification de ce transport; ils doivent joindre cet acte à la première quittance qu'ils retirent du cessionnaire. (§ 2, circul. n° 151.) | |
| 1857 | 28 sept. | TRANSPORT de troupes par les chemins de fer. — Mode de justification de cette dépense. (§ 4, circul. n° 212.) | |

| DATES. | | SOMMAIRES. | NOTES. |
|---|---|---|---|
| | | **TRA, TRO.** | |
| 5 | 6 mars. | TRAVAIL des condamnés, détenus dans les maisons centrales de force et de correction.—Dispositions de comptabilité relatives aux dépenses à effectuer sur le produit du travail de ces condamnés détenus. (§ 1er, circul. n° 155.) | |
| 2 | 20 déc. | TRAVAUX extraordinaires de fortifications. — Interprétation de l'art 116 du règlement de la comptabilité de la guerre, du 1er décembre 1838, en ce qui concerne le *taux de la retenue de garantie.* (§ 2, circul n° 126.) | |
| 6 | 4 mars | TRAVAUX et fournitures. — Explications concernant le décompte à produire pour constater les droits des créanciers en matière de travaux et fournitures, au compte du département de la guerre. — Notification d'un modèle de décompte (n° 181 de la nomenclature) qui modifie le modèle n° 7 du règlement du 1er décembre 1838, et qui sera employé, à l'avenir, dans le service du génie militaire. (§ 1er, circul. n° 149.) | |
| 0 | 12 fév. | TRAVAUX publics — Routes impériales. — Dispositions de comptabilité résultant de l'exécution du règlement du 28 septembre 1849, sur la comptabilité administrative du ministère des travaux publics. (§ 1er, circul. n° 176.) | |
| 50 | 31 juill. | TRAVAUX publics. — Routes départementales. — Modèles pour l'application du règlement du 28 septembre 1849 à la comptabilité des routes départementales et envoi d'une instruction relative au paiement par mandats individuels du salaire des cantonniers desdites routes. (§ 3, circul. n° 181.) | |
| 41 | 20 nov. | TROP-PAYE. — Guerre. — Toutes les fois qu'un reversement aura lieu, la partie versante devra retirer, indépendamment du récépissé à talon, qui continuera d'être transmis au ministre de la guerre, *une déclaration constatant ce reversement,* souscrite par le receveur des finances qui aura encaissé les fonds. Cette déclaration sera ensuite transmise, par les soins de l'ordonnateur, au payeur qui aura effectué le paiement donnant lieu au reversement, soit isolément, lorsqu'il n'y aura pas de solde à payer, soit, dans le cas contraire, avec les pièces à l'appui du dernier paiement. (§ 3, n° 6, circul. n° 120.) | |

| DATES. | | SOMMAIRES. | NOTES. |
|---|---|---|---|
| | | **TRO.** | |
| 1832 | 30 oct. | TROP-PAYÉ. — Les reversements de sommes trop perçues par les créanciers de l'État, sur les ordonnances et mandats de paiement, s'effectueront exclusivement, à l'avenir, aux caisses des receveurs des finances. (§ 6, circul n° 74.) | |
| 1863 | 20 juin. | TROP-PAYÉ. — Mode de rectification sur exercices *clos*, dans le cas où l'erreur n'est reconnue qu'après le 31 décembre. — La dépense dans l'espèce sera ramenée au chiffre vrai sur les livres de la gestion expirée, par le transport de l'excédant au compte Fonds particuliers du payeur, qu'il balancera immédiatement dans les écritures courantes, au moyen d'un versement effectif à sa caisse. (§ 3, circul. n° 231.) | |
| 1834 | 3 nov. | TROP-PAYÉ. — Invitation de ne plus comprendre dans les écritures les retenues exercées au profit du trésor sur les pensions militaires. — Les payeurs n'acquitteront aux pensionnaires militaires nouvellement inscrits que la somme qui leur revient réellement, déduction faite de celle que MM. les sous-intendants militaires annoncent, dans leurs certificats de cessation de paiement, avoir été touchée à titre de solde de congé ou de traitement d'inactivité, au-delà de la date assignée à l'entrée en jouissance de la pension. (§ 3, circul. n° 86.) | |
| 1859 | 15 juin. | TROP-PAYÉ. — Pensions. — Allocation de 1 fr. par jour, à titre de subsistance provisoire, aux militaires blessés ou infirmes de l'armée d'Italie proposés pour la retraite. — Mode de retenue à exercer, si cette circonstance se présente, conformément aux prescriptions de la circulaire n° 86, § 3, en date du 3 novembre 1834. (§ 2, circul. n° 221.) | |

| DATES. | SOMMAIRES. | NOTES. |
|---|---|---|
| | **UNI.** | |
| 6 sept. | **UNITE de caisse. — Rappel des principaux règlements concernant les caisses publiques; prescriptions nouvelles sur l'obligation d'écrire, sur le livre journal, les recettes à mesure qu'elles ont lieu.** (Circul. n° 56.) | |

| DATES. | | SOMMAIRES. | NOTES. |
| --- | --- | --- | --- |

| DATES. | SOMMAIRES. | NOTES. |
|---|---|---|

## VER, VIS.

50 12 fév.

**VERIFICATION** chez les payeurs, par les préposés de l'administration de l'enregistrement, des actes, exploits et significations concernant les oppositions.

(§ 2, circul. n° 176.)

—

57 30 janv.

**VERSEMENT** des pièces de dépense par les receveurs généraux. — Avis d'une modification de l'art. 591 de l'instruction générale, du 17 juin 1840, notifiée par la circulaire n° 117, en date du 25 septembre 1840. — Les remises de *l'avant-dernier jour du mois doivent être faites par les receveurs généraux avant l'heure de midi.* — Il leur est prescrit, en outre, d'apposer, au moyen d'un timbre mobile, la date de la remise aux payeurs des pièces de dépenses acquittées pour leur compte. Ce timbre sera apposé indistinctement sur toutes les pièces, sauf les quittances de rentes, à l'égard desquelles on devra estampiller les bordereaux dont elles seront accompagnées.

(§ 10, circul. n° 219.)

—

40 25 sept.

**VISA.** — Il n'est pas exigé :

1° Pour le paiement de la solde des militaires en route, indemnité, ou pour les paiements nécessités par le passage des troupes, lesquels s'effectuent sur la présentation des mandats délivrés par les intendants et sous-intendants militaires, ou par les sous-préfets, lorsqu'ils remplacent ces fonctionnaires;

2° Pour le paiement des arrérages de rentes. (Art. 562 à 567 de l'instruction du 17 juin 1840, pages 5, 6 et 7.)

(Circul. n° 117.)

—

40 25 sept.

**VISA** (le) des payeurs ne peut être apposé que sur le mandat ou la pièce qui en tient lieu; il ne doit jamais être conditionnel. (Instruction générale du 17 juin 1840, art. 561, page 4.)

(Circul. n° 117.)

—

41 20 nov.

**VISA** des payeurs sur les situations définitives d'un exercice clos, établi par les ordonnateurs secondaires. Les payeurs sont invités à ne signer lesdits états qu'après s'être assurés de leur exactitude et conformité avec leurs écritures.

(§ 7, circul. n° 120.)

—

| DATES. | | SOMMAIRES. | NOTES. |
|---|---|---|---|
| | | **VIS, VOI.** | |
| 1845 | 30 déc. | VISA (le) des payeurs ne peut point être subdélégué. — Le mandat administratif n'est pas un effet de commerce à ordre, susceptible de recevoir des endossements : il est payable à la partie désignée et non à une autre. — Le comptable qui paie répond de la validité de la signature ; il doit s'assurer de l'individualité des parties avant de leur faire donner quittance. (§ 2, circul. n° 153.) | |
| 1838 | 15 mai. | VISA par les payeurs. — A l'avenir et pour les mandats qui seront payés par les agents des recettes, le visa sera libellé de la manière suivante : *Vu bon à payer par le percepteur d. . . ou, à son défaut, par l'un des receveurs des revenus indirects* de la même localité. *Chacun des agents* de la recette, qui acquittera une dépense pour le compte du payeur, sera tenu d'indiquer que cette pièce a été acquittée par lui ; cette mention, qui rappellera sa qualité et sa résidence, devra être revêtue de la signature du comptable ou de son cachet ; en cas d'omission de cette mention, les payeurs demanderont au recevenr général qu'elle soit réparée. Dans le cas où des oppositions seraient faites entre les mains des payeurs et où ceux-ci voudraient arrêter le paiement d'un mandat, ils se concerteraient avec le receveur général pour que les avis nécessaires soient transmis aux agents des recettes. (§ 10, circul. n° 220.) | |
| 1842 | 16 déc. | VISA pour timbre gratis. — Lorsque des actes relatifs à une expropriation pour cause d'utilité publique sont, par leur nature, assujétis au timbre, il y a lieu d'exiger le visa pour timbre *gratis*, par application de l'art. 58 de la loi du 3 mai 1841, lors même que les actes ne seraient pas soumis à l'enregistrement. (§ 4, circul. n° 125.) | |
| 1836 | 9 fév. | VOITURES cellulaires. — Dispositions relatives aux avances à faire aux greffiers comptables des maisons centrales de détention pour frais de locomotion ; délai accordé pour la justification des dépenses faites pour ce service spécial. (§ 2, circul. n° 213.) | |

| DATES. | SOMMAIRES. | NOTES. |
|---|---|---|
| | **VOY** | |
| 25 sept. | **VOYAGEURS** indigents et forçats libérés. — Ces dépenses peuvent être acquittées par les receveurs municipaux, à titre d'*avance* ou de *prêt*, sur les produits de leurs recettes courantes, mais à charge d'en suivre le remboursement, par l'entremise des maires et des sous-préfets, auprès de la préfecture. (Instruction générale du 17 juin 1840, art. 941.)<br>(§ 2, circul. n° 117.) | |
| 15 oct. | **VOYAGEURS** indigents. — Les familles indigentes n'ont droit au secours de route que pour *trois personnes*. Les payeurs ne devront pas négliger d'exercer leur contrôle sur les dépenses de l'espèce<br>(§ 3, circul. n° 203.) | |

| DATES. | | SOMMAIRES. | NOTES. |
|---|---|---|---|
| | | | |

# RÉPERTOIRE ALPHABÉTIQUE

DES

# IRCULAIRES DU MINISTÈRE DES FINANCES

CONCERNANT LE

## SERVICE DES PAYEURS

## DIRECTION DU MOUVEMENT GÉNÉRAL DES FONDS.

| DATES. | | SOMMAIRES. | NOTES. |
|---|---|---|---|
| | | **ANN, BIL.** | |
| 838 | 3 déc. | **ANNULATIONS** d'ordonnances d'exercices *clos.* — Ces ordonnances ne sont valables que jusqu'à la fin de l'année pendant laquelle elles auront été émises. L'annulation en aura lieu d'office par les agents du trésor. L'état d'annulation devra parvenir à la direction du mouvement général des fonds, avec l'état de changements de dispositions du mois de décembre. L'état d'annulation destiné à ladite direction devra être détaillé par date, numéro, ministère et partie prenante des ordonnances portant sur exercices clos, non acquittées au 31 décembre. Il faudra joindre à l'état sus-mentionné les pièces justificatives de la créance qui doivent être renvoyées aux ministres ordonnateurs, afin de les mettre à même de réordonnancer les créances qui seraient ultérieurement réclamées. (Voir la circulaire de la comptabilité générale, du 15 juin 1838, nº 108, § 2.) | |
| 845 | 21 déc. | **ANNULATIONS** d'ordonnances d'exercices *clos.* — Rappel des dispositions de la circulaire du 3 décembre 1838. (§ 2, circul. nºs 12-4.) | |
| 848 | 10 juin. | **BILLETS** de banque ; leur emploi dans les paiements. — Exceptions quant au salaire des ouvriers et à la solde des sous-officiers et soldats. (Circul. nºs 22-1er.) | |
| 850 | 10 oct. | **BILLETS** de banque. — Cessation du cours forcé. — Ils ne peuvent pas être imposés dans les paiements ; mais il conviendrait que les payeurs les proposassent concurremment avec les espèces. | |

| DATES. | | SOMMAIRES. | NOTES. |
|---|---|---|---|
| | | **CHA, DÉL, EXE, FAC.** | |
| 1832<br>1840 | 26 déc.<br>9 nov. | CHANGEMENT de dispositions. — Etat mensuel. — L'expédition destinée pour la direction du mouvement général des fonds doit comprendre tous les extraits portant la date du premier au dernier jour du mois, quelle que soit l'époque de la réception. Cette disposition est de rigueur. — Dans le cas où il n'y aurait ni changement de disposition, ni annulations à consigner, les payeurs n'en devraient pas moins envoyer les deux expéditions certifiées par eux comme avis négatif. — Dans le cas où il se trouverait dans l'envoi un extrait étranger au département, le payeur le renverrait de suite sans en passer écriture. | |
| 1833 | 10 juin. | CHANGEMENTS de dispositions des extraits d'ordonnances transmis par le payeur de la division, relatifs à la solde d'activité, etc. — Lesdits états de changements de dispositions devront être transmis mensuellement aux directions du mouvemont général des fonds et de la comptabilité générale des finances. | |
| 1833 | 14 déc. | CHANGEMENTS de dispositions. — Guerre. — Modifications de l'art. 9 de la circulaire de la direction des dépenses, du 11 décembre 1818, n° 24, en ce qui concerne les écritures des payeurs des chefs-lieux de divisions militaires pour les crédits sous-délégués et leur imputation. | |
| 1827 | 19 janv. | DELAIS pour le paiement, dans les départements, des ordonnances ministérielles ou des mandats des ordonnateurs secondaires. — Ces délais sont limités à la réception des feuilles d'autorisation de la direction du mouvement général des fonds, ou ajournés dans le cas d'insuffisance momentané des ressources locales.<br>(§ 2, circul. nos 2-1er.) | |
| | | EXERCICES clos. — (Voir *Paiements sur exercices clos.*) | |
| 1794<br>An II. | 31 janv.<br>7 pluv. | FACTIONNAIRE. — La convention nationale, après avoir entendu le rapport de son comité des finances, décrète qu'il sera établi auprès des caisses des receveurs de district, une garde permanente pour veiller à leur conservation. — Cette garde sera fournie par les troupes en activité de service, et, à leur défaut, par la garde nationale du chef-lieu de district; néanmoins, dans les communes dont la population est au-dessous de *trois mille âmes*, la garde sera montée seulement pendant la nuit. — Les municipalités des | |

| DATES. | | SOMMAIRES. | NOTES. |
|---|---|---|---|
| | | **FAC, FEU.** | |
| | | communes chefs-lieux de district sont chargées de l'exécution du présent décret. (Bulletin des Lois XXXIX. — 62.) | |
| 1829 | 18 mars. | FACTIONNAIRE.— Dispositions concertées entre LL. EE. les ministres de la guerre et des finances :<br>1° A l'avenir, les dépositaires de deniers qui se croiraient fondés à réclamer des factionnaires pour la sûreté de leur caisse, conformément aux dispositions de la loi du 26 janvier 1794, devront, suivant les localités, adresser leurs demandes aux autorités civiles, c'est-à-dire aux préfets, aux sous-préfets et aux maires qui, après avoir jugé les cas de nécessité, requerront l'autorité militaire de faire fournir les sentinelles réclamées, et détermineront la durée de ce service ;<br>2° Lorsqu'il y aura refus de la part des préfets, des sous-préfets et des maires de faire ces réquisitions, ou de la part de l'autorité militaire d'y obtempérer, ces refus seront constatés par écrit.<br>Ces dispositions conservent aux dépositaires de deniers publics l'initiative des mesures que la sûreté de leur caisse pourrait exiger. Si, après les avoir réclamées, ils n'obtenaient pas qu'il y fut fait droit, ils auraient soin d'en rendre compte à S. Exc. le ministre des finances, dans l'intérêt de leur propre responsabilité, etc.<br>(Circul. nos 51-1-1.) | |
| 1828 | 25 déc. | FEUILLES d'autorisation de paiement, adressées aux payeurs les 1er, 11 et 21 de chaque mois.— Les demandes de fonds doivent être réglées pour les dépenses à payer immédiatement ; à cet effet, les payeurs se concerteront avec les ordonnateurs secondaires pour connaître et indiquer aux receveurs généraux la quotité des besoins, d'abord pour le mois suivant, et ensuite pour chaque dizaine suivant les modifications ou les accroissements que les dépenses peuvent éprouver. — Les secours qui peuvent être fournis par les receveurs généraux des départements voisins, d'après les appels de fonds faits à ces comptables, seront régularisés, en ce qui concerne les expéditeurs, par la direction du mouvement général des fonds; ils seront portés, dans les feuilles d'autorisation, en déduction des fonds à faire pour les ordonnances qui seront adressées aux payeurs. (Voir, à *Remises de fonds*, au présent répertoire, la lettre du directeur du mouvement général des fonds, en date du 1er septembre 1839, n° 6738, relative à ce point de service.)<br>(Circul. nos 6-1er.) | |

| DATES. | | SOMMAIRES. | NOTES. |
|---|---|---|---|
| | | **MON, PAS, PAI, PEN.** | |
| 1854 | 25 juill. | MONNAIE de bronze. — Les payeurs doivent contribuer à sa mise en circulation dans l'arrondissement chef-lieu, tout en leur laissant le soin d'indiquer aux receveurs généraux la quantité qu'ils pourront en prendre mensuellement. (Circul. nos 6-1er.) | |
| 1852 | 25 déc. | PASSE des sacs. — L'art. 1er du décret impérial, en date du 17 novembre 1852, fixe à dix centimes la passe des sacs. (Circul. nos 12-11-3.) | |
| 1838 | 3 déc. | PAIEMENTS sur exercices clos. — Les rappels des dépenses des exercices clos, imputables sur les budgets en cours d'exécution, seront ordonnancées nominativement. Les ordonnances ne seront valables que jusqu'à la fin de l'année pendant laquelle elles auront été émises. L'annulation en aura lieu d'office par les agents du trésor. L'état d'annulation devra parvenir à la direction du mouvement général des fonds avec l'état de changements de dispositions du mois de décembre. L'état d'annulation destiné à ladite direction devra être détaillé par date, numéro, ministère et partie prenante des ordonnances portant sur exercices clos, non acquittées au 31 décembre. Il faudra joindre à l'état sus-mentionné les pièces justificatives de la créance, qui doivent être renvoyées aux ministres ordonnateurs afin de les mettre à même de réordonnancer les créances qui seraient ultérieurement réclamées. (Voir la circulaire de la comptabilité générale, du 15 juin 1838, n° 108, § 2.) | |
| 1841 | 21 déc. | PAIEMENTS à effectuer les dimanches et jours fériés pour les troupes en passage et les militaires voyageant isolément. — Le paiement de la solde des troupes, en station aux chefs-lieux, n'aura lieu que lorsque les membres de l'intendance feront connaître aux payeurs l'importance des paiements qui pourront être réclamés. (Circul. nos 318-3-1.) | |
| 1825 | 1er fév. | PENSIONS. — Modification à la circulaire de la comptabilité générale, du 30 mars 1824, n° 35, concernant les retenues à faire sur les pensions militaires, au profit des femmes et des enfants : 1° écritures à passer après paiement de la portion nette du trimestre échu. *Annulation*, *par changement de disposition*, de la somme retenue au profit de la femme ou des en- | |

| DATES. | | SOMMAIRES. | NOTES. |
|---|---|---|---|
| | | **PEN, PIÈ.** | |
| | | fants; 2° rédaction immédiate, dans la forme du modèle prescrit, d'un extrait de l'état d'arrérages sur lequel est indiqué la retenue à faire. (Voir la circulaire de la dette inscrite, modèle n° 5, en date du 30 novembre 1833, § 5-3.) — Transmission de cet extrait à la direction du mouvement général des fonds. — Réclamer à la direction du mouvement général des fonds, lorsqu'ils seront nécessaires, les imprimés relatifs à ces retenues. (Circul. n<sup>os</sup> 1er-1er.) | |
| 827 | 20 juin. | PENSIONS.— Virements par suite de changement de résidence des pensionnaires d'un département dans un autre, transmission d'un extrait à fournir au sujet de ces mouvements. (Voir la circulaire de la dette inscrite, du 30 novembre 1833, § 6, et le modèle n° 4.) (Circul. nos 7-2.) | |
| 1835 | 27 août. | PIECES justificatives de dépenses annexées aux ordonnances directes des ministres.<br>§ 1er. Les pièces justificatives seront toujours jointes aux feuilles d'autorisation, pour que les payeurs en fassent la vérification avant d'effectuer les paiements des sommes portées aux extraits, etc.<br>§ 2. Changements de lieu de paiement des ordonnances de solde, par suite du déplacement des créanciers. — Marche à suivre pour assurer la régularité des paiements. — Mention, sur les extraits transmis par les payeurs à leurs collègues, des *oppositions* dont les ordonnances seraient frappées. — Autorisation de faire passer la correspondance relative à ces virements, sous le couvert de la direction du mouvement général des fonds. (Voir la circulaire de la comptabilité générale, du 6 septembre 1837, n° 103, § 2.)<br>§ 3. Ordonnances annulées en fin d'exercice pour cause de non paiement. — Les pièces justificatives y annexées doivent être renvoyées à la direction du mouvement général des fonds.<br>§ 4. Rappel des dispositions de la circulaire de la comptabilité générale des finances, en date du 18 novembre 1831, n° 68, § 1er, relatives au versement à la caisse des dépôts et consignations, des ordonnances ou mandats frappés d'oppositions.<br>(Circul. nos 3-1er.) | |
| 1848 | 22 sept. | PIECES justificatives d'ordonnances directes, annulées en clôture d'exercice ou de gestion, doivent être adressées au directeur du mouvement général des | |

| DATES. | | SOMMAIRES. | NOTES. |
| --- | --- | --- | --- |
| | | fonds avec l'état d'annulation si elles n'ont pas été suivies de paiement. Si, au contraire, il a été fait un ou plusieurs paiements sur ces ordonnances, on doit en rattacher les pièces justificatives au dernier paiement d'à-compte et annuler l'ordonnance.—Adresser un extrait d'ordonnance à la direction du mouvement général des fonds, signé par le payeur, y annoter le nombre de pièces qui étaient jointes à l'ordonnance, la direction donnée, le numéro et la date de l'ordonnance ou du mandat auquel elles sont rattachées, le mois pendant lequel le paiement d'à-compte a été effectué; enfin, une déclaration du payeur constatant la vérification de ces pièces, acceptées comme justification régulière de la totalité de la dépense. (Voir la circulaire de la comptabilité générale, du 18 juillet 1836, n° 95, § 1er, et celle du 30 mars 1844, n° 140, § 1er.)<br>(§ 1er, circul. nos 36-3.)<br>— | |
| 1845 | 21 déc. | PRECOMPTES à opérer sur les autorisations de paiement par suite d'annulations d'ordonnances, nouveau mode adopté à partir de l'exercice 1845. — Explications relatives à ce point de service.<br>(§ 1er, circul. nos 12-4.)<br>— | |
| 1837 | 20 déc. | RECETTES et dépenses de chaque jour. — Prescriptions relatives à la formation, par dizaine, des états à transmettre à la direction du mouvement général des fonds.<br>— | |
| 1850 | 11 fév. | RENTES. — Instruction relative aux timbres dont l'emploi a été prescrit par l'arrêté ministériel du 10 novembre 1849, pour le paiement des rentes. (Voir la circulaire de la dette inscrite, du 2 janvier 1850, et les art. 3 et 8 de l'arrêté ministériel du 10 novembre 1849.)<br>(Circul. nos 1er-1er.)<br>— | |
| 1831 | 18 avril. | SECOURS accordés par l'art. 2 de la loi du 15 mars 1831 aux pensionnaires de l'ancienne liste civile résidant en France.<br>(Circul. nos 4-1er.)<br>— | |
| 1831 | 7 juin. | SECOURS accordés aux pensionnaires de l'ancienne liste civile.— Les héritiers de ces pensionnaires n'ont aucun droit aux arrérages, à moins d'autorisation spéciale.<br>— | |

| DATES. | | SOMMAIRES. | NOTES. |
|---|---|---|---|
| | | **SOL, SUP, TIM, VER.** | |
| 5 | 10 juin. | **SOLDE.** — Guerre. — Nouveau mode de transmission, par les payeurs de la division, des extraits d'ordonnances relatives à la solde d'activité, etc. Les états de changements de dispositions devront être transmis mensuellement aux directions du mouvement général des fonds et de la comptabilité générale des finances. — | |
| 8 | 22 sept. | **SUPPRESSION** de l'avis aux préfets des ordonnances ministérielles. (§ 2, circul nos 36-3.) — | |
| 0 | 11 fév. | **TIMBRE** dont l'emploi est prescrit par les art. 3 et 8 de l'arrêté ministériel, du 10 novembre 1839, pour le paiement des rentes. (Voir la circulaire de la dette inscrite, du 2 janvier 1850, n° 423.) (Circul. nos 1er-1er.) — | |
| 58 | 12 avril. | **VERSEMENTS** aux payeurs en pièces de dépenses. — Les receveurs généraux sont invités à s'abstenir de faire, aux payeurs du même département, aucun versement des pièces de dépenses le dernier jour de chaque mois (*ou l'avant-dernier jour si le dernier est un dimanche.*) — Les payeurs ne fourniront un récépissé le jour de la remise qu'autant que cette remise leur serait faite avant midi. (Circul. nos 1er-1er.) — | |

| DATES. | | SOMMAIRES. | NOTES. |
| --- | --- | --- | --- |
| | | | |

# RÉPERTOIRE ALPHABÉTIQUE

DES

# IRCULAIRES DU MINISTÈRE DES FINANCES

CONCERNANT LE

# SERVICE DES PAYEURS

## DIRECTION DE LA DETTE INSCRITE

| DATES. | | SOMMAIRES. | NOTES. |
|---|---|---|---|
| | | **ANN, CER.** | |
| 838 | 6 oct. | ANNULATIONS. — Les intérêts de cautionnements appartenant à des titulaires en fonctions ou qui y étaient au moment de la mise en paiement des intérêts de cautionnements ordonnancés par les états annuels, ou isolément et sans capitaux, subiront, comme les autres dépenses de l'Etat, l'annulation qui doit être opérée, lorsque le paiement n'est pas effectué à la clôture de l'exercice, ou au 31 décembre, en ce qui concerne les exercices clos. (Circul. n° 245.) | |
| 851 | 15 fév. | ANNULATION d'arrérages de rentes atteints par la prescription quinquennale. — Lorsque le semestre d'une rente sera prescrit, les payeurs annuleront à la fois le semestre prescrit et les semestres subséquents, qu'il y ait eu ou non des paiements intermédiaires. (Secrétariat général, circul. n° 447.) | |
| 828 | 29 fév. | CERTIFICATS (les) de décès ou les extraits mortuaires et les certificats d'inscription des pensionnaires et des rentiers viagers produits pour la liquidation des arrérages dus au décès des titulaires, ne seront plus communiqués à la direction de la dette inscrite. — L'extinction des parties aura lieu d'après des certificats de décès délivrés et transmis au ministre par les payeurs, en exécution de la décision du 12 février 1828. | |
| 839 | 27 juin. | CERTIFICATS de vie à délivrer, par tous les notaires du royaume, aux rentiers viagers et aux pensionnaires de l'Etat. —Instructions relatives à ce point | |

| DATES. | SOMMAIRES. | NOTES. |
|---|---|---|

## CER.

de service. — Responsabilité des notaires. — Observations préliminaires. (Art. 1er, 2 et 3.

Chapitre Ier. — Nécessité des certificats de vie; forme dans laquelle ils doivent être dressés.

Art. 4 et 5, § 1er. Nature de créances qui exigent la production de certificats de vie.

Art. 6, 7, 8, 9 et 10, § 2. Forme des certificats de vie.

Art. 11, § 3. Rétribution allouée pour la délivrance des certificats et timbre.

Art. 12, § 4. Exceptions spéciales en faveur des récompenses nationales; certificats exempts du droit de timbre.

Chapitre II. — Formalités à observer en ce qui touche le fait de la délivrance et la rédaction des certificats de vie.

Art. 13, § 5. — Attestation à fournir par les parties qui changent de notaire.

Art. 14, § 6. Registre à tenir en exécution du décret du 21 août 1836.

Art. 15, § 7. Pièces à produire par les parties pour justifier de leur identité.

Art. 16, § 8. Indication du domicile des rentiers et pensionnaires.

Art. 17, § 9. Rentiers ou pensionnaires malades ou infirmes

Art. 18, 19 et 20, § 10. Pensionnaires détenus pour divers motifs.

Art. 21, § 11. Pensionnaires mineurs.

Art. 22 et 23, § 12. Déclarations relatives au cumul.

Chapitre III. — Facilités accordées aux pensionnaires pour le recouvrement de leurs arrérages et notifications à faire par les notaires en ce qui concerne les décès.

Art. 24, § 13. Facilités pour le paiement.

Art. 25 et 26, § 14. Entremise des notaires. (L'art. 26 est modifié par la décision ministérielle du 30 octobre 1847, notifiée par la circulaire n° 16, en date du 20 novembre 1847.)

Art. 27, § 15. Insaisissabilité des pensions, sauf dans les cas de débets envers l'Etat, soit dans les circonstances prévues par les art. 203, 205 et 214 du code Napoléon.

Art. 28, 29 et 30. Notification de décès.

(Circul. du 5 juillet 1839.)

—

| ATES. | SOMMAIRES. | NOTES. |
| --- | --- | --- |
| | **CER, CON.** | |
| 9 18 déc. | **CERTIFICATS** de vie délivrés à des orphelins de militaires. — Ils ne doivent être acquittés que sur la justification d'existence du plus jeune des co-titulaires. — Au décès de l'orphelin le plus jeune, avant la date de l'expiration de la jouissance, le payeur devra, lorsqu'il lui aura été notifié, en informer la direction de la dette inscrite, qui ordonnera les mesures à prendre pour continuer le paiement avec régularité. (§ 1er, circul. n° 2.) | |
| 9 18 déc. | **CERTIFICATS** constatant les retenues opérées à titre d'aliments; communication immédiate de ces documents à la direction de la dette inscrite. (Voir, pour ce point de service, dans le présent répertoire, au titre pensions, les §§ 4 et 5 de l'instruction du 30 novembre 1833 ) (§ 5, circul. n° 2.) | |
| 9 30 avril. | **CERTIFICATS** (les) de vie délivrés pour pensions et indemnités, liquidées en vertu de la loi de 1822 et le décret du 2 mai 1848, accordées à des pensionnaires inscrits sur fonds de *retenues*, jouissent de la faculté de faire certifier leur existence par les maires; ces certificats de vie, ainsi que les quittances des titulaires, peuvent être dispensés de la formalité du timbre, par exception à l'art. 12 de l'ordonnance du 20 juin 1817. (Bureau des Pensions.) | |
| 3 4 juin. | **CERTIFICATS** de vie à délivrer aux employés et agents de l'ancienne liste civile. — Les parties intéressées auront à produire un certificat de vie notarié et timbré dans lequel elles auront déclaré si elles jouissent ou non d'un traitement à quelque titre et sur quelque fonds que ce soit. La quittance sera donnée sur la lettre d'avis et le certificat de vie sera joint à cette pièce de dépense. (Bureau des Pensions.) | |
| 6 22 janv. | **CONSIGNATION** à la caisse des dépôts du montant des capitaux et des intérêts de cautionnement frappés d'oppositions, et qui resteraient à payer au 31 décembre de chaque année ou de l'exercice écoulé. (Secrétariat général, circul. n° 172.) | |
| 8 6 oct. | **CONSIGNATION** à la caisse des dépôts du montant des capitaux et des intérêts de cautionnement, con- | |

| DATES. | | SOMMAIRES. | NOTES. |
|---|---|---|---|
| | | **CUM, DEB.** | |
| | | formément aux prescriptions de la circulaire n° 172, en date du 22 janvier 1836. (Secrétariat général, circul. n° 245.) | |
| 1848 | 18 mars. | CUMUL des pensions avec un traitement d'activité; dispositions relatives à l'application du décret du gouvernement provisoire, en date du 13 mars 1848. | |
| 1848 | 22 juin. | CUMUL. — Le décret du 13 mars 1848 n'est pas applicable aux majors, adjudants-majors, adjudants sous-officiers, tambours-majors et tambours de la garde nationale. — Il n'y a pas lieu d'appliquer les dispositions de ce même décret aux pensions à titre de récompenses nationale, ni aux pensions attribuées par la loi du 26 juillet 1821 aux anciens donataires français dépossédés et à leur famille. (Bureau des Pensions.) | |
| 1848 | 16 sept. | CUMUL. — Décret du 12 août 1848, concernant le cumul des pensions militaires; prescriptions pour l'exercice de la retenue. (Bureau des Pensions.) | |
| 1848 | 11 nov. | CUMUL. — Application du décret du 13 mars 1848 aux pensionnaires ecclésiastiques. (Bureau des Pensions, § 2.) | |
| 1839 | 18 déc. | DEBETS pour journées d'hôpital, mis à la charge des militaires pensionnés. — Retenue à exercer par ordre du directeur de la dette inscrite (§ 2, circul. n° 2.) | |
| 1844 | 28 août. | DEBETS. — Nouvelles dispositions en matière de retenues à exercer sur des pensions, soit pour aliments, soit pour cause de débet envers l'Etat. — L'ordre de retenue devra toujours émaner de la direction de la dette inscrite. — Pour les débets envers l'Etat, il y aura lieu de déférer aux significations, soit d'arrêts de cours et jugements des tribunaux attribuant des provisions alimentaires imputées sur des pensions, soit d'actes en forme par lesquels les pensionnaires eux-mêmes déclareront déléguer dans le même but une portion de leurs arrérages; informer la dette inscrite des actes signifiés pour retenues à titre d'aliments. (Voir les modèles n°s 1 et 2 | |

| DATES. | | SOMMAIRES. | NOTES. |
|---|---|---|---|
| | | **DEC.** | |
| | | des relevés à transmettre à la direction de la dette inscrite. (Circul. n°s 350-15.) | |
| 2 | 26 janv. | **DECES** des rentiers et des pensionnaires sur l'Etat. — Notification à la direction de la dette inscrite : Mesures que doivent prendre les payeurs pour que la direction de la dette inscrite ait une connaissance exacte des décès survenus parmi les rentiers et pensionnaires de l'Etat.— Règles que les payeurs auront à suivre relativement à l'annulation immédiate, dans les écritures, des décomptes d'arrérages acquis au trésor pour diverses causes. — La production des actes d'hérédité dans le courant d'un trimestre ne peut donner lieu à la liquidation avant que ledit trimestre ne soit expiré. | |
| 2 | 26 janv. | **DECES** des rentiers viagers et pensionnaires de l'Etat. — Les extraits mortuaires sur papier libre, ainsi que les avis de décès, au lieu d'être adressés au ministre, comme le prescrivent les précédentes instructions, seront, à l'avenir, remis au payeur de chaque département. Par la circulaire n° 58, en date du 26 janvier 1832, le directeur de la dette inscrite informe les préfets des nouvelles mesures prescrites aux payeurs et du concours qui leur est demandé à l'effet de connaître les motifs qui ont empêché les rentiers viagers et les pensionnaires de recevoir les arrérages trimestriels échus. | |
| 3 | 25 juin. | **DECES** des rentiers viagers et pensionnaires de l'Etat.—Nécessité pour les payeurs de se conformer à la circulaire du 26 janvier 1832, en ce qui concerne la notification du décès des rentiers viagers et pensionnaires de l'Etat ; ordre qu'ils doivent suivre pour la formation régulière des bordereaux d'annulation.— Annotation sur les extraits mortuaires officiels et observations sur la manière dont doit être entendu et exécuté l'art. 10 de l'arrêté du gouvernement du 15 floréal an XI. — Avis à donner aux héritiers. | |
| 34 | 15 sept. | **DECOMPTES** d'arrérages de pensions après décès du titulaire; toute notification faite par les héritiers ou ayant droit d'un pensionnaire, dans le délai de 6 mois fixé par l'art 10 de l'arrêté du gouvernement du 15 floréal an XI, a trois ans, à partir du jour de | |

| DATES. | | SOMMAIRES. | NOTES. |
|---|---|---|---|
| | | **DET.** | |
| | | cette notification pour fournir les pièces justificatives de son droit. (§ 2, circul. n° 12.) | |
| 1834 | 1er avril. | DETTE viagère. — Pensions. — Situations. — Recommandation aux payeurs des départements de transmettre, à M. le directeur de la dette inscrite, la situation par exercice des crédits de paiement qui leur ont été ouverts pour chaque nature de dette viagère. — Les arrérages ne doivent pas être payés lorsqu'il n'y a pas de crédit; cette disposition doit être rigoureusement observée. — Paiement des arrérages sur exercices clos, prescriptions y relatives. (Voir la circulaire de la comptabilité générale, du 6 décembre 1833, n° 81, § 4.) (Section des Pensions.) | |
| 1838 | 15 oct. | DETTE viagère et pensions. — Notification des premières mesures prises pour le renouvellement des *registres permanents* de ces deux natures de dettes. (Section des Pensions.) | |
| 1838 | 30 nov. | DETTE viagère et pensions. — Complément des mesures prises pour le renouvellement des diverses natures de dette viagère. (Section des Pensions.) | |
| 1839 | 18 déc. | DETTE viagère. — Pensions. — Situation mensuelle de crédits : Invitation de l'accompagner d'une lettre d'envoi immédiatement après l'expiration du mois de la dépense; explications sur la forme qu'il convient d'adopter pour l'établissement de ces documents, conformément à la circulaire du 1er avril 1834. (§ 4, circul. n° 2.) | |
| 1843 | 26 juin. | DETTE viagère. — Pensions : Nouveau modèle de situations mensuelles des crédits de paiements pour ces natures de dettes. (Circul. n° 9.) | |
| 1843 | 15 sept. | DETTE viagère. — Pensions. — Renouvellement des registres permanents de ces natures de dettes. (Circul. n° 10.) | |

| DATES. | | SOMMAIRES. | NOTES. |
|---|---|---|---|
| | | **DET, DOM, DOT.** | |
| 43 | 18 nov. | DETTE viagère — Pensions. : Instructions complémentaires au sujet du renouvellement des registres quinquennaux de ces natures de dettes.<br>(Circul. nº 12.) | |
| 53 | 6 mai. | DETTE viagère. — Pensions : Modifications apportées par l'arrêté ministériel du 18 avril 1853, au mode de vérification de la dette viagère et des pensions, qui est replacé dans les attributions de la comptabilité générale des finances.— Continuer d'adresser, à la direction de la dette inscrite, les certificats et avis de décès de toute nature et les certificats de paiement, modèle nº 5 de l'instruction du 15 septembre 1834, ainsi que les certificats conformes aux dispositions des art. 203, 204 et 214 du code Napoléon.—Les bordereaux mensuels et états trimestriels de retenues, prescrits par la circulaire du 28 août 1844, nºs 350 - 15. La situation mensuelle des crédits, pour chaque nature de service, conformément à la circulaire du 1er avril 1834, et celle du 26 juin 1843; nº 9.—Rentes viagères d'ancienne origine. — Rentes viagères pour la vieillesse.<br>(Service des Pensions.) | |
| 55 | 26 mars. | DOMAINE privé du dernier règne. — Indemnités viagères de retraite aux employés et agents du règne de Louis-Philippe, accordées en vertu du décret impérial du 10 mars 1855, sont inscrites au trésor public. (Décrets des 13 et 15 juin 1853.) — Ces indemnités sont placées, en ce qui touche le cumul et la naturalité des titulaires, dans les règles exceptionnelles notifiées par la circulaire du 4 juin 1853, relative aux employés et agents de l'ancienne liste civile. (Voir le § 1er de la circulaire du 10 mars 1855.)<br>(Service des Pensions). | |
| 862 | 20 sept. | DOTATIONS inscrites aux noms des anciens donataires du Mont-de-Milan. — Exécution des décrets des 18 décembre et 14 août 1861 et 1862.<br>§ 1er. Titres d'inscriptions.<br>§ 2. Registre permanent et tenue des écritures.<br>§ 3. Paiement par trimestre, sur la présentation du titre d'inscription et d'un certificat de vie, timbré, délivré dans la forme prescrite par l'art. 46 du règlement d'administration publique, du 9 novembre 1853.<br>§ 4. Cumul : Ces dotations sont cumulables avec tous les traitements et pensions sur les fonds de l'Etat, et avec la pension fixée par la loi du 26 juillet 1821. | |

| DATES. | | SOMMAIRES. | NOTES. |
|---|---|---|---|
| | | **EXE, INT.** | |
| | | § 5. Insaisissabilité : En vertu de l'art. 51 du décret du 1er mars 1808, ces dotations sont insaisissables, et peuvent seulement, d'après l'art. 52, être déléguées, pour partics, dans certain cas. Si les délégations sont signifiées, transmettre les actes à la direction de la dette inscrite, et surseoir provisoirement au paiement. — Refuser de recevoir aucune saisie. | |
| | | § 6. Qualité de Français : Aucune justification de naturalité n'est à exiger des titulaires actuels, quel que soit le lieu de leur naissance. | |
| | | § 7. Résidence à l'étranger : Les donataires ne sont plus astreints à aucune autorisation préalable dans le cas de résidence hors de France et ont, dans ce cas, à produire un certificat de vie conforme au modèle annexé, sous le n° 3, à l'ordonnance du 24 février 1832. — Refuser tout paiement si le certificat de vie ne mentionne pas la conservation de la qualité de Français et en informer la direction de la dette inscrite. | |
| | | § 8. Condamnation : Surseoir à tout paiement et en référer, dans le cas où une demande d'arrérages serait faite au nom d'un titulaire condamné. | |
| | | § 9. Prescription quinquennale : Par application de l'art. 2277 du code Napoléon, cette seule prescription peut être acquise contre les donataires (Service des pensions.) | |
| | | — | |
| 1839 | 18 déc. | EXEAT à produire par les pensionnaires qui changent de notaire certificateur.— Mention de cette circonstance sur le certificat de vie, inscription du nom du nouveau notaire certificateur sur le registre permanent du payeur, conformément aux prescriptions de la circulaire du 30 novembre 1833, § 4. — Avis à donner au notaire qui aurait certifié l'existence d'un pensionnaire sans réclamer l'exéat du notaire qui antérieurement certifiait (§ 2, circul. n° 7.) | |
| | | — | |
| 1838 | 6 oct. | INTERETS et capitaux de cautionnements. — En cas de non-paiement dans les délais déterminés, continuer de verser, comme par le passé, à la caisse des dépôts et consignations, les capitaux de cautionnements ainsi que les intérêts. Les consignations devront embrasser la totalité des sommes mises en paiement, *qu'elles soient ou non grevées d'opposition*, puisque ces sommes appartiennent à des titulaires dont les fonctions ont cessé depuis plus d'un an — Les intérêts de cautionnements ordonnancés isolément et sans ca- | |

| ATES. | SOMMAIRES. | NOTES. |
|---|---|---|
| | **INT, IND.** | |
| | pitaux, au profit de titulaires en fonctions subiront, comme les autres dépenses de l'Etat, l'annulation qui doit être opérée lorsque le paiement n'est pas effectué en clôture d'exercice, ou au 31 décembre en ce qui concerne les exercices clos. (Circul. n° 245.) | |
| 30 août. | **INTERETS** de cautionnements. — Mesures à prendre pour inviter les titulaires en retard de se présenter aux caisses du trésor, avant la clôture de l'exercice, pour toucher les sommes qui leur sont dues. — Les payeurs devront indiquer, dans la colonne d'observations des états d'annulations, si le paiement n'a pas été effectué pour causes de décès, de cessation de fonctions ou tout autre motif. (Service des cautionnements.) | |
| 13 sept. | **INTERETS** et remboursement de capitaux de cautionnements. — Notifications de l'ordonnance du roi, en date du 24 août 1841, concernant ces paiements. (Circul. n$^{os}$ 315-6.) | |
| 6 16 mars. | **INDEMNITES** temporaires et pensions concédées en vertu de la loi du 1$^{er}$ mai 1822 ; changements introduits dans la confection des états de paiements. Désormais, et enfin d'année, il sera adressé aux payeurs un seul état nominatif qui formera souche et qui sera modifié à chaque trimestre en raison des mouvements qui pourraient accroître ou diminuer le montant de l'ordonnancement du trimestre précédent. (Bureau des Pensions.) | |
| 9 30 avril. | **INDEMNITES** liquidées en vertu de la loi de 1822 et du décret du 2 mai 1848, accordées à des pensionnaires inscrits sur fonds de retenues, jouissent de la faculté de faire certifier leur existence par les maires; ces certificats de vie, ainsi que les quittances des titulaires, peuvent être dispensées de la formalité du timbre par exception à l'article 12 de l'ordonnance du 20 juin 1817. (Bureau des Pensions.) | |
| 3 4 juin. | **INDEMNITES** viagères de retraite aux employés et agents de l'ancienne liste civile : les parties intéressées auront à produire un certificat de vie notarié et | |

| DATES. | | SOMMAIRES. | NOTES. |
| --- | --- | --- | --- |
| | | **IND, LIS, NOT.** | |
| | | timbré, dans lequel elles auront déclaré si elles jouissent ou non d'un traitement à quelque titre et sur quelques fonds que ce soit. — La quittance sera donnée sur la lettre d'avis et le certificat de vie sera joint à cette pièce de dépense. (Service des Pensions.) | |
| 1853 | 11 oct. | **INDEMNITES** viagères de retraite aux anciens employés et veuves d'employés de la dernière liste civile. — Mesures relatives à ces paiements. (Secrét. gén., circul. n° 471.) | |
| 1855 | 26 mars. | **INDEMNITES** viagères de retraite aux employés et agents du domaine privé du dernier règne, accordées en vertu du décret impérial du 10 mars 1855; ces indemnités sont inscrites au trésor public, conformément aux prescriptions des décrets des 13 et 15 juin 1853. — Elles sont placées, en ce qui touche le cumul et naturalité des titulaires, dans les règles exceptionnelles notifiées par la circulaire du 4 juin 1853, relative aux employés et agents de l'ancienne liste civile. (Voir la circulaire du 10 mars 1855.) (Service des Pensions.) | |
| | | **LISTE** civile. — (Voir les circulaires des 4 juin et 11 octobre 1853, sous le titre *Indemnité*, et 10 mars 1855, à *Pensions*.) | |
| 1839 | 5 juill. | **NOTAIRES**. — L'ordonnance du roi, en date du 27 juin 1839, étend à tous les notaires du royaume la faculté de certifier l'existence des rentiers viagers et pensionnaires de l'Etat. Art. 1er.<br>Art. 10, § 2 de l'instruction, pour la délivrance des certificats de vie : Les certificats de vie doivent toujours être revêtus du sceau particulier du notaire, sous peine d'être refusés par les payeurs ; et toutes les fois, en outre, que les parties ont à en faire usage, dans un département autre que celui où s'est effectuée la délivrance, il est indispensable que la signature que y appose le notaire soit légalisée par le préfet ou le sous-préfet de l'arrondissement. (Décision ministérielle du 11 novembre 1828.) (Section des Pensions.) | |
| 1840 | 19 août. | **NOTAIRES** en exercice dans leurs départements, marche à suivre par les payeurs pour s'en procurer | |

| DATES. | | SOMMAIRES. | NOTES. |
|---|---|---|---|



la liste complète. Dépêche de S. Exc. le garde des sceaux, en date du 23 octobre 1839, prescrivant à MM. les procureurs généraux de remettre aux payeurs la liste officielle de tous les notaires en exercice dans chaque département et de leur faire connaître avec exactitude les changemens que chaque mutation fera successivement subir à cette liste.

(Circul. n<sup></sup>os 3-2.)

—

2 26 janv.
9 5 juill.

**NOTIFICATION** de décès. — Les extraits mortuaires sur papier libre, ainsi que les avis de décès des rentiers viagers et pensionnaires de l'Etat, au lieu d'être adressés au ministre, comme le prescrivent les précédentes instructions, seront à l'avenir remis au payeur de chaque département, Par la circulaire n° 58, en date du 26 janvier 1832, le directeur de la dette inscrite informe les préfets des nouvelles mesures prescrites aux payeurs et du concours qui leur est demandé à l'effet de connaître les motifs qui ont empêché les rentiers viagers et les pensionnaires de recevoir les arrérages trimestriels échus.

Instruction du 27 juin 1839 § 16, notifiée par la circulaire du 5 juillet 1839.

—

39 18 déc.

**ORPHELINS** de militaires. — **Secours annuels :** Les certificats de vie délivrés à cette catégorie de pensionnaires ne devront être acquittés que sur la justification de l'existence du plus jeune des cotitulaires. — Au décès de l'orphelin le plus jeune, avant la date de l'expiration de la jouissance, le payeur devra, lorsqu'il lui aura été notifié, en informer la direction de la dette inscrite, qui ordonnera les mesures à prendre pour continuer le paiement avec régularité.

(§ 1er, circul. n° 2.)

—

39 18 déc.

**PAIEMENTS** sur visa. — Le trésor n'est pas tenu de faire, à jour fixe, des fonds dans toutes les communes où les recettes locales présentent des insuffisances. — Les pensionnaires devront attendre que les comptables désignés pour effectuer le paiement soient en mesure de le faire sur les recouvrements qu'ils auront opérés.

(§ 9, circul. n° 2.)

—

32 26 janv.

**PENSIONNAIRES** en retard de recevoir les arrérages des trimestres échus. — Certificat de dernier paie-

| DATES. | | SOMMAIRES. | NOTES. |
|---|---|---|---|
| | | **PEN.** | |
| | | ment à transmettre par les payeurs à M. le préfet, avec invitation de faire vérifier par les maires du domicile de la partie, les causes de la non réclamation des termes échus de la pension viagère ou de retraite, et à leur transmettre, s'il y a lieu, l'acte mortuaire ou toute autre pièces constatant le décès. — Les payeurs pourront encore adresser la demande de renseignements aux notaires qui certifiaient l'existence de ces rentiers viagers ou pensionnaires. | |
| 1834 | 6 nov. | **PENSIONNAIRES** en retard de réclamer les arrérages des trimestres échus. — Instruction *explicative* de la circulaire du 15 septembre 1834 en ce qui concerne l'application de l'art. 9 de l'arrêté du 15 floréal an XI. Les payeurs devront, aux dates des 2 janvier, 2 avril, 2 juillet et 2 octobre, rechercher et signaler par autant de certificats de dernier paiement les pensionnaires auxquels à ces époques il se trouverait dû douze trimestres, sans qu'il y ait eu de leur part aucune réclamation et qui seront, par conséquent, frappés de la prescription triennale. — Il est à observer cependant que si une échéance vient à tomber un jour férié, le délai des trois ans est naturellement prolongé de vingt-quatre heures.— Dans le cas où ces pensionnaires se présenteraient aux caisses des payeurs, ces derniers devraient les renvoyer à se pourvoir auprès du ministre des finances. — Il ne pourrait être procédé au paiement qu'après décision spéciale prescrivant leur rétablissement sur le registre permanent des pensions. (Section des Pensions.) | |
| 1847 | 20 nov. | **PENSIONNAIRES** hors des chefs-lieux du département, notification d'une décision ministérielle, en date du 30 octobre 1847, modificative de l'art 26 de l'instruction du 27 juin 1839, relative au paiement des arrérages par des mandats remis aux notaires et délivrés par les receveurs généraux sur les comptables du département. Désormais, les payeurs transmettront aux notaires les certificats de vie visés par eux et tenant lieu de mandats. Au moyen de ce visa, les notaires pourront toucher le montant des pensions, conformément au mode d'assignation déterminé par l'art 561 de l'instruction générale, du 17 juin 1840, notifiée par la circulaire n° 117, du 25 septembre 1840 (Circul. n° 16.) | |

| DATES. | | SOMMAIRES. | NOTES. |
|---|---|---|---|
| | | **PEN.** | |
| 33 | 30 nov. | PENSIONS. — Instruction pour régler, en ce qui concerne le service de la dette inscrite, l'exécution d'un arrêté du ministre en date du 23 novembre 1833.<br>§ 1er. Ordonnancement de la partie viagère de la dette publique. — Crédits, extraits sommaires envoyés aux payeurs par le directeur du mouvement général des fonds.<br>§ 2. Registres à tenir par les payeurs (modèle n° 1). Abrogation du paragraphe 7, n° 3, de la circulaire n° 38, page 20, de la comptabilité générale des finances, en date du 25 septembre 1824, relative à la production des états trimestriels de retenue.<br>§ 3. Articles nouvellement inscrits ou rétablis. — Autorisations individuelles (modèles nos 2, 3, 4 et 6).<br>§ 4. Extinctions : Suivre les prescriptions de la circulaire du 26 janvier 1832, relativement au décès. — Règles à suivre pour les annotations à faire sur le registre permanent. — Indication du nom et du domicile du notaire qui certifie l'existence du pensionnaire. — Même mention, lorsque la circonstance se présente, sur l'extrait mortuaire, et, de plus, le numéro d'inscription et le nom de la partie éteinte.— Demande de renseignements sur les pensionnaires en retard de recevoir les arrérages trimestriels échus.<br>§ 5. Retenues au profit de femmes et enfants de pensionnaires militaires (modèle n° 5). (Voir la circulaire du mouvement général des fonds, en date du 1er février 1825.)<br>§ 6. Virements, par suite de changement d'un département dans un autre, des pensionnaires et rentiers viagers, transmission d'un extrait (modèle n° 4), en conformité de la circulaire du directeur du mouvement général des fonds, en date du 20 juin 1827.<br>§ 7. Arrérages appartenant à des exercices clos et que des titulaires auraient négligé de réclamer, seront payés sur les crédits de l'exercice, à moins que lesdits arrérages ne soient frappés des prescriptions triennales ou quinquennales. | |
| 839 | 18 déc. | PENSIONS. — Renouvellement des titres et rectifications. — Eviter de les envoyer en trop grand nombre à la direction de la dette inscrite. — S'abstenir d'aucun envoi semblable durant les six dernières semaines qui précèderont chaque échéance.<br>(§ 6, circul. n° 2.) | |
| 846 | 16 mars. | PENSIONS et indemnités temporaires concédées en vertu de la loi du 1er mai 1822. Désormais, et en fin d'année, il sera adressé aux payeurs un seul état no- | |

| DATES. | | SOMMAIRES. | NOTES. |
|---|---|---|---|
| | | **PEN.** | |
| | | minatif qui formera souche et qui sera modifié à chaque trimestre en raison des mouvements qui pourraient accroître ou diminuer le montant de l'ordonnancement du trimestre précédent. (Bureau des Pensions.) | |
| 1848<br>1853<br>1858 | 11 nov.<br>1er déc.<br>30 nov. | PENSIONS. — Renouvellement des registres quinquennaux. — Dispositions y relatives. (Bureau des pensions, § 1er. — Secrétariat général, circulaire n° 473. — Bureau des pensions, § 1er.) | |
| 1848 | 11 nov. | PENSIONS ecclésiastiques. — Application du décret du 13 mars 1848, sur le cumul. (§ 2, Bureau des Pensions.) | |
| 1849 | 30 avril. | PENSIONS et indemnités liquidées en vertu de la loi du 1er mai 1822 et le décret du 2 mai 1848, accordées à des pensionnaires inscrits sur fonds de retenues, jouissent de la faculté de faire certifier leur existence par les maires; ces certificats de vie, ainsi que les quittances des titulaires, peuvent être dispensés de la formalité du *timbre*, par exception à l'art. 12 de l'ordonnance du 20 juin 1817. (Bureau des Pensions.) | |
| 1850 | 13 août. | PENSIONS accordées aux citoyens blessés et aux familles de ceux qui ont succombé dans les journées de mai et de juin 1848. — Prescriptions concernant ce service. (Secrétariat général, circul. n° 438.) | |
| 1852 | 15 janv. | PENSIONS temporaires accordées aux orphelins de mai et de juin 1848. — Mode de paiement. (Voir le décret du président de la république, en date du 26 novembre 1851.) (Bureau des Pensions.) | |
| 1853 | 6 mai. | PENSIONS. — Dette viagère : modifications apportées par l'arrêté ministériel, du 18 avril 1853, au mode de vérification des pensions et de la dette viagère qui est replacée dans les attributions de la comptabilité générale des finances. — Continuer d'adresser à la direction de la dette inscrite, les certificats et avis de décès de toute nature et les certificats de paiements, modèle n° 5 de l'instruction du 15 sep- | |

| DATES. | SOMMAIRES. | NOTES. |
|---|---|---|

## PEN.

tembre 1834, ainsi que les certificats conformes aux dispositions des articles 203, 204 et 214 du code Napoléon. — Les bordereaux mensuels et états trimestriels de retenus, prescrits par la circulaire du 28 août 1844, n[os] 350, 15. — La situation mensuelle des crédits, pour chaque nature de service conformément à la circulaire du 1er avril 1834, et celle du 26 juin 1843, n° 9. — Rentes viagères d'ancienne origine. — Rentes viagères pour la vieillesse.

(Service des Pensions.)

—

'4 | 11 fév. **PENSIONS.**—Instructions aux payeurs, d'après le règlement d'administration du 9 novembre 1853, pour l'exécution de la loi du 9 juin 1853, sur les pensions civiles.

§ 1er Substitution du mode de paiement trimestriel au mode semestriel.

§ 2. Inscription au trésor des pensions sur fonds de retenues — Suppression du chapitre spécial ouvert au budget pour le paiement des pensions concédées, en vertu de la loi du 1er mai 1822 et le décret du 2 mai 1848.

§ 3. Pour constater la novation qui a lieu dans cette portion de la dette viagère, il sera délivré aux pensionnaires de nouveaux titres constatant leur inscription au grand-livre, en remplacement de ceux qu'ils ont aujourd'hui entre les mains.

§ 4. Les caisses de retraite spéciales de *l'académie impériale de musique et des subsistances militaires*, n'ont pas été comprises au nombre de celles dont la suppression a été prononcée par la loi du 9 juin 1853, mais les pensions n'en doivent pas moins être soumises au même mode de paiement que les pensions inscrites à la dette publique et imputables sur le crédit général du budget. (La circulaire du 10 mars 1857 informe les payeurs de l'inscription de ces pensions au trésor.)

§ 5. Pensionnaires porteurs de simples lettres d'avis. — Prescriptions relatives au paiement et à la remise du nouveau titre.

§ 6. Pensionnaires payés dans un département autre que celui de leur domicile. Les certificats de vie délivrés par le notaire du domicile doivent être légalisés par le préfet. — Les demandes en changement de département doivent être adressées à la direction de la dette inscrite et rédigées sur papier timbré.

§ 7. Paiement des arrérages antérieurs à 1854.

§ 8. Décompte d'arrérages après décès, antérieurs au 1er mai 1854.

§ 9. Saisies, oppositions et délégations ayant pour conséquence des retenues sur pensions.

| DATES. | | SOMMAIRES. | NOTES. |
|---|---|---|---|
| | | **PEN.** | |
| | | § 10. Cumul : l'art. 28 de la loi prononce la suspension de la pension lorsque le titulaire est remis en activité dans le même service.— Dans un service différent, conservation de la pension avec le traitement, à concurrence de 1,500 fr. — Explications sur la désignation de service différent et sur le cumul. — Les payeurs devront exiger que tous les certificats de vie mentionnent la déclaration prescrite par l'art. 14 de la loi du 15 mai 1818.<br>§ 11. Suppression des pensions par suite de la perte de la qualité de Français. — Les veuves perdent leur nationalité par le seul fait de leur mariage avec un étranger ; en cas de convol en deuxièmes noces, elles devront produire l'acte de célébration du nouveau mariage.— Transmettre cette justification avec le titre de la pension à la direction de la dette inscrite ; elle ordonnera les mesures à prendre.<br>§ 12. Prescription triennale : Les trois ans de non-réclamation devront être comptés à partir du dernier paiement de la pension.—Les décomptes des héritiers ou ayant-cause des pensionnaires décédés seront prescrits après trois années.<br>§ 13. Certificats de vie.— Tarif des droits dus aux notaires certificateurs.<br>(Service des Pensions.) | |
| 1854 | 1er mars. | PENSIONS. — Envoi des états quinquennaux des pensions dont le paiement devient trimestriel, et des pensions civiles régies par la loi du 9 juin 1853.<br>(§ 1er, section des Pensions.) | |
| 1854 | 17 juin. | PENSIONS civiles antérieurement imputées sur les caisses de retraites supprimées par la loi du 9 juin 1853. — Exécution de l'art. 1er du règlement d'administration publique, en date du 9 novembre 1853.<br>(Service des Pensions.) | |
| 1857 | 10 mars. | PENSIONS.— § 1er. Inscription au trésor des pensions de l'ancienne caisse de vétérance de la liste civile, et réunion de ces pensions en un même chapitre, avec les indemnités viagères de retraite de la dernière liste civile et du domaine privé du dernier règne.<br>§ 2. Inscription au trésor, des pensions de l'académie impériale de musique et des subsistances militaires. (Voir, à *Indemnités viagères de retraite* et *Domaine privé*, la circulaire du 26 mars 1855. — L'instruction du 11 février 1854, § 4, est aussi modifiée.)<br>(Service des Pensions.) | |

| DATES. | | SOMMAIRES. | NOTES. |
|---|---|---|---|
| | | **PIÈ, PRE.** | |
| 39 | 18 déc. | **PIECES** transmises à la direction de la dette inscrite. — Elles doivent être accompagnées d'une lettre d'envoi qui en spécifie le nombre, la nature et le but. (§ 3, circul. n° 2.) | |
| 34 | 15 sept. | **PRESCRIPTION** triennale. — Arrérages de pensions.—Les pensionnaires et les héritiers des pensionnaires décédés qui laissent écouler trois années sans réclamer les arrérages de leurs pensions ou le décompte de ces arrérages sont déchus de tous droits, tant pour les termes échus que pour ceux à échoir, jusqu'à ce qu'il ait été statué par le ministre. — Les noms des pensionnaires resteront inscrits sur les registres permanents jusqu'à ce que l'application de l'art. 9 de l'arrêté du gouvernement du 15 floréal an XI, puisse leur en être faite. (§ 1er, section des Pensions.) | |
| 34 | 6 nov. | **PRESCRIPTION** triennale. — Arrérages de pensions. — Instruction explicative de la circulaire du 15 septembre 1834, en ce qui concerne l'arrêté du 15 floréal an XI : Les pensions dont les arrérages n'ont pas été réclamés pendant trois années, à compter de l'échéance du paiement dernier, seront censées éteintes et ne seront plus portées dans les états de paiement, et que si les pensionnaires se présentent après la révolution desdites trois années, les arrérages ne commenceront à courir qu'à compter du premier jour du semestre qui suivra celui dans lequel ils auront obtenu leur rétablissement. — On devra adopter en principe qu'il y a lieu à l'application de la déchéance triennale toutes les fois qu'un pensionnaire ne se sera pas présenté à la caisse du payeur de son département le jour de l'échéance du trimestre postérieur de trois ans à celui qui lui aurait été payé en dernier lieu. — Il est à observer cependant que, si une échéance vient à tomber un jour férié, le délai des trois ans est naturellement prolongé de vingt-quatre heures. (Service des Pensions.) | |
| 51 | 15 fév. | **PRESCRIPTION** quinquennale des arrérages de rentes. — Annulations : Lorsque le semestre d'une rente sera prescrit, les payeurs annuleront à la fois le semestre prescrit et les semestres subséquents, qu'il y ait eu ou non des paiements intermédiaires. (Secrétariat général, circul. n° 447.) | |

| DATES. | | SOMMAIRES. | NOTES. |
|---|---|---|---|
| | | **REN.** | |
| 1839 | 18 nov. | RENOUVELLEMENT des titres et rectification.— Eviter de les envoyer en trop grand nombre à la direction de la dette inscrite. — S'abstenir d'aucun envoi semblable durant les six dernières semaines qui précéderont chaque échéance. (§ 6, circul. n° 2.) | |
| 1848<br>1853<br>1858 | 11 nov.<br>1er déc.<br>30 nov. | RENOUVELLEMENT des états matrices des registres quinquennaux. — Dispositions y relatives. (Bur. des Pens., circul. n° 473, § 1er,) | |
| 1850 | 2 janv. | RENTES. — Exécution du décret du 9 novembre 1849, relatif au paiement.<br>Art. 1er Ordonnancement collectif par département, etc.<br>Art. 2. Création des bulletins nominatifs, modèle n° 1, pouvant servir dix années.— Indication du nom du titulaire, etc. — Les bulletins seront frappés du timbre sec de la direction de la dette inscrite, pour les rentes directes, et du timbre sec de la préfecture pour les rentes départementales.<br>Art. 3. A chaque semestre, les rentes nouvellement inscrites ou dont le paiement serait demandé dans un autre département, donneront lieu à la délivrance de bulletins. — Les déductions opérées dans le cours du semestre seront notifiées aux payeurs par la dette inscrite. — Les payeurs devront prendre copie des états de déduction, et ils communiqueront les originaux au receveur général de leur département ; celui-ci procèdera immédiatement à la radiation des inscriptions à déduire et renverra ces états au payeur — Le receveur général dressera un semblable état de déduction pour les rentes départementales et en adressera une copie au payeur. — Les payeurs retireront des casiers les rentes déduites; ils les frapperont du timbre d'annulation et les renverront à la direction de la dette inscrite. (Voir, au sujet des timbres pour le service des rentes, la circulaire du mouvement général des fonds, du 11 janvier 1850, nos 1-1 ) — Les bulletins des rentes départementales déduites seront frappés d'annulation et renvoyés au receveur général, etc. — Les payeurs dresseront un tableau des restes à payer, des semestres arriérés, et y émargeront plus tard les paiements.<br>Art. 4. La reconnaissance des titres au moment du paiement aura lieu à Paris, par le caissier payeur central. — Dans les départements, par les receveurs des finances et contrôlés par les payeurs.—Les relevés | |

| DATES. | SOMMAIRES. | NOTES. |
|---|---|---|

## REN.

des bulletins nominatifs seront établis et certifiés par la dette inscrite pour les rentes *directes*, et par les receveurs généraux pour les rentes *départementales;* ces relevés seront adressés aux payeurs qui, après les avoir pointés avec les bulletins, y apposeront leur visa et les renverront aux receveurs généraux.

Art. 5. Les formules de mandats et de quittances de rentes, à compter du semestre au 22 mars 1850, pour Paris et les départements, doivent être conformes aux modèles n°s 2 et 3. Dans les départements, les quittances pourront comprendre plusieurs inscriptions, pourvu que la série et le numéro de chaque inscription, les noms des titulaires et le montant des rentes y soient indiqués. — Ces pièces devront, dans tous les cas, mentionner la date du paiement, ainsi que le nom et le domicile du porteur du titre, qui devra signer la quittance.

Art. 6. Caissier payeur central, à Paris. — Timbre-estampille du contrôle au dos des extraits d'inscriptions Bulletin-matrice constatant le paiement. —Dans les départements, l'acte du paiement sera constaté par les receveurs généraux, au moyen d'émargements sur les états déposés entre leurs mains. Le contrôle du payeur s'exercera et se constatera dans la forme ci-après en l'article 8.

Art. 7. Prescriptions relatives aux paiements de rentes dans les arrondissements, etc.

Art. 8. Les receveurs particuliers, pour leur arrondissement respectif, le receveur général pour l'arrondissement chef-lieu, fourniront des bordereaux détaillés des paiements effectués par eux. Ils joindront les quittances à ces bordereaux. Le receveur général, après avoir établi, dans un bordereau sommaire, la récapitulation des bordereaux de détail, remettra le tout au payeur, qui confrontera les quittances avec les bulletins-matrice, revêtira les bulletins d'un timbre constatant la date du paiement du semestre, vérifiera l'exactitude des bordereaux, donnera son ré-récépissé au receveur général, et rattachera les paiements à sa comptabilité. — A la fin de chaque mois, le payeur dressera un état récapitulatif des versements qui lui auront été faits dans le même mois, par le receveur général; il certifiera, au bas de cet état, que les paiements effectués ont été reconnus conformes aux bulletins-matrice émanés de la dette inscrite, et il le joindra, ainsi que les quittances et bordereaux à l'appui, aux éléments de sa comptabilité qu'il est tenu de produire mensuellement à la comptabilité générale des finances.

Art. 9. Les pièces à produire à l'administration et

| DATES. | | SOMMAIRES. | NOTES. |
|---|---|---|---|
| | | **REN.** | |
| | | à la cour des comptes, pour la justification des droits des créanciers et des paiements, seront, savoir :<br>1° Pour le caissier payeur central, les feuilles journalières des contrôleurs, certifiées par les sous-payeurs, récapitulées et accompagnées des mandats revêtus de l'acquit des parties prenantes ;<br>2° Pour les payeurs, dans les départements, les quittances des parties, les états mensuels des payeurs revêtus du certificat de conformité prescrit par l'article qui précède. Le payeur central et les payeurs des départements remettront à la direction de la dette inscrite, à l'expiration de chaque semestre, l'état nominatif des parties de rentes atteintes par la prescription quinquennale.<br>(Circul. n° 423.) | |
| 1851 | 15 fév. | RENTES. — Arrérages atteints par la prescription quinquennale : Lorsque le semestre d'une rente sera prescrit, les payeurs annuleront à la fois le semestre prescrit et les semestres subséquents, qu'il y ait eu ou non des paiements intermédiaires.<br>(Circul. n° 447.) | |
| 1856 | 15 déc. | RENTES. — Renouvellement des états d'arrérages de rente 4 1/2 %, dressés en 1852 et dont la durée est limitée à cinq ans, par arrêté du 10 novembre 1849. — Prescriptions y relatives. | |
| 1858 | 4 déc. | RENTES. — Dispositions à la refonte de la 9e série des rentes 3 %. | |
| 1860 | 18 mai. | RENTES. — Dispositions relatives au renouvellement des bulletins-matrice mobiles des rentes 3 %. | |
| 1862 | 24 janv. | RENTES. — Renouvellement des bulletins-matrice des rentes 4 1/2 %. — Refonte de la 10e série. | |
| 1835 | 1er déc. | RENTES viagères. — Pensions civiles et ecclésiastiques : Renseignements demandés aux payeurs pour l'exécution de la décision du ministre, en date du 24 octobre 1835, sur le montant des paiements d'arrérages des rentes sus-mentionnées, appartenant aux semestres échus, les 22 décembre 1833, 22 juin et 22 décembre 1834, et aux exercices antérieurs à 1834. (Voir la circulaire de la comptabilité générale, n° 91, § 1er, du 16 octobre 1835.) | |

## REN, RET, SEC.

| | DATES. | SOMMAIRES. | NOTES. |
|---|---|---|---|
| 2 | 26 juill. | **RENTES** viagères de la vieillesse. — Notification de l'arrêté ministériel, en date du 28 mai 1852. — Ouverture d'un registre permanent, conforme à celui dont l'arrêté du 23 novembre 1833 a prescrit l'établissement pour les rentes viagères d'ancienne origine. — Dispositions relatives aux paiements, etc. (Bureau central.) | |
| 9 | 18 déc. | **RETENUES** sur arrérages de pensions, en exécution des art. 203, 205 et 214 du code Napoléon. — Les payeurs retiendront le cinquième des arrérages lorsque la retenue a pour objet un débet envers l'Etat, et le tiers lorsqu'il s'agit d'une saisie alimentaire autorisée judiciairement. — La notification des retenues sus-mentionnées doivent être portées sur-le-champ à la connaissance de la dette inscrite. (§ 2, circul. n° 2.) | |
| 14 | 28 août. | **RETENUES.** — Nouvelles dispositions en matière de retenues à exercer sur des pensions, soit pour aliments, soit pour cause de débet envers l'Etat. — L'ordre de retenue devra toujours émaner de la direction de la dette inscrite pour les débets envers l'Etat; il y aura lieu de déférer aux significations, soit d'arrêts de cours et jugements des tribunaux, attribuant des provisions alimentaires imputées sur des pensions, soit d'actes en forme par lesquels les pensionnaires eux-mêmes déclareront déléguer dans le même but une portion de leurs arrérages. — Informer la dette inscrite des actes signifiés pour retenues à titres d'aliments. (Voir les modèles n^os^ 1 et 2 des relevés à transmettre à la direction de la dette inscrite.) (Circul. n^os^ 350-15.) | |
| 39 | 18 déc. | **SECOURS** annuels attribués à des orphelins de militaires. — Ils ne doivent être acquittés que sur la justification d'existence du plus jeune des co-titulaires. — Au décès de l'orphelin le plus jeune, avant la date de l'expiration de la jouissance, le payeur devra, lorsqu'il lui aura été notifié, en informer la dette inscrite, qui ordonnera les mesures à prendre pour continuer le paiement avec régularité. (§ 1^er^, circul. n° 2.) | |
| 62 | 5 avril. | **SECOURS** viagers accordés à d'anciens militaires de la République et de l'Empire, en vertu du décret | |

| DATES. | | SOMMAIRES. | NOTES. |
|---|---|---|---|
| | | **SEC, SIT.** | |
| | | du 14 janvier 1851. Arrêté en exécution du décret du 9 février 1852<br>*Règles de paiement.*<br>Art. 6. Le paiement des secours inscrits aux registres matricules a lieu par trimestre, à la caisse des payeurs, dans les départements, sur la présentation de la lettre d'avis et d'un certificat de vie, *exempt de timbre*, délivré sans frais par le maire de la résidence du titulaire et revêtu du cachet de la mairie.<br>Art. 7. Les secours et leurs arrérages sont incessibles et insaisissables; il ne peut être reçu aucune opposition à leur paiement, à l'exception, soit de celles qui seraient formées par le titulaire du secours, soit pour aliments ou débets. — Les secours peuvent se cumuler jusqu'à 700 fr. avec un traitement d'activité.<br>Art. 8. Les secours non réclamés pendant une année sont considérés comme éteints. — Le titulaire rayé, qui viendrait plus tard justifier de son existence, pourra être rétabli sur les registres, en vertu d'une décision spéciale, qui statuera en même temps sur les arrérages non payés<br>Art. 9. Les secours sont éteints par la mort de la personne qui en était titulaire. Les termes échus non acquités au moment du décès, ne peuvent être payés aux réclamants, en quelque titre que ce soit, sans une décision du grand chancelier, indiquant les personnes autorisées à recevoir.<br>Art. 10. Aussitôt que le payeur a connaissance de la mort d'un titulaire, il en informe le grand-chancelier en même temps que le ministre des finances.<br>(20 mars 1852.) | |
| 1854 | 1er mars | SECOURS viagers accordés aux anciens militaires de la République et de l'Empire. — Les payeurs devront surseoir au paiement des secours toutes les fois que l'identité des titulaires leur paraîtra douteuse.<br>(§ 2, service des Pensions.) | |
| 1834 | 1er avril. | SITUATIONS à transmettre par les payeurs à M. le directeur de la dette inscrite, par exercice, des crédits de paiement qui leur ont été ouverts pour chaque nature de dette viagère. Les arrérages ne doivent pas être payés lorsqu'il n'y a pas de crédits; cette disposition doit être rigoureusement observée. — Paiement d'arrérages sur exercices clos, prescriptions y relatives. (Voir la circulaire de la comptabilité générale, du 6 décembre 1835, n° 81, § 4.<br>(Section des Pensions.) | |

| DATES. | | SOMMAIRES. | NOTES. |
|---|---|---|---|
| | | **SIT, TIM.** | |
| 9 | 18 déc. | **SITUATIONS** mensuelles de crédits. — Invitation de l'accompagner d'une lettre d'envoi immédiatement après l'expiration du mois de la dépense. Explications sur la forme qu'il convient d'adopter pour l'établissement de ces documents, conformément à la circulaire du 1er avril 1834. (§ 4, circul. n° 2.) | |
| 13 | 26 juin. | **SITUATIONS** mensuelles des crédits de paiement pour la dette viagère et les pensions (*nouveau modèle*). (Circul. n° 9.) | |
| 39 | 18 déc. | **TIMBRE** et enregistrement. — Les certificats de propriété, ceux délivrés pour décompte de pensions de veuves ou orphelins de militaires ou donataires, sont soumis au timbre et exemptés de l'enregistrement. (§ 8, circul. n° 2.) | |
| 50 | 28 mai. | **TIMBRE** des pétitions, par application de l'art 12 de la loi du 13 brumaire an VII. (Circul. n° 432.) | |
| 62 | 20 sept. | **TIMBRE.** — Les certificats de vie délivrés aux donataires du Mont-de-Milan sont soumis à la formalité du timbre, par décision ministérielle du 12 novembre 1862. (Service des Pensions.) | |

| DATES. | | SOMMAIRES. | NOTES. |
| --- | --- | --- | --- |
| | | | |

# RÉPERTOIRE PAR ORDRE DE DATES

DES

# CIRCULAIRES DU MINISTÈRE DES FINANCES

CONCERNANT LE

# SERVICE DES PAYEURS

## INSTRUCTION DU 1er JANVIER 1810 ET DIRECTION DU CONTENTIEUX.

| DATES. | | SOMMAIRES. | NOTES. |
|---|---|---|---|
| | | **INSTRUCTION GÉNÉRALE** SUR LE **SERVICE DES DÉPENSES DIVERSES** **pour les payeurs extérieurs.** | |
| | | DES TRANSPORTS OU DÉLÉGATIONS. | |
| 1810 | 1er janv. | Art. 73. La signification au payeur, d'un transport ou délégation, produit le même effet qu'une opposition proprement dite, si au moment de cette signification il existe déjà des oppositions sur le cédant, et, dans ce cas, le payeur ne peut pas plus payer au cessionnaire ou délégataire qu'au cédant lui-même, jusqu'à ce que les oppositions antérieures à la délégation aient été levées. | |
| | | Art. 74. Le cédant qui rentre dans son droit, en vertu d'un acte de rétrocession, s'il est dans le cas de le faire signifier, court les mêmes chances que celles auxquelles le cessionnaire avait été exposé pour la signification de la cession ou délégation. | |
| | | Art. 75. Lorsqu'au moment de la signification d'une délégation il n'existe encore aucune opposition, elle saisit le cessionnaire ou le délégataire de l'objet délégué, et, dès cet instant, le payeur ne peut plus payer que sur la quittance du cessionnaire ou délégataire, à moins d'un acte de rétrocession de ce dernier. | |

| DATES. | | SOMMAIRES. | NOTES. |
|---|---|---|---|
| | | Art. 76. Si le payeur paie au cessionnaire ou délégataire, il doit se faire remettre, outre les titres établissant la créance de celui qui a fait la délégation, une expédition de la cession ou de la délégation, quoique déjà signifiée, et, si c'est au cédant, en vertu de l'acte de rétrocession, il doit se faire fournir expéditions des actes de cession ou rétrocession. | |
| | | Art. 77. Si le délégataire est opposant, nonobstant la délégation qui lui est faite, au dernier paiement à lui faire, et avant qu'il soit effectué, il devra donner au payeur main-levée de son opposition. (Circul. n° 1er, p. 28.) | |
| 1837 | 30 oct. | Arrêté ministériel, en date du 24 octobre 1837, pour l'exécution de l'ordonnance royale du 16 septembre 1837, concernant les oppositions et saisies-arrêts faites entre les mains des payeurs. | |
| | | Art. 1er. La saisissabilité des appointements ou traitements civils et militaires est déterminée par la loi et les ordonnances royales ; les sommes retenues sont versées mensuellement à la caisse des dépôts et consignations. | |
| | | Art. 2. Le dépôt à la caisse devra être accompagné d'un extrait des oppositions. | |
| | | Art. 3. Le récépissé constatant le dépôt sera accompagné d'un reçu particulier. | |
| | | Art. 4. Les comptables et agents du trésor devront remettre à la caisse des dépôts les extraits des oppositions pour des sommes déjà déposées et pour lesquelles il n'aurait pas été délivré des extraits. | |
| | | Art. 5. Tenue d'un registre, par ordre de date, pour les saisies-arrêts, oppositions, significations de cession ou de transport. | |
| | | Art. 6. Radiation des oppositions dont le renouvellement n'a pas été opéré dans les cinq années. | |
| | | Art. 7. Les significations faites antérieurement à la loi du 9 juillet 1836 doivent être renouvelées dans l'année, sous peine de déchéance, art. 15 de la loi, à l'égard des oppositions pour lesquelles des renouvel- | |

| | DATES. | SOMMAIRES. | NOTES. |
|---|---|---|---|
| | | lements auraient été faits ou qui le seraient à l'avenir, bien que les extraits en aient été remis à la caisse des dépôts et consignations, à l'appui des dépôts effectués; elles resteront sur les registres et n'en seront rayées que dans le cas et dans le délai prescrit, etc. | |
| | | Art. 8. Délivrance des extraits ou états d'opposition, à la charge par la partie de délivrer le papier timbré. — Sont toutefois dispensés du timbre les extraits délivrés dans l'intérêt de l'administration. | |
| | | Art. 9. Dépôt des exploits et significations entre les mains des comptables pendant vingt-quatre heures avant le visa. | |
| | | Art. 10. Forme des exploits d'oppositions et conditions essentielles de validité. | |
| | | Art. 11. Certificats des sommes dues à délivrer conformément aux prescriptions de l'art. 569 du code de procédure. (Arrêté du 24 octobre 1837.) | |
| 9 | 24 juill. | Exécution de l'ordonnance royale du 13 février 1839, concernant les retenues à exercer sur la solde des sous-officiers, brigadiers et gendarmes, par suite d'oppositions pour dettes privées. (Circul. n$^{os}$ 12-265.) | |
| 5 | 27 août. | Instruction aux payeurs concernant les oppositions, saisies-arrêts ou significations de transport, faitess entres leurs mains sur les sommes dues par l'Etat et par les départements, et versements, dans certains cas, des sommes saisies à la caisse des dépôts et consignations. | |
| | | **CHAPITRE I$^{er}$.** DES OPPOSITIONS EN GÉNÉRAL. | |
| | | **SECTION I$^{re}$.** *Réception, conservation et radiation des oppositions et déclaration des sommes dues.* | |
| | | Art. 1, 2, 3 et 4. Définition de la saisie-arrêt ou opposition. (Art. 557 du code de procédure civile; art. 1383 du code Napoléon.) | |
| | | Art. 5, 6, et 7. Comptables auxquels les oppositions doivent être signifiées sous peine de nullité. | |

| DATES. | SOMMAIRES. | NOTES. |
|---|---|---|
| | Art. 8. Le payeur avertit l'opposant, quand la dépense ne doit pas être payée à sa caisse.<br>—<br>Art. 9 et 10. Forme des exploits d'oppositions, et conditions essentielles de leur validité. (Art. 8 de la loi du 14-19 février 1792; 30 mai, 8 juin 1793; art. 1, 2 et 3; art. 1er à 5 de l'arrêté du 1er pluviôse an XI; art. 6, 7 et 8 du décret du 18 août 1807; art. 10 de l'arrêté ministériel du 24 octobre 1837.)<br>—<br>Art. 11. — Dépôt des exploits dans les mains du payeur. (Art. 9 de la loi du 19 février 1792; art. 3 du décret du 1er pluviôse an XI; art. 5 du décret du 18 août 1807; art. 561 du code de procédure civile; art. 3 de la loi du 25 nivôse an XIII, sur les cautionnements.<br>Le visa est donné en ces termes :<br>Vu et reçu copie.<br>(*La date en toutes lettres et la signature.*)<br>—<br>Art. 12. Si une ou plusieurs des conditions essentielles à la validité sont omises, etc., le payeur motive son refus en marge de l'original. — Refusé, attendu, etc.<br>—<br>Art. 13. Si par suite de ce refus l'exploit est porté au procureur impérial, et que ce magistrat transmette la copie au payeur, celui-ci en rend compte à S. Ex. le ministre, *direction du contentieux*. (Art. 3 du décret du 18 août 1807, et art. 561 et 1039 du code de procédure civile.)<br>—<br>Art. 14. Si l'exploit contient des réserves, soit pour les intérêts, soit pour les frais, et que l'huissier refuse de rectifier, le payeur vise l'original ainsi qu'il suit :<br>« *Vu pour le capital seulement, les accessoires n'étant pas déterminés.* »<br>—<br>Art. 15. Les payeurs tiennent deux registres pour les oppositions, l'un pour les retenues afférentes au budget de l'Etat, l'autre pour les retenues sur le service départemental.<br>—<br>Art. 16. Les oppositions sur créances départementales ne sont pas atteintes par la prescription quinquennale. Les payeurs doivent conserver ces oppositions jusqu'à ce que main-levée ait été ordonnée ou consentie.<br>—<br>Art. 17. Radiation des oppositions périmées, faute | |

| DATES. | SOMMAIRES. | NOTES. |
|---|---|---|
| | de renouvellement. Voir les art. 21 et 22 ci-après. (Art. 14 de la loi du 9 juillet 1836, et 4 de l'ordonnance royale du 16 septembre 1837.) | |
| | — | |
| | Art. 18. Oppositions à conserver. (Application de l'art. 7 de l'arrêté du 24 octobre 1837.) | |
| | — | |
| | Art. 19, 20 et 21. Certificats à délivrer des sommes dues. (Art. 6 du décret du 18 août 1807; 569 du code de procédure civile, et 7 du décret du 18 août 1807.) | |
| | — | |
| | Art. 22. Les extraits ou états d'oppositions ne doivent être délivrés que sur timbre. (Art. 14 de la loi du 19 février 1792; 7 et 8 du décret du 18 août 1807, § 9 et 12 de la loi du 13 brumaire an VII.) | |
| | — | |
| | Art. 23. Extraits dispensés du timbre. (§ 2 de l'art. 16 de la loi du 13 brumaire an VII.) | |
| | — | |
| | Art. 24. S'il survient de nouvelles saisies-arrêts depuis la délivrance de l'extrait délivré conformément à l'article précédent, sur la demande des parties, le comptable l'inscrit à la suite de l'extrait précédemment donné. (Art. 8 du décret du 18 août 1807.) | |
| | — | |
| | Art. 25. Les oppositions périmées ne sont pas comprises dans les états ou extraits à délivrer. (Art. 14, dernier § de la loi du 9 juillet 1836.) | |
| | — | |
| | Art. 26. Refus des dénonciations en validité, lorsqu'elles portent assignation. Motiver ainsi ce refus : « Refusé, par le motif que les payeurs ne peuvent « point, aux termes de l'art. 569 du code de procédure « civile, être assignés en déclaration affirmative. » (Avis du conseil d'État du 12 mai, et décret du 18 août 1807.) | |
| | — | |
| | Art. 27. Aucune somme frappée d'opposition ne peut être payée sans le consentement des parties intéressées ou sans autorisation de justice. (Art. 9 du décret du 18 août 1807.) | |
| | — | |
| | Art. 28. La non dénonciation au saisi, avec demande en validité, conformément aux art. 563 et 565 du code de procédure civile, n'infirme pas la saisie-arrêt quant au payeur, il lui faut une main-levée amiable ou judiciaire. | |
| | — | |

| DATES. | SOMMAIRES. | NOTES. |
|---|---|---|

Art. 29. La règle posée par l'art. 9 du décret du 18 août 1807, fléchit en faveur du trésor pour le recouvrement des contributions directes. (Art. 1er de la loi du 12 novembre 1808.)

Art. 30. Les main-levées d'oppositions par voie amiable ne peuvent être données que par acte notarié (1), enregistré et légalisé s'il y a lieu. Celles *qui sont données judiciairement sont prononcées par les tribunaux.*

SECTION II.

*De l'exécution des jugements portant main-levée d'oppositions.*

Art. 31. Jugements contradictoires. — Les payeurs ne doivent les exécuter que sur la production des pièces suivantes : 1° un certificat de l'avoué de la partie poursuivante, légalisé s'il y a lieu et contenant la date de la signification du jugement, faite tant à l'avoué qu'à la partie, à personne ou domicile ;

2° La grosse du jugement;

3° L'attestation du greffier, également légalisé s'il y a lieu, constatant qu'il n'existe contre le jugement aucun appel. (Art. 548 du code de procédure civile.)

Art. 32. Jugements contradictoires non susceptibles d'appel. — Les payeurs doivent, dans l'intérêt de leur responsabilité, exiger le certificat du greffier, attestant qu'il n'y a pas d'appel. (Art. 548 du code de procédure civile.)

Art. 33. Jugements contradictoires, exécutoires par provision. — Les payeurs ne doivent pas moins exiger le certificat du greffier. (Art. 548 du code de procédure civile.) — En cas de dénonciation d'appel avant le paiement, les comptables doivent s'abstenir, bien que le jugement soit exécutoire nonobstant appel. (Arrêt de la cour de cassation du 25 mai 1841.)

Art. 34. Jugements par défaut ou contre la partie seule, ou contre une partie ayant constitué avoué. — S'il a été rendu contre la partie seule, faute de comparaître, trois choses sont à considérer.

D'abord, la signification doit être faite, par l'huissier commis, à la partie en personne ou à son domicile. (Art. 155 et 156 du code de procédure civile.)

(1) Toutefois, les main-levées peuvent être consenties par acte sous seing-privé, dûment enregistré et légalisé par les autorités compétentes (le maire, le préfet ou le sous-préfet). Si la main-levée est donnée par acte notarié en brevet ou par acte sous seing-privé, on doit y joindre l'original de l'opposition. (Instruct. gén. des consignations, art. 113, décembre 1851.)

| DATES. | SOMMAIRES. | NOTES. |
|---|---|---|

Ensuite, l'opposition contre le jugement est recevable jusqu'à l'exécution.

Enfin, le jugement est périmé s'il n'a point été exécuté dans les six mois de son obtention. (Art. 156 et 158 du code de procédure civile; circulaire du 20 décembre 1823 )

Il faut donc, dans ce cas, que la partie poursuivante, qui a obtenu le jugement par défaut, produise au payeur :

1° L'original de la signification faite, par un huissier commis, à la personne ou à son domicile réel, et, en cas de domicile inconnu, au parquet du procureur du roi;

2° Un certificat de l'avoué, constatant la date de la signification de ce jugement à la partie condamnée, et un certificat du greffier, constatant qu'il n'existe contre ce jugement ni opposition ni appel;

3° Un acte d'exécution contre la partie condamnée, ou un procès-verbal de perquisition ou de carence, qui en tient lieu quand le domicile est inconnu. (Art. 158 et 159 du code de procédure civile.)

Les jugements prononçant des défauts profits joints (art. 153 du code de procédure civile), sont considérés comme des jugements contradictoires et soumis à l'art. 31 ci-dessus.

—

Art. 35. La péremption des jugements par défaut s'acquiert s'il n'est pas justifié de l'exécution dans les six mois. (Art. 156 du code de procédure civile.)

—

Art. 36. Le jugement par défaut contre avoué n'est recevable que pendant la huitaine.— Le payeur peut l'exécuter si on lui rapporte le certificat de non opposition ni appel. (Art. 548 du code de procédure civile.)

—

Art. 37. L'exécution des arrêts est soumise aux mêmes formalités que les jugements, et les payeurs doivent exiger les mêmes justifications, suivant que l'arrêt est contradictoire ou par défaut, sauf la constatation de non appel.— Le pourvoi en cassation n'est pas suspensif. (Loi du 1er décembre 1790).

—

### SECTION III.

*Des paiements.*

Art. 38. Les oppositions ayant plus de cinq ans de date et non renouvelées n'arrêtent pas les paiements. — Les oppositions sur créances départementales ne sont pas sujettes à renouvellement.

—

| DATES. | SOMMAIRES. | NOTES. |
|---|---|---|

Art. 39. Le consentement que donnerait verbalement ou par écrit une partie saisie, à ce qu'une opposition périmée fut valable, est de nul effet; une opposition périmée ne peut être remplacée que par une opposition nouvelle et régulière.

—

Art. 40. Les oppositions n'ont d'effet que pour la somme portée en l'exploit. (Art. 2 de la loi du 8 juin 1793; art. 4 de l'arrêté du 1er pluviôse an XI, et décret du 18 août 1807). — Règles à observer pour les paiements.

—

Art. 41, 42, 43 et 44. Cas où il n'existe que des oppositions.

—

Art. 45, 46, 47, 48, 49 et 50. Cas où il existe des oppositions et des transports. (Voir les chapitres relatifs aux fournitures de la guerre, art. 61 à 67; aux cautionnements, art. 68 à 87, et aux travaux publics, art. 88 à 107.)

—

**SECTION IV.**

*Versements à la caisse des dépôts et consignations.*

Art. 51. Les sommes frappées d'oppositions, sauf les traitements, ne peuvent être versées à la caisse des dépôts qu'en vertu :

1° D'une loi;

2° D'un jugement;

3° Ou d'un acte passé entre l'administration et ses créanciers, pour adjudication ou marché passé avec un entrepreneur.

—

Art. 52, 53, 54, 55, 56, 57, 58, 59 et 60. Le dépôt à la caisse doit être accompagné d'un extrait des oppositions. — Les cessions et transports ne sont pas atteints par la prescription quinquennale; ces actes, lorsque les extraits en sont transmis au moment du dépôt à la caisse des dépôts et consignations, conserveront leur effet pendant trente ans, conformément au droit commun.

—

## CHAPITRE II.

*Fournisseurs de la guerre.* (*Privilége des sous-traitants.*)

Art. 61. Le bordereau des pièces produites par les sous-traitants au département de la guerre forme titre à leur profit avec privilége. (Art. 1 et 2 du décret du 12 décembre 1806, additionnel au décret du 13 juin précédent.)

—

| DATES. | SOMMAIRES. | NOTES. |
|---|---|---|

Art. 62, 63 et 64. Signification desdits bordereaux aux payeurs, et ses conséquences.

—

Art. 65. Paiements à faire au sous-traitant après jugement qui reconnait son privilége et que la somme est suffisante pour le payer, ainsi que le cessionnaire et les opposants.

—

Art. 66. Si la somme est insuffisante, le payeur ne doit exécuter le jugement qu'autant qu'il a été rendu avec le cessionnaire et tous les opposants.

—

Art. 67. Sous-traitants, service de la marine. (Voir l'art. 46 du règlement du 31 octobre 1840, sur la comptabilité de ce ministère.)

—

## CHAPITRE III.

*Oppositions sur les cautionnements et versement des cautionnements à la caisse des dépôts.*

Art. 68. Le trésor substitué à l'ancienne caisse d'amortissement.

—

Art. 69. Les cautionnements sont affectés, savoir :

1° Par premier privilége, à la garantie de la gestion;

2° Par second privilége, au remboursement des sommes prêtées par les bailleurs de fonds;

3° Et subsidiairement, au paiement dans l'ordre ordinaire des créances particulières. (Art 1er de la loi du 25 nivôse an XIII.)

—

Art. 70. Oppositions au trésor et aux greffes des tribunaux sur les cautionnements. (Art. 2 de la loi du 25 nivôse an XIII; art. 15 de la loi du 9 septembre 1835; art. 7 et 8 de l'ordonnance du roi du 18 novembre 1835.)

—

Art. 71. Les oppositions au greffe n'arrêtent que le remboursement du capital des cautionnements.— Les oppositions au paiement des intérêts doivent être faites à Paris, bureau des oppositions.

—

Art. 72. L'art. 13 de la loi du 9 juillet 1836 porte qu'il n'est pas dérogé aux lois relatives aux oppositions à faire sur les capitaux et sur les intérêts de cautionnement.

—

Art. 73. Les payeurs des départements doivent s'abstenir de recevoir des oppositions ou des signifi-

| DATES. | SOMMAIRES. | NOTES. |
|---|---|---|
| | cations relatives à des cautionnements existant au trésor public; ils doivent renvoyer tous ceux qui se présenteraient pour signifier des actes semblables à se pourvoir au trésor, bureau des oppositions, et refuser l'opposition en ces termes : | |
| | « Refusé, attendu qu'aux termes de la loi du 25 » nivôse an XIII, les oppositions doivent être faites » au trésor public, substitué par l'ordonnance du 8 » mai 1816 à la caisse d'amortissement. » | |
| | — | |
| | Art. 74. Lorsque les ordonnances ou ordres de paiement sont dans les mains des payeurs, bien que le trésor soit libéré, les payeurs doivent, dans l'intérêt de leur responsabilité, recevoir les oppositions qui leur seraient signifiées (art. 557 du code de procédure); mais il faut, dans ce cas, que l'opposition soit bien précisée et qu'elle porte formellement sur l'ordonnance ou l'ordre de paiement que les payeurs doivent acquitter — Si l'ordonnance n'est pas encore reçue par lui, le payeur doit refuser l'opposition, car il n'est pas tiers saisi. | |
| | — | |
| | Art. 75. Registre des oppositions, spécial aux cautionnements, tenu par le conservateur des oppositions à Paris. | |
| | — | |
| | Art. 76. Visa des ordonnances par le conservateur des oppositions à Paris. | |
| | — | |
| | Art. 77. Effets des oppositions à l'égard du bailleur de fonds. (Conservateur des oppositions.) | |
| | — | |
| | Art. 78. Visa avec empêchement à la charge de requérir état. (Arrêté du 24 octobre 1837, art. 8. — Conservateur des oppositions.) | |
| | — | |
| | Art. 79. Visa avec indication sommaire des causes d'oppositions. (Arrêté du 24 octobre 1837, art. 10. — Conservateur des oppositions.) | |
| | — | |
| | Art. 80. Lorsque le cautionnement est cédé, ou attribué par jugement, etc., le conservateur des oppositions indique sommairement la signification desdits actes, et le payeur ne doit payer que sur la remise de ces actes, qui sont joints par lui aux autres pièces justificatives de la dépense. | |
| | — | |
| | Art. 81. Si un paiement est réclamé en vertu d'un acte visé par le conservateur des oppositions, mais | |

| DATES. | SOMMAIRES. | NOTES. |
|---|---|---|

dont on aurait omis de mettre l'indication sur l'ordonnance de paiement, le payeur, avant de passer outre, doit faire connaître cette circonstance à la direction du contentieux.

—

Art. 82. Le conservateur des oppositions est seul chargé d'apprécier la régularité des main-levées, des oppositions, soit amiables, soit prononcées par justice, et les désistements des significations précédemment faites entre ses mains.

—

Art. 83. Radiation des oppositions par les greffiers des tribunaux.

—

Art 84. Péremption des oppositions aux greffes des tribunaux.

—

Art. 85. Quant au paiement des intérêts annuels, les oppositions mises aux greffes ne les arrêtant qu'autant que la signification en a été faite au trésor, la question de péremption rentre dans la règle générale, pour ce dernier cas.

—

Art. 86. Exécution des actes signifiés au conservateur des oppositions à Paris. — Le payeur devra adresser à la direction du contentieux un certificat constatant que les ayant-droits ont donné quittance définitive. (Mod. n° 1, circulaire du 9 août 1853.)

—

Art. 87. Les versements à la caisse des dépôts et consignations, des cautionnements ordonnancés, doivent être accompagnés de l'extrait des oppositions existantes au trésor. — Les payeurs doivent réclamer l'état de ces oppositions à la direction du contentieux, pour être jointes au dépôt.

—

## CHAPITRE IV.

### *Oppositions sur les sommes dues aux adjudicataires des travaux publics et aux géomètres du cadastre.*

Art. 88. Les oppositions sur les sommes dues aux adjudicataires et entrepreneurs de travaux publics ont été placées, par la loi du 26 pluviôse an II, sous un régime exceptionnel quant aux fonds remis aux entrepreneurs pendant l'exécution des travaux, etc.

—

Art. 89. Règles établies par la loi du 26 pluviôse an II. (Voir les articles 1, 2, 3 et 4.)

—

| DATES. | SOMMAIRES. | NOTES. |
|---|---|---|
| | Art. 90. Cette loi fait deux parts des sommes payées aux entrepreneurs pour la confection des travaux;<br>La première comprend les à-comptes payés successivement pendant le cours des travaux;<br>La seconde se compose des sommes dues à la fin des travaux, et qui ne sont payées qu'après la réception des ouvrages et le délai de garantie stipulé.<br>—<br>Art. 91. Créanciers privilégiés de l'entreprise.<br>—<br>Art. 92. Créanciers ordinaires de l'entreprise.<br>—<br>Art. 93. Les payeurs sont juges des oppositions mises entre leurs mains.—Lorsqu'une opposition leur est signifiée sur un entrepreneur, ils doivent examiner si la créance pour laquelle elle est faite emporte privilége. — Dans ce cas elle doit être visée purement et simplement. — Si, au contraire, l'opposition est faite pour toutes autres causes que salaires ou fournitures de matériaux, c'est-à-dire pour créances ordinaires et particulières, le visa doit être donné en ces termes :<br>« Vu pour valoir seulement sur la somme qui « pourra rester due après la réception des travaux.»<br>—<br>Art. 94, 95, 96, 97, 98, 99 et 100. Divers cas de paiements à faire aux entrepreneurs de travaux publics.<br>—<br>Art. 101 et 102. Entreprises fractionnées en plusieurs lots adjugés au même entrepreneur.<br>—<br>Art. 103. Entreprises par deux entrepreneurs solidaires, dont l'un tombe en faillite. »<br>—<br>Art. 104. Institution d'un gérant par les syndics de la faillite de l'entrepreneur ou par sa caution.<br>—<br>Ar. 105. Institution d'un gérant par l'administration, aux risques et périls de l'entrepreneur défaillant.<br>—<br>Art. 106. La délegation faite par l'entrepreneur ne transmet pas le privilége à un tiers; il devrait être considéré comme simple créancier, et ce transport signifié au payeur ne devrait avoir d'effet qu'autant qu'il n'existerait aucune opposition. (Art. 3 de la loi du 26 pluviôse an II.)<br>— | |

| DATES. | SOMMAIRES. | NOTES. |
|---|---|---|

Art. 107. Assimilation des géomètres du cadastre aux entrepreneurs de travaux publics.

—

## CHAPITRE V.

### OPPOSITIONS SUR TRAITEMENTS CIVILS ET MILITAIRES.

### SECTION Ire.

*Traitements civils et allocations diverses.*

Art. 108. La saisissabilité des traitements est déterminée par la loi, art. 580 du code de procédure civile, et les ordonnances royales.

—

Art. 109. Portions dans lesquelles les traitements des fonctionnaires publics sont saisissables. (Loi du 21 ventôse an IX.)

—

Art. 110. La portion saisissable peut être saisie pour cause d'aliments, dans les cas prévus par les articles 203, 205 et 214 du code Napoléon, et lorsque ces oppositions sont faites en vertu de jugements.

—

Art. 111. Assimilation aux traitements des indemnités, gratifications et autres allocations. Les idemnités, etc., sont cumulées avec le traitement, et c'est sur la somme produite que la retenue prescrite par la loi est faite.

—

Art. 112. Les délégations ou tous actes de transport, sur des traitements, ne peuvent être reçus que pour la partie saisissable (loi du 21 ventôse an IX), et le visa sur l'original doit être conçu en ces termes :

« Vu et reçu pour valoir sur la partie saisissable « seulement »

S'il n'existe pas d'oppositions, le payeur peut payer au délégataire la portion saisissable déléguée.

Si au contraire il existe ou s'il survient des oppositions, le payeur ne peut payer la portion saisissable qu'après que les droits du cessionnaire et des opposants ont été réglés en justice ou à l'amiable.

Il est fait exception à cette règle pour la subsistance et l'entretien de la famille, conformément aux art. 203, 205, 206 et 214 du code Napoléon. Dans ce cas, la signification doit être reçue et visée purement et simplement, la portion déléguée doit être retenue et payée au délégataire, sans préjudice toutefois de la portion saisissable sur la totalité du traitement qui doit être réservé pour les opposants, s'il en existe, et versée à la caisse des dépôts. Les significations de transports ou cessions de traitements n'ont

| DATES. | SOMMAIRES. | NOTES. |
|---|---|---|
| | d'effet que pendant cinq ans. (Art. 14 de la loi du 9 juillet 1836.)<br>—<br>Art. 113. Insaisissabilité des traitements des agents diplomatiques et des ecclésiastiques. (Arrêté des consuls, des 8 nivôse an XIII et 15 germinal an XII.)<br>—<br>Art. 114. Insaisissabilité de diverses allocations pour services publics. — Aux directeurs des contributions directes. — Aux contrôleurs des contributions. — Aux contrôleurs d'armes de la garde nationale. — Aux inspecteurs généraux. — Aux recteurs des académies et autres fonctionnaires pour frais de tournées ou missions.<br>—<br>Art. 115. Dans le cas où les oppositions signifiées auraient en même temps pour objet d'arrêter le paiement du traitement et des allocations énoncées à l'art. 114, elles sont reçues et visées pour valoir sur la partie saisissable du traitement seulement. Les oppositions faites contre les vérificateurs et les contrôleurs d'armes de la garde nationale doivent être refusées en ces termes :<br>« Refusé, attendu que les vérificateurs, etc., ne « reçoivent que des indemnités pour frais de tour- « nées, qui sont insaisissables.<br>—<br>**SECTION II.**<br>TRAITEMENTS MILITAIRES.<br>§ 1er.<br>*Soldes de la guerre.*<br>Art. 116. Saisissabilité du cinquième de la solde d'activité. (Loi du 9 pluviôse an III; art. 451, 446, 447 et 448 de l'ordonnance du 25 décembre 1837.)<br>—<br>Art. 117. Retenues effectuées sur la solde par ordre du ministre de la guerre. (Art. 144 de l'ordonnance du 25 décembre 1837.)<br>—<br>Art. 118. Ces dispositions s'appliquent aux soldes d'activité, de disponibilité et de non activité. (Ordonnance du 16 septembre 1834.)<br>—<br>Art. 119. Insaisissabilité de diverses allocations.— Les payeurs doivent refuser toute opposition qui serait faite à leur paiement.<br>— | |

§ 2.

*Solde de réforme de la guerre.*

Art. 120. La réforme est la position de l'officier sans emploi, qui, n'étant pas susceptible d'être rappelé à l'activité, n'a pas de droits acquis à la pension de retraite. (Art. 9 de la loi du 19 mai 1834.)

—

Art 121. Solde de réforme, insaisissabilité, excepté pour débets. (Art. 633 et 634 de l'ordonnance du 25 décembre 1837.)

—

Art. 122. Lorsqu'une opposition est formée en vertu de jugements ou avec permission du juge, pour les causes prévues par les art. 203, 205 et 214 du code Napoléon, elle doit être reçue par les payeurs et ils doivent en donner avis à l'intendant militaire.

—

Art. 123. Les délégations, cessions ou transports sur la solde de réforme, au profit d'un tiers, ne peuvent être reçus par les payeurs, parce que cette solde est incessible.

—

§ 3.

*Solde de la marine et part de prises.*

Art. 124. La solde et les suppléments de solde des officiers de la marine sont saisissables, jusqu'à concurrence du cinquième du montant brut desdites allocations, pour dettes, soit envers des tiers, soit envers le trésor. (Loi du 19 pluviôse an III, et ordonnances sur la solde de la guerre, du 25 décembre 1837.)

—

Art. 125. Retenues au profit de l'Etat, par décision du ministre de la marine.

—

Art. 126. Retenues du tiers en faveur des femmes, des enfants et ascendants, dans les cas prévus par les art. 203, 205 et 214 du code Napoléon. — Les retenues sont exercées en vertu de décisions spéciales du ministre de la marine, et elles s'opèrent par précompte.

—

Art. 127. Insaisissabilité de la solde et des parts de prises, excepté pour loyers de maisons, subsistances et vêtements. (Arrêté du 9 ventôse an IX; règlement du 2 prairial an XI; ordonnancé règlementaire du 17 juillet 1816; règlement concernant les paquebots de la Méditerrannée, du 23 février 1839.)

—

Art. 128. Nécessité de l'annotation de l'opposition par le commissaire de l'inscription maritime.

—

| DATES. | SOMMAIRES. | NOTES. |
|---|---|---|
| | § 4.<br>*Solde de réforme de la marine.*<br>Art. 129. L'art. 18, § 2, de la loi du 19 mai 1834, sur l'état des officiers, accorde une solde de réforme aux officiers de marine ayant moins de vingt ans de service. — La solde de réforme est incessible et insaisissable, excepté pour débet et dans les circonstances prévues par les art. 203, 205 et 214 du code Napoléon.<br>—<br>Art. 130. Mais comme l'administration de la marine ne s'est point réservé de faire des retenues dans les cas prévus par les articles précités du code Napoléon, les payeurs devront recevoir les oppositions qui seront formées pour ces causes, en vertu de jugements ou avec permission du juge.<br>—<br>§ 5.<br>*Solde de la gendarmerie.*<br>Art. 131. Retenues pour dettes sur la solde des officiers, des sous-officiers, brigadiers et gendarmes, tant pour oppositions juridiques que par décision du ministre.<br>—<br>Art. 132. Application à ces corps des règles génédc la loi du 9 juillet 1836.<br>—<br>Art. 133. Les payeurs opèrent les retenues par précompte sans qu'il y ait lieu, pour cet objet, à aucune déduction sur l'état de paiement ni sur revue.<br>—<br>Art. 134. La distribution des sommes retenues a lieu suivant les prescriptions du code de procédure civile.<br>—<br>Art. 135. La quotité saisissable au profit des tiers ne peut excéder le cinquième de la solde brute des officiers, ou de la solde nette des sous-officiers, brigadiers et gendarmes, prélèvement fait de la portion qui doit être versée à la masse de la compagnie. — Les oppositions doivent être faites entre les mains des payeurs.<br>—<br>Art. 136. Communication au payeur, à la fin de chaque mois, avant paiement, des états collectifs des sous-officiers, brigadiers et gendarmes. — Certificat remis par le trésorier, et, en cas d'opposition, avec mention au bas dudit état de paiement, des noms et grades des militaires grevés, ainsi que des sommes | |

| DATES. | SOMMAIRES. | NOTES. |
| --- | --- | --- |

revenant à chacun d'eux sur lesquelles le payeur fait la retenue du cinquième prescrit par l'art. 5 de l'ordonnance du 13 février 1839.

—

Art. 137. Les dispositions sus-visées sont applicables à la gendarmerie de marine. (Décision du ministre, du 9 septembre 1839.)

—

SECTION III.

*Dispositions communes aux traitements civils et aux traitements militaires. — Versement des retenues à la caisse des dépôts et consignations.*

Art. 138, 139, 140, 141, 142, 143, 144 et 145, relatifs aux versements à faire à la caisse des dépôts et consignations. (Voir, quant au délégations de traitements, l'art. 112.)

—

## CHAPITRE VI.

DES PENSIONS EN GÉNÉRAL.

SECTION Ire.

*De la saisissabilité des pensions.*

Art. 146. La saisissabilité des pensions est déterminée par les lois et les ordonnances. (Art. 580 du code Napoléon.)

—

SECTION II.

*Pensions civiles et ecclésiastiques.*

Art. 147. Règle générale, les pensions sont insaisissables.—Il ne peut être reçu aucune opposition au paiment des arrérages. (Déclaration du 7 janvier 1779; loi du 22 floréal an VII; arrêté du 7 thermidor an X; ordonnance royale du 27 août 1817.)

Art. 148. Toutefois, le principe général souffre exception pour cause d'aliments, dans les cas prévus par les art. 203, 205, 214 et 2101 du code Napoléon. (Voir l'art. 26 de la loi du 9 juin 1853.)

—

SECTION III.

*Pensions militaires. — Armées de terre et de mer.*

Art. 149. Les pensions de retraite sont incessibles et insaisissables, excepté pour débets envers l'Etat et dans les circonstances prévues par les art. 203, 205 et 214 du code Napoléon. (Art. 28 de la loi du 11 août 1831 pour l'armée de terre; art. 30 de la loi du 18 août 1831, pour l'armée de mer; art. 20 de la loi du 19 mai 1834.

—

| DATES. | SOMMAIRES. | NOTES. |
|---|---|---|
| | Art. 150. Les pensions de réforme sont également passibles de retenues, qui ne peuvent excéder le cinquième pour causes de débets, et le tiers pour aliments. (Art. 20 de la loi du 19 mai 1834.)<br>—<br>Art. 151. Les oppositions pour débets envers l'Etat ou les corps se font par voie administrative.<br>—<br>Art. 152. Celles pour cause d'aliments ne doivent être reçues que quand elles sont formulées en vertu de jugements ou avec permission du juge.<br>—<br>Art. 153. Versements au trésor des sommes retenues pour débets.<br>—<br>Art. 154. Nécessité de jugements pour la distribution ou l'attribution des sommes retenues en vertu des art. 203, 204 et 214 du code Napoléon.<br>—<br>Art 155. Les retenues faites sur les pensions ne sont pas versées à la caisse des dépôts et consignations; elles ne doivent être versées qu'en vertu de jugements. (Ordonnance du 16 septembre 1837 ; arrêté du 24 octobre suivant.)<br>—<br>Art. 156. Les dispositions relatives aux oppositions ordinaires et à leur renouvellement et péremption sont applicables à celles formées sur pensions.<br>—<br>Art. 157. Les délégations, transports ou cessions sur pensions ne doivent être reçus par les payeurs (art. 2 de l'arrêté du 7 thermidor an X), sauf les cas prévus par les art. 203, 205 et 214 du code Napoléon; 28, 30, 20 et 26 des lois des 11 et 18 avril 1831, 19 mai 1834 et 9 juin 1853.<br>—<br>**CHAPITRE VII.**<br>*Dispositions générales applicables aux traitements et pensions.*<br>Art. 158. Saisissabilité des décomptes de traitements et pensions à la mort du titulaire. — Le changement d'assignation de paiements des arrérages des pensions, d'un département à un autre, ne peut avoir lieu postérieurement au décès du pensionnaire. (Comptabilité générale du 30 juin 1862, circul. n° 228, §. 6.)<br>— | |

## CHAPITRE VIII.

### *Secours.*

Art. 159. Les secours accordés par tous les ministres sont insaisissables dans tous les cas, sauf chacun en ce qui les concerne pour cause de débet envers l'Etat : cette retenue s'opère par voie administrative.

—

Art. 160. Les secours pour grêle, inondations, incendies, naufrages ou autres désastres, sont insaisissables par le fait même de leur allocation volontaire. (Art. 581 du code de procédure civile, n° 3.) — Il y a exception à cette règle si les créanciers sont porteurs de titres d'une date postérieure à la décision ministérielle portant allocation des secours. — Dans ce dernier cas, c'est aux tribunaux qu'il appartient de donner l'autorisation de saisir ou de fixer la portion saisissable. (Art. 582 du code de procédure civile, et règlement de comptabilité du ministère de l'agriculture et du commerce, du 3 décembre 1844, art. 131.)

—

846 — 31 mars. — Si des oppositions sont signifiées au payeur après qu'il a visé le mandat et avant d'avoir connaissance du paiement, il doit avertir sur-le-champ le comptable qui doit l'effectuer de l'existence de l'opposition et lui recommander de ne pas payer.

(Circul. n^os^ 16-374.)

—

853 — 9 août. — EXPLICATIONS SUR LES ARTICLES DE L'INSTRUCTION DU 27 AOUT 1845.

§ 1^er^.

*Paiement à des tiers-créanciers, en exécution des actes signifiés.*

—

*Art.* 1^er^. — *Règle générale.*

Distinction à faire entre : 1° les simples oppositions; 2° les jugements de validité et d'attribution, ainsi que tous actes qui ont subrogé des tiers aux lieu et place des créanciers directs.

Par l'existence d'oppositions et jusqu'à ce qu'il en soit rapporté main-levée, le paiement de la somme ordonnancée est empêché. (Art. 9 du décret du 18 août 1807). — Jugements d'attribution, etc.

—

*Art.* 2. — *Application de la règle ci-dessus, en matière de cautionnements en numéraire.*

Objet de l'art. 86 de l'instruction du 27 août 1845. — Les certificats d'exécution à transmettre au directeur du contentieux, en exécution dudit art. 86, doi-

| DATES. | | SOMMAIRES. | NOTES. |
|---|---|---|---|
| | | vent être individuels; ces certificats, dont les modèles sont à la suite de l'instruction du 27 août 1845, sont modifiés par la présente circulaire et devront, à l'avenir, être conformes au modèle n° 1 y annexé. | |
| | | § 2. *Versements à la caisse des dépôts et consignations à la charge de significations.* | |
| | | *Art. 1er. — Règle générale.* Dans le cas où la libération doit se faire à la caisse des dépôts et consignations, il est nécessaire, pour opérer décharge complète, que le versement soit accompagné, aux termes de l'art. 2 de l'ordonnance du 16 septembre 1837, de l'état complet et spécial pour chaque partie saisie, et retirer reçu particulier pour le joindre au récépissé de dépôt (art. 2 et 3 de l'arrêté du 24 novembre 1837). Ces deux pièces concourent à constater la libération, l'une envers son propre créancier saisi, l'autre envers les tiers-opposants; et l'absence de la première n'est pas moins que celle de la dernière, susceptible de motiver une injonction de la cour des comptes. | |
| | | *Art. 2.— Application de la règle qui précède en matière de cautionnements en numéraire.* Lorsqu'il s'agit de consigner un cautionnement, soit en vertu de décision judiciaire, soit en exécution de l'art. 16 de la loi du 9 juillet 1836 et des circulaires de la direction de la dette inscrite, et de la comptabilité générale des finances, des 6, 22 octobre 1838 et 30 août 1839, l'art. 87 de l'instruction du 27 août 1845 avertit le payeur de réclamer l'extrait de chacune des significations signalées par leurs numéros de visa sur l'ordonnance de remboursement. — A l'avenir, aussitôt que la nécessité du dépôt d'un cautionnement sera prévu, le payeur aura soin de demander au ministre des finances, dans la forme du modèle n° 2 ci-après, l'état régulier des significations. | |
| | | § 3. *Marche à suivre pour régulariser les dépôts qui ont été effectués sans remise d'états d'oppositions à l'appui.— Explications et prescriptions sur la marche à suivre, etc.* | |
| 1859 | 31 déc. | Avis du directeur du contentieux, approuvé par S. Ex. le ministre des finances, et portant décision pour la liquidation des intérêts de prix d'immeubles acquis par l'Etat. | |

| DATES. | SOMMAIRES. | NOTES. |
|---|---|---|
| | 1° Lorsque la convention, les jugements ou procès-verbaux d'adjudication ont fixé le jour à partir duquel les intérêts du prix d'immeubles seront exigibles, les décomptes d'ordonnancement et de paiement doivent être dressés conformément à cette fixation;<br>2° Qu'à défaut de stipulation contraire, les intérêts doivent être calculés au profit du vendeur, à partir de la date de prise de possession par l'acquéreur;<br>3° Que, dans tous les cas, à moins qu'il n'en soit autrement disposé par les conventions ou actes, le cours des intérêts doit être arrêté au jour du paiement du prix exclusivement;<br>4° Que l'année doit être composée d'une période de 365 et non de 360 jours seulement.<br>— | |

| DATES. | SOMMAIRES. | NOTES. |
|---|---|---|
| | | |

| DATES. | SOMMAIRES. | NOTES. |
| --- | --- | --- |

| DATES. | | SOMMAIRES. | NOTES. |
|---|---|---|---|

www.ingramcontent.com/pod-product-compliance
Ingram Content Group UK Ltd.
Pitfield, Milton Keynes, MK11 3LW, UK
UKHW031839260826
14628UKWH00001B/472

9 782011 277800